科学与艺术整合的幼儿学习活动评价

陈晓芳　徐慧芳　谢志东　等◎著

北京师范大学出版集团
BEIJING NORMAL UNIVERSITY PUBLISHING GROUP
北京师范大学出版社

图书在版编目(CIP)数据

科学与艺术整合的幼儿学习活动评价 / 陈晓芳等著 . —北京:北京师范大学出版社,2024.6
ISBN 978-7-303-29520-3

Ⅰ.①科… Ⅱ.①陈… Ⅲ.①幼儿园－教学活动－教学研究 Ⅳ.①G612

中国国家版本馆 CIP 数据核字(2023)第 212734 号

营 销 中 心 电 话:010-58808083　58805532
图 书 意 见 反 馈:gaozhifk@bnupg.com　010-58805079

KEXUE YU YISHU ZHENGHE DE YOU'ER XUEXI
HUODONG PINGJIA

出版发行:北京师范大学出版社 www.bnupg.com
　　　　　北京市西城区新街口外大街 12-3 号
　　　　　邮政编码:100088
印　　刷:唐山玺诚印务有限公司
经　　销:全国新华书店
开　　本:787 mm×1092 mm　1/16
印　　张:19.75
字　　数:352 千字
版　　次:2024 年 6 月第 1 版
印　　次:2024 年 6 月第 1 次印刷
定　　价:59.80 元

策划编辑:张丽娟　柴　荻　　责任编辑:郭凌云
美术编辑:焦　丽　李向昕　　装帧设计:焦　丽　李尘工作室
责任校对:段立超　　　　　　责任印制:马　洁　赵　龙

编 委 会

前　言
PREFACE

　　科学和艺术是由同一条河水抚育起来的两条支流，它们需要在前进中彼此交汇，相互促进，如此科学得到了灵魂，艺术有了起飞的支点，而人类则能获得高水平创造的成功。这是已经被人类历史证明的一点。众多研究也表明，正是由于科学与艺术的整合——科学的内聚思维与艺术的发散思维的结合，促进了人的创造力发展。科学与艺术，在儿童那里，更是合二为一的。儿童的"诗性"逻辑、"泛灵"的眼光以及常"以自身度他物"的认知特点，是儿童科学与艺术整合学习的精神前提。儿童左右脑的细胞同时工作的原理是科学与艺术整合学习（为方便描述，有时简称"科艺整合学习"）的物质基础。儿童具有先天的审美能力，他们歌唱、舞蹈、涂鸦，通过这些艺术活动，用审美的方式把握外部世界的规则、自然的形式、规律和节奏，用审美的方式获得理解，获取力量，形成自信。儿童的科学认知具有明显的具象性特征，形象、画面、动作是他们思维的中介和符号，所以儿童对周围世界的把握往往是用一种艺术和科学天然整合的方式进行的。儿童在审美过程中，运用的移情和抽象方式与儿童科学认知过程中的"同化""顺应"具有类化的一致性。这种形象和抽象整合的认知特点，导致儿童时刻会把抽象的概念同头脑中留存的关于此概念的事物形象表象连接对照起来，有助于儿童更深刻地理解事物与概念的"本质"。

　　本书正是在对全国 18 所幼儿园 768 名幼儿进行科学与艺术整合课程干预实

验，论证了实验班幼儿在学习兴趣增强、学习方式改进、问题解决能力和创造力发展等方面都获得了显著效应的实验结果的基础上，对幼儿科艺整合学习活动的过程与成效质量所做的包含了诊断性、形成性、终结性评价的系统性评价研究。

本书主要在对国内外学前课程评价现状及其对科艺整合学习活动评价的启示的基础上，针对幼儿科艺整合学习活动评价的内涵与特征、思想基础和价值取向、理论框架和构成要素、科艺整合学习活动理念与方案设计评价、活动环境与材料评价、师幼互动评价、幼儿学习过程评价、学习关键经验评价、幼儿综合素养评价的内容及评价量表研制的过程和评价的方法进行了论述，同时对评价指标如何指导和改进幼儿园科艺整合学习活动的实践进行了案例分享。

本书是北京教育学院教育教学改革项目"幼儿园课程游戏化的教学实践与研究"（项目编号：JGYB2024-08）的成果，亦是全国教育科学规划课题"科学与艺术有机整合的幼儿学习活动创新研究"的后续研究成果。第一章、第三章由陈晓芳、李丰等编撰，其中参与评价量表各级指标研制以及案例提供的有北京市西城区棉花胡同幼儿园蒋小燕老师带领的团队、东城区新中街幼儿园穆东燕老师带领的团队、东城区明城幼儿园邢燕虹老师带领的团队、朝阳区丽景幼儿园（后调至康泉新城幼儿园）孟娜老师带领的团队、昌平区机关幼儿园巩爱弟老师带领的团队；第二章由谢志东、陈晓芳撰写；第四章由徐慧芳撰写；第五章、第六章、第七章、第八章由徐慧芳编撰，其中的数据分别由上述幼儿园教师团队提供。全书内容由陈晓芳统筹指导，同时，各级指标的研制，也得到了北京教育学院学前教育学院李丰、孙美红、王军、胡彩云、肖楠楠、刘畅、闻莉、李静、解会欣、杨瑞芬、朱丽芳、解婷、杨宣、郝香才、霍琳、张瀚川等老师的审定与修正。

本书的创新之处在于促进了从培养幼儿的简单学科素养向培养幼儿的综合素养转变，从培养幼儿的项目学习能力向培养幼儿的创造能力转变，实验强调在真实的学习和生活问题的解决过程中，支持幼儿融合纵向思维的深度、横向思维的广度、系统性思维的立体性和连接性，引导幼儿用普遍联系的、动态发展的、生态的、辩证的眼光看待世界、改造世界，希望能为从事儿童教育研究的读者提供借鉴和参考。

本书亦适用于一线幼儿园教师，用作幼儿园教师培训的教材，也可为其课程开发和评价研究提供一定的参考；还适用于学前教育专业的本科生和研究生，供其开展学术研究所用。

　　最后，衷心感谢北京教育学院汤丰林教授、桑锦龙研究员，北京师范大学洪秀敏教授，南京师范大学虞永平、孔起英教授，中国教育科学研究院刘占兰、易凌云研究员，广州大学赵南教授，首都师范大学余珍有教授，北京市北海幼儿园柳茹园长等对本研究的大力支持和帮助，以及北京师范大学出版社的编辑老师们对本书出版所做的努力！

谢志东　陈晓芳

2023 年 3 月 30 日

目 录
CONTENTS

第一章 科学与艺术整合的幼儿学习活动评价概述

在教育史上，科学教育与艺术教育曾是一对"并蒂莲"。在我国，早在西周时期，学校中对贵族子弟的教育内容就有"六艺"——礼、乐、射、御、书、数。在古希腊，雅典主张缪斯教育，也就是科学教育与艺术教育的通称，强调智育和美育协调、全面发展。从人类社会早期的教育活动来看，科学教育与艺术教育是不分彼此、血肉相连的。

随着近现代文明的发展以及社会的进步，不同类型知识经验的存在价值、功用、意义及其所要解决的问题（阐释的对象）逐步明晰并具体化，学科体系、门类、研究领域越来越系统，越来越明确，科学与艺术才作为两个独立的学科门类，日渐分离。

的确，科学与艺术是人类认识世界和改造世界的不同手段，"科学的本质是认识世界，揭示客观事物的本质和运动规律，而艺术的本质在于揭示人类情感世界的奥秘。前者讲逻辑，求真，注重客观的精确性，排除多义性；后者讲形象，求美，关注视听感受的审美性，接受多义性"[1]。因而，人们认识和驾驭科学与艺术通常会采用不同的方式。

然而，科学与艺术又是有其共同点的。"真""善""美"是它们共同的目标，二者都在寻求真理的普遍性，也都具有创造美与再现美的欲望和行动力[2]，人类的想象力是二者共同的特征[3]，人类的创造力是二者共同的基础[4]。而幼儿本

---

① 杨静、沈建洲：《论幼儿园科学教育与艺术教育之融合》，载《集美大学学报》，2010，11(2)。

② 李政道：《科学与艺术》，10页，上海，上海科学技术出版社，2000。

③ 许良英、范岱年编译：《爱因斯坦文集 第一卷》，284页，北京，商务印书馆，1976。

④ ［美］玻姆：《论创造力》，123页，洪定国译，上海，上海科学技术出版社，2001。

就是整体认知这个世界的。爱丽亚森和杰肯斯（Eliason & Jenkins）认为，幼儿对周围的世界及其运作方式有天生的好奇心，他们不断地思考、探索、检查、描述、操作、比较和质疑与自然环境有关的事物；同时，幼儿也是自然艺术家，大多数幼儿都很高兴参加戏剧表演、唱歌、跳舞、绘画、雕刻等艺术活动，并以他们自己独特的方式，去尝试和熟悉新事物。[①] 莫瑞松（Morrison）的研究发现，观察、沟通、比较、测量、组织是儿童早期科学和艺术整合学习过程的共同技能。[②] 有研究表明，直觉、想象、灵感等艺术思维存在于幼儿科学学习的每一个环节中，幼儿的艺术学习过程中也有"理性"的参与。[③] 我国早有关于幼儿整合（综合）学习的实践与研究。我国幼教先驱陈鹤琴先生提倡的幼儿"五指活动"课程，以及 2001 年颁布的《幼儿园教育指导纲要（试行）》，2012 年颁布的《3—6 岁儿童学习与发展指南》均体现了这种综合的教育思想。当前国内理论界诸多学者呼吁在儿童早期应让他们进行科学与艺术结合的学习。[④]

本书正是在对全国 18 所幼儿园的 768 名幼儿进行科学与艺术整合课程干预实验，论证了实验班幼儿在学习兴趣增强、学习方式改进、问题解决能力、创造力发展等方面都获得了显著效应的实验结果的基础上[⑤]，对科学与艺术整合的幼儿学习活动的过程与成效质量所做的系统性评价研究。

本章主要针对科学与艺术整合的幼儿学习活动评价的内涵及特征、思想基础与价值取向、理论框架与构成要素等方面内容做了总体性概述。

[①②] Morrison K., "Integrate Science and Arts Process Skills in the Early Childhood Curriculum", *Dimensions of Early Childhood*, 2012(40), pp. 31-39.

[③] 陈晓芳：《儿童艺术学习过程与教师指导策略研究》，载《西北师大学报（社会科学版）》，2019，56（2）。

[④] 陈晓芳：《儿童科学和艺术整合学习活动设计与指导》，1-4 页，北京，北京师范大学出版社，2020。

[⑤] 陈晓芳、乔成治：《科学与艺术整合学习过程要素与儿童创造力的关系研究》，载《教育研究与实验》，2020（2）。

第一节　科学与艺术整合的幼儿学习活动评价的内涵及特征

英国著名科学家、教育家赫胥黎(T. H. Huxley)把一切科学的知识归属为两类：科学和艺术。凡属于理智范围或推理功能的，归于科学；凡可以感知，能产生激情的属于审美功能的，归于艺术。[①] 因而，本书中的科学区别于以往狭义的学科概念，它包含了一切以理性和逻辑推理为主的内容板块，如科学、技术、工程和数学；艺术也包含了一切感性的、能引起人美感体验的人文领域的内容，如文学、音乐、美术、舞蹈、戏剧、影视等。赫胥黎也认为，世界上几乎所有的事物都不存在单一的或单方面的性质，而是多样性的统一，也不存在绝对的"纯粹科学"和"纯粹艺术"，而往往是科学和艺术的统一。这是我们研究科学与艺术整合的幼儿学习活动的前提基础。

一、科学与艺术整合的幼儿学习活动评价的内涵

(一)什么是科学与艺术整合的幼儿学习活动

1. 科学与艺术整合的幼儿学习活动的概念

(1)幼儿的科学学习

《3—6 岁儿童学习与发展指南》指出"幼儿的科学学习是在探究具体事物和解决实际问题中，尝试发现事物间的异同和联系的过程""幼儿在对自然事物的探究和运用数学解决实际生活问题的过程中，不仅获得丰富的感性经验，充分发展形象思维，而且初步尝试归类、排序、判断、推理，逐步发展逻辑思维能力"；成人要"引导幼儿通过观察、比较、操作、实验等方法，学习发现问题、分析问题和解决问题"。由此可见，幼儿的科学学习是幼儿积累有益的科学知识、经验、方法和技能，并主动将科学活动探究经验运用于新的学习活动的过程。在此过程中，幼儿充分感受和体验科学活动的乐趣，养成初步的科学素养(涵盖科学道德与科学精神)，形成受益终身的学习态度和能力。

---

① ［英］托·亨·赫胥黎：《科学与教育》，单中惠、平波译，110-127 页，北京，人民教育出版社，1990。

借鉴赫胥黎的观点和美国《新一代科学教育标准》的概念，本书中幼儿的科学学习，具有更广泛的内涵。其包括了科学认知、技术探索、工程建造、数学逻辑等以理性思维发展为主的泛科学领域的内容。在这样的学习过程中，幼儿可以展示与其年龄相符的能力素质，包括提出问题，设计解决方案，计划和开展研究，分析和解读数据，参与基于论据的论证，获取、评价和交流信息。[①]

(2)幼儿的艺术学习

幼儿的艺术学习是其在教师或其他成人的支持与引导下，通过观察、倾听、体验、模仿、联想、想象等，以声音、动作、形象等表现和表达自己对世界的认识及情感态度的过程。在此过程中，幼儿最终获得想象力、创造力、审美能力(感受美、表现美、创造美)以及情感和个性的发展。幼儿的艺术学习包含幼儿借助语言、文字、美术、音乐、形体等手段或媒介塑造形象、营造氛围，来反映现实、寄托情感的感性思维发展为主的综合艺术领域的内容，其包括了语言(文学)、美术(绘画、雕塑等)、表演(音乐、舞蹈)、综合艺术(戏剧、电影)等。[②]

(3)科学与艺术整合的幼儿学习活动

科学与艺术整合的幼儿学习活动(为方便描述，有时简称"幼儿科艺整合学习活动")，是指3～6岁儿童基于自身兴趣与解决问题的需要，在教师的支持与引导下，通过与包括教师、家长、行业专家等在内的成人的合作，以"将想象变为现实"为宗旨，把科学学习过程与艺术学习过程诸要素排列、组合起来，使之相互渗透、相互联结、相互补充、相互促进和相互生发，充分运用观察、操作、实验、模仿、体验、联想、想象、创作等学习方法，把发现问题、寻求答案、解决问题的科学探索过程与审美感知、审美想象、审美创造的艺术表达过程整合渗透、相互穿插，以此获取对周围世界的认识及情感态度的学习过程。在这一过程中，幼儿获取有益的科学(包含科学、技术、工程、数学)经验、艺术经验、跨领域经验及经验整合的能力；在综合运用科学探究和艺术表现方法的同时，经历感受美、表现美和创造美的过程，促使科学思维和艺术思维协同发展；

---

① 美国科学教育标准制定委员会：《新一代科学教育标准》，叶兆宁、杨元魁、周建中译，3-5页，北京，中国科学技术出版社，2020。

② 陈晓芳：《儿童科学和艺术整合学习活动设计与指导》，7页，北京，北京师范大学出版社，2020。

养成对自然、自身与社会的关注和热爱，最终获得智慧、情感、个性以及创造力的全面提升。①

2. 科学与艺术整合的幼儿学习活动的内涵解释

整合，即加强各类学科的知识、儿童的经验与社会生活之间的紧密联系。以各种整合的形式来挖掘和利用不同知识之间、技能和能力之间的有机联系，不仅能使教学系统中分化了的各要素及各成分之间形成有机联系，而且能使我们着力培养的生命个体成为更完整意义上的"人"。整合的过程是心灵碰撞、认识深化的过程，它不是矛盾对立基础上的简单辩证法，也不是事物两极的简单相加和糅合。整合思维是多层次、多维度的复合思维。整合的过程涉及从形式到内容、从结构到功能的彻底改变。它是一种全新的整合思维方式的全面生成。它提供了另一种思考问题的角度，即寻求如何把握各级之间的张力以及系统各构成要素之间的关系。整合是新质产生的途径，即学习在精神层面（科学与艺术学习过程及内在关联）、物质层面（学习内容和方法）、环境与材料等方面实现整合，使幼儿获得科学与艺术思维、经验、方法、态度及创造能力的全面提升。科学与艺术整合的学习，既是科学的艺术学习和艺术的科学学习有机结合的过程，也是逻辑思维与感性思维协同共进的过程，又是认知和情感整合互补的过程。这一过程也符合幼儿整体认知事物的学习特点。幼儿科艺整合学习活动是在依据幼儿的身心发展规律和学习特点的基础上，有计划、有目的地促进幼儿获得学习质量提升和思维发展的过程。

幼儿科艺整合学习活动是基于问题的学习（Problem-Based Learning，PBL），即让幼儿在实际问题情境中学习，让他们把所学的知识和实际生活联系起来，以此培养他们的学习兴趣和学习主动性，同时也让他们构建出自己的知识框架并逐渐培养处理实际问题的能力，这就需要幼儿在科学探究的基础上，融入数学逻辑思维，整合技术和工程实践，同时把艺术创想和审美意象体现其中，所以其实质亦是科学、技术、工程、数学和艺术整合的学习。幼儿在问题情境中扮演角色，其任务是解决问题，即通过不断思考、分析，力求发现问题的关键之所在，不断加深对问题的理解，努力寻找多种解决办法，最后成为一名能够自我指导的会学习的幼儿，即一名会"自主学习"的幼儿；而教师既是幼

---

① 陈晓芳等著：《科学与艺术整合的幼儿学习活动案例及评析》，2-3 页，北京，北京师范大学出版社，2022。

儿解决问题时的同伴，也是"认知教练"。

教师以帮助幼儿"将想象变为现实"为宗旨，启发幼儿为自己的学习任务设计一个"方案"的同时，在活动设计系统的入口处搭建了一个起始问题框架，这个起始问题作为学习的起点，起到抛砖引玉的作用。通过巧妙的学习问题情境设置，以幼儿的生活经验为基础，通过生活经验的回忆、动手操作、实物观察、想象、描述、联想、模拟、分析和推理等途径，结合绘画、陶艺、设计、音乐、戏剧、电影等艺术领域的表现、表达及理解方式，让幼儿在为"方案达成"的学习过程中了解科学、技术、工程、数学和艺术等多领域的知识和经验，以期将多个领域的知识经验进行融合，在获得领域知识经验和跨领域知识经验的同时，学会以整合的方式来认知世界和"改造世界"，进而促进思维、情感、智慧、人格以及创造力的全面提升。

幼儿在科学与艺术整合的学习活动中，经历了融入审美感觉的问题提出—贯通审美知觉的推测猜想—渗透审美想象的行动验证—汇集审美创造的方案达成及评议四个阶段。在这四个阶段中，艺术的直觉体验、情感联结、灵感顿悟、想象以及创造，帮助幼儿开阔思维，不断产生新主意、新想法，并对科学探究保持一贯的热情；科学的连贯、精确、有序和严谨，使幼儿能够"洞察、探析到事物的本质"，以使想象不会偏离现实太远。最终使得他们能够在一个充满自由想象和无限创造，同时又不断寻求与客观现实规律磨合的学习过程中，实现了"想象"和"现实"的协调接洽。这一学习过程，使幼儿的感性思维与理性思维、情感与逻辑结合起来，内在思维与外在行为联系起来，并以此获取了对周围世界的经验、认识、情感，养成了对自然、自身、社会的关注、热爱和敏感度。以舞台剧《熊猫百货商店》为例，首先，幼儿被《熊猫百货商店》的绘本故事吸引，提出要把它演成一个舞台剧的设想，"在哪儿演""如何演"的问题随之产生——融入审美感觉的问题提出阶段；其次，幼儿根据自己的原有经验，设想用什么材料搭建、舞台背景如何装饰、空间如何摆布、什么角色穿什么衣服等——贯通审美知觉的推测猜想阶段；再次，幼儿开始确定舞台地点、搭建舞台、调配灯光和音响、分配角色、服装道具设计制作等——渗透审美想象的行动验证阶段；最后，幼儿开展戏剧情景、情节表现，角色互动与表演及评议等，最终完成整个戏剧表演的活动——汇集审美创造的方案达成及评议阶段。在此过程中，幼儿要调动科学思维及其学习方式，在遵循"问题解决"规律的基础上，使用科学原理、技术跟进并付诸工程实践，不断地计划、尝试、改进，还要调动艺术经验、艺术思维及其学习方式，不断丰富和完善其创想和创意，团队合作，最终使"想象（设想）变为现实"。

（二）科学与艺术整合的幼儿学习活动评价

1. 什么是科学与艺术整合的幼儿学习活动评价

评价即评定价值，是指对一件事或人物进行判断、分析的过程并得出结论。

科学与艺术整合的幼儿学习活动评价（为方便描述，有时简称"幼儿科艺整合学习活动评价"）是指根据正确的教育价值观，运用科学的方法和适宜的途径，对幼儿科艺整合学习活动的过程和结果进行价值判断，即对活动的计划、运行、成效等关键要素的实态把握、价值衡量或判断，为改进幼儿科艺整合学习活动的质量提供可靠的信息和科学依据，以促进幼儿园课程的改革和发展。因而，其可归属于学前课程评价的范畴。

2. 科学与艺术整合的幼儿学习活动评价的内涵解释

幼儿科艺整合学习活动评价是在"以人为本"思想的指导下，以促进幼儿发展为根本目的，关注幼儿发展、教师素质提高和教学实践改进的一种集诊断性、形成性和终结性评价为一体的评价体系。其以发展性评价理论为基础，遵循发展性原则、以儿童为中心的原则以及全面、综合的原则。

价值判断必须根据一定的价值评判标准，所以评判标准的确立是幼儿科艺整合学习活动评价的先决条件，价值的评判标准是由评价指标体系来表现的，评价指标建构是整个幼儿科艺整合学习活动评价的基础。因此，幼儿科艺整合学习活动评价指标体系的构建是本书最重要的内容。

这一体系包含了幼儿科艺整合学习活动开展之前的诊断性评价、过程中的形成性评价、活动开展之后的终结性评价，是一个"活动全过程"评价。诊断性评价，是在幼儿科艺整合学习活动开展之前进行的，目的是确定活动规划的价值性导向，确保幼儿科艺整合学习活动按照国家的教育要求和有利于儿童"德智体美劳"全面发展的方向性指导，包括活动理念评价、活动方案评价；形成性评价，是在幼儿科艺整合学习活动实施过程中进行的，目的是调整和改进活动方案，影响活动的形成过程，使之更为完善，包括活动环境与材料评价、师幼互动评价和幼儿学习过程评价；终结性评价，是对业已形成的具有一定的稳定模式结构的幼儿科艺整合学习活动成效的评价，包括科学与艺术整合的幼儿学习关键经验评价（为方便描述，有时简称"幼儿学习关键经验评价"）、科学与艺术整合的幼儿综合素养评价(为方便描述,有时简称"幼儿科艺综合素养评价")和幼儿创造力发展评价等。目的在于考察幼儿科艺整合学习活动的特点与效益,为各类型幼儿教育机构、教育行政机构、教育决策部门等提供是否值得推广的决策依据。

二、科学与艺术整合的幼儿学习活动评价的基本特征

幼儿科艺整合学习是基于问题解决的学习,因而该评价体系本身即强调与问题相结合进行评价。基于加德纳的多元智能理论,人类智能包含问题解决能力和提出问题的能力。只有当问题解决成为学习的核心时,学习效率才是最高的。在评价模型建构的环境中,学习和评价强调的是过程,因此幼儿会把问题解决的技能作为一种重要的认知工具,从而在日常生活中习惯运用这种问题解决技能,因而幼儿科艺整合学习活动评价具备如下几个方面的特征。

(一)评价理念的发展性

布鲁纳(Bruner)认为,评价是指导课程建设和教学的。他还指出,通过评价的信息反馈,可以有效地控制和更新根据一定教育理论编制的课程效果。也就是说,评价不仅是一种解释现实状况的手段,更是一种反馈。这种手段和反馈更重要的是必须推动教育的完善和教育实践者的反思。[①]

幼儿科艺整合学习活动评价追求共同建构、价值多元、情境理解、民主协商以及主张以"质的评价"为主,辅之以"量化评价"为研究取向的发展适宜性评价理念。斯塔夫比姆也指出,教育评价的最终目的不在于证明教育目标是否达成,而是通过评价不断改进教育方案和提升教育质量。[②]

强调评价理念的发展性,是为了有效地提高幼儿科艺整合学习活动的质量,同时带动教师的专业成长,其最终目的是促进幼儿的身心有质量地健康地全面发展。强调对教育过程而非仅是对教育结果的关注。

(二)评价目标的客观性和公正性

评价目标的客观性是指评价者必须承认不同地区、不同民族、不同体制学前教育机构的幼儿在科学艺术学习方面的发展水平存在着种种差异;同时也承认幼儿的多样性,允许幼儿之间存在学习风格和速度的差异。主张考虑具体的

---

① 王桂娟:《布鲁纳课程评价观及对学前教育评价启示的思考》,载《科教文汇(下旬刊)》,2014(6)。

② 霍力岩:《学前教育评价》,290页,北京,北京师范大学出版社,2000。

评价情境，要求对幼儿在真实环境中的自然活动进行因地制宜、因人而异的评价。因而，从评价对象总体中选取一个或若干个作为基准，然后把各个评价对象与基准进行比较，确定其在总体中的位置的方法是可行的。公正性是指评价体系内容不仅局限于教师（或家长）对幼儿的评价，也包含幼儿的自评和互评。这样把幼儿和教师（或家长）放在同等重要的位置上，以防止评价目标社会需求的一边倒，而忽视幼儿这一生命个体和群体自身成长的力量或发展需要。幼儿的自评和互评，可以增强幼儿的自主意识，发展幼儿自我反思、自我改进的能力，使幼儿在学习与成长中从依赖教师（或家长）解决问题到逐渐脱离教师（或家长）自行解决问题、做自我判定和决策，促进幼儿自立自强的人格特征的形成，也即达到"评是为了不评"的目的。

（三）评价内容的情境性

幼儿科艺整合学习活动评价的内容可包括活动理念、活动方案、活动目标、活动内容、环境与材料、活动效果以及教育教学过程的实际运行情况，如教学方法，教师与幼儿的关系及其交互作用的形式与性质，教师的作用，幼儿的学习方式等。这些评价的内容必须具有情境背景，在幼儿真实的学习情境中产生，具有具体性、直观性、丰富性、形象性、操作性特点，符合幼儿的年龄特征和认知水平，使教师能够对照现实生活，观察幼儿在活动中表现出来的具体的言行举止。

某一项评价指标能够通过幼儿活动的具体场景和例子表现，见表1-1。

表1-1　评价指标及例证

维度	指标和例证		
	高级水平	发展水平	初级水平
学习转化	幼儿能够将已有经验拓展到完全不同的情境中。 例如：幼儿在收纳七巧板的过程中，将两块中等的三角形放进正方形的收纳板中，形成了一个大三角形，之后又用两个小三角形、一个正方形和一个平行四边形拼出一个梯形，最后将一块小三角形放在梯形上面，形成了正方形收纳板上的另外一个大三角形。	幼儿能够将已有的经验迁移到相似情境中。 例如：幼儿在为兔宝宝"造"房子的时候，用三角形去掉一个角，形成屋顶的梯形形状。在为小鸟制作鸟窝时，幼儿自主用同样的方法来制作鸟窝的屋顶。	幼儿能够将已有的经验运用到相同情境中。 例如：幼儿在为兔宝宝"造"房子的时候，在教师的引导下，用三角形去掉一个角，剪成了半边屋顶的形状，然后用同样的方法把三角形剪掉一个角，做另外半边的屋顶。

维度	指标和例证		
	高级水平	发展水平	初级水平
学习应用	幼儿自主对经验进行改组，运用到新情境中遇到的问题。 例如：在推小车比赛中，幼儿了解到地面平整光滑，推车速度更快，方向更准。在打保龄球比赛中，幼儿将软垫斜坡改为木板斜坡，以再次增加保龄球的速度和精准度。	幼儿自主运用已有经验解决新情境中遇到的问题。 例如：有了玩轨道小球玩具的经验之后，幼儿在玩保龄球游戏时，自主将保龄球轨道的坡度加大，以增加保龄球的冲击力。	幼儿在教师引导下，能够运用已有经验解决新情境中遇到的相似问题。 例如：在玩轨道小球玩具时，幼儿发现小球下降速度很慢。在教师引导下，提高了轨道的坡度，小球下降的速度加快。

评价的内容除了包括指标体系之外，也涵盖了幼儿在具体活动中的表现性评价，用幼儿的行为证据来证明活动的效果是否达成、达成的水平如何，见表 1-2。

表 1-2　表现性评价的标准及水平

评价内容	高级水平	发展水平	初级水平
寻找材料	对大小、长短、软硬等不同性质的材料进行筛选和分类，作为搭建帐篷的原材料。	选择认为适宜的材料，作为搭建帐篷的原材料。	根据教师提供的材料，作为搭建帐篷的原材料。
稳固搭建	根据帐篷结构，调整材料长短、大小，利用裁剪、切割、接长等方法，使帐篷整体趋于稳定和平衡。	能够利用捆绑、联结方式方法，固定材料，搭建较为坚固的帐篷。	在教师的指导下，尝试调整帐篷支架的位置和方向。
优化空间	能够寻找支架，改变捆绑位置、延长帐篷的骨架等，使空间变大。	能够寻找支架，在教师的帮助下，捆绑延长支架，使空间变大。	能够在教师的指导下，调整现有三角形支架的角度，使帐篷空间变大。

(四)评价过程的延展性

在过程哲学的影响下，教育评价中的过程性思维也日益受到关注。如怀特海所说，现实世界是一个过程，该过程是现实实有生成的过程，教育的"存在"是由它的"生成"构成的，这便是"过程的原理"。离开教育生成的过程，就不存在真实而具体的实在。① 从过程论视野来看,评价活动的过程性、动态性、关系性、转变性、发展性等具有更为优先性的特点。

幼儿是学习过程的主体,学习过程包括对学习方法和学习效果的反馈以及在此基础上的思维调节与修正。② 大量的研究表明,过程质量是早期教育质量的核心。从《强势开端Ⅰ》到《强势开端Ⅳ:学前教育质量监测》的发布,表明经济合作与发展组织十分重视学前教育质量,并将过程质量如师幼互动质量作为监测的主要内容。③ 美国学前教育机构质量评价系统("Preschool Program Quality Assessment",PQA)有 63 个评价条目,77.8% 都在考察过程性质量,其中 13 条(20.6%)都在考察师幼互动。④ 可见美国学前教育质量评价对过程性质量尤其是师幼互动的重视。无独有偶,美国幼儿教育协会的幼儿教育机构质量标准与认证体系亦强调教师与幼儿之间的关系,将师幼互动作为重要的评价标准。秦金亮等人(2017)基于英国有效学前教育项目("Effective Provision of Preschool Education",EPPE)的研究表明,有效学前教育机构的过程特征主要强调成人与幼儿的互动关系,包括保教人员与幼儿的温情互动、教师与幼儿的持续性分享思维、教师拓展由幼儿发起的互动。由此可见,美国、英国、经济合作与发展组织等都将师幼互动作为过程质量评价的核心。

2022 年,我国教育部颁发的《幼儿园保育教育质量评估指南》也特别强调"注重过程评估……关注幼儿园提升保教水平的努力程度和改进过程"。幼儿科艺整合学习活动评价同样把师幼互动、幼儿学习方式与教师教学过程改进作为评估的重要内容,并且评估过程伴随着评估内容的完善而不断调整和改进。

(五)评价结果的开放性

课程评价的真正性质是对评价的课程提出疑问,并为改进课程指明方向。

---

① [英]A. N. 怀特海:《过程与实在》,周邦宪译,29-31 页,贵阳,贵州人民出版社,2006。

② [美]约翰·D. 布兰思福特等:《人是如何学习的》,程可拉、孙亚玲、王旭卿译,124 页,上海,华东师范大学出版社,2013。

③ 王沐阳、文雪、杨盼:《OECD 早期教育与保育指标体系的发展及启示——基于〈强势开端 2017〉的研究》,载《哈尔滨学院学报》,2020,41(3)。

④ 黄爽、霍力岩:《美国〈学前教育机构质量评价系统〉的特点及其启示》,载《外国中小学教育》,2018(3)。

美国学者布鲁纳认为，评价通常被看作对教材、教法或者别的什么东西是否有效的一种检验，但这并不是它最重要的一面，最重要的应该是提供智慧的指导来改进这些方面。① 因此，评价的功能应该是更有效地帮助教师成长，促进相关教育机构教学质量的提升。除此之外，课程评价要取得成效，必须对某种教学理论做出贡献。教育目的集中到一个问题就是促进儿童的发展，使人类能够运用他们的潜在的力量去获得一种美好的生活。也正如布鲁纳所说，当一个人看不到这个目标，那么教育及其评价就会变成技术性的和枯燥无味的。②

幼儿科艺整合学习活动评价强调评价者作为教师的朋友、合作者，深入教学情境，细致地观察教师的教育教学行为和幼儿的反应，课后与教师一起深入探讨教育教学过程中的合理与不合理之处。评价者及时地向教师反馈自己的意见，并共同形成改进的策略。总之，幼儿科艺整合学习活动评价的结果关注的是通过改进教师的行为，提高教师教育教学水平来保证教育教学质量。

(六)评价主体的多元性

通过幼儿与教师、教师与家长，以及学校和社区多方合作的过程，促进评价主体的多元化。评价团队至少由学者专家、课程的编制者、实验班教师、评价者和儿童共同组成，才能充分发挥评价的作用。幼儿科艺整合学习活动评价包含了教师自评、幼儿自评、师幼互评和家长评价。

评价是教师角色的一个基本组成部分。幼儿科艺整合学习活动评价中，教师是第一评价者，基于教师对儿童的日常观察和倾听来评价儿童各领域的发展；基于对儿童在真实而非人为的活动中的表现进行评价。

幼儿科艺整合学习活动评价亦重视家长的需求。关于每一名幼儿的成长、发展和表现的信息，每隔一段时间都要被系统地集中起来，在与家长进行交流时传达给家长，以此凸显教师、家长和幼儿在评价中的主体地位，强调了评价主体的多方合作与交互作用。

幼儿科艺整合学习活动评价同时注重幼儿对活动过程和学习成效的反思，以发挥幼儿学习的主观能动性。如在幼儿科艺整合学习活动"夏天的雨"结束以后，教师会发给幼儿及家长一张活动评价表。表中的第一部分"幼儿学习自评

---

① ② 王桂娟：《布鲁纳课程评价观及对学前教育评价启示的思考》，载《科教文汇(下旬刊)》，2014(6)。

表"要求幼儿本人在表中的听雨、观雨、雨中行、说雨、模雨、画雨环节相应的表格中画上哭脸或笑脸，表示经历本次活动的心情。如果是哭脸，教师会和其谈论"为什么不喜欢这个环节"，倾听幼儿的心声并改进自己的教学设计；反之也让其说明自己最喜欢的活动环节。表中的第二部分"家长填写"要求家长记录幼儿口述的参与活动的过程，在每一过程中获得的相应经验和获得经验的方法，家长对活动改进的意见和建议等，以使"教学相长"。

(七)评价方法的多样化

幼儿科艺整合学习活动评价注重评价方法的多样化，其中"活动理念""活动目标""活动方案"评价主要使用检核表法；"环境与材料""幼儿学习方式""幼儿科艺综合素养"评价等主要使用观察法并主要聚焦幼儿学习行为观察；"师幼互动"评价主要使用观察法和访谈法。评价者对每一个子条目都要按指示进行评价，以期获得较为准确的分数。借鉴美国学前课程评价研究项目（"Preschool Curriculum Evaluation Research"，PCER)评价的做法，如使用观察法评价幼儿的学习时，需要用到观察记录、逸事分类记录、作品评估以及环境控制等；用"成长记录袋"评价幼儿的发展时，需用档案袋评定、跟踪观察等。[①]

除了运用研制的评价指标体系对"教"和"学"进行定量评价以外，研究还注重结合具体的幼儿学习活动案例对幼儿的学习行为进行"表现性评价"，在量化评分的基础上开展质性分析，使评价更具实践生命气息。本书的第五章至第八章内容做了较为详尽的呈现。

同时，本研究分别使用了五种测评方式：幼儿评估、教师报告、活动现场观察、教师访谈或问卷调查、家长访谈。在评价实施之前，对教师以及测评者、访谈者进行了严格的专业而有效的培训，使评价较为全面可靠。

(八)评价设计的实证性

本研究实施的幼儿科艺整合学习活动评价属于实验定向评价（experimentally-oriented evaluation），是一种"准实验研究评价"（quasi-evaluation)。[②] 在实施

[①] 黄书生：《当代美国学前课程评价的发展及启示——以"学前课程评价研究"项目（PCER）为例》，载《外国教育研究》，2013，40(10)。

[②] ［美］维尔斯马、［美］于尔斯：《教育研究方法导论：第9版》，18页，袁振国主译，北京，教育科学出版社，2010。

评价之前，研究组对评价方案进行了精心设计，包括研究主要问题的界定、地区样本和课程样本的选择、实施团队的确定、专业评价者合作等。按照评价方案，科艺整合干预课程是研究的自变量，幼儿的学习过程、教师的指导行为为调节变量，幼儿的创造力水平或科艺综合素养为因变量，而幼儿的家庭背景（尤其是父母的受教育水平）、实施课程的幼教机构的发展水平、教师的教学风格与能力等均为应控制或处理的干扰变量。

评价需要使用一系列工具和多种程序。本研究在研制各种观察表、行为检核表、测试量表的基础上，一方面，通过对实验组前测与后测之间、实验组与控制组之间的差异进行比较做出判断，属于典型的效果评价，其中注重幼儿在科艺整合课程干预前后所产生的变化比较；另一方面，通过幼儿每一个活动的表现性评价，对课程运作的具体状况、幼儿在课程学习中的感受等给予足够的关注。

第二节　科学与艺术整合的幼儿学习活动评价的思想基础与价值取向

一、科学与艺术整合的幼儿学习活动评价的思想基础

（一）国家基础教育人才培养目标要求

1. 为培养德智体美劳全面发展的社会主义建设者和接班人奠定坚实基础

《深化新时代教育评价改革总体方案》指出新时代教育评价应"全面贯彻党的教育方针，坚持社会主义办学方向，落实立德树人根本任务，遵循教育规律，系统推进教育评价改革，发展素质教育，引导全党全社会树立科学的教育发展观、人才成长观、选人用人观，推动构建服务全民终身学习的教育体系，努力培养担当民族复兴大任的时代新人，培养德智体美劳全面发展的社会主义建设者和接班人"。《幼儿园保育教育质量评估指南》强调应"遵循幼儿发展规律和教育规律，完善以促进幼儿身心健康发展为导向的学前教育质量评估体系，切实扭转不科学的评估导向，强化评估结果运用，推动树立科学保育教育理念，全面提高幼儿园保育教育水平，为培养德智体美劳全面发展的社会主义建设者和接班人奠定坚实基础""坚持社会主义办园方向，践行为党育人、为国育才使命，

树立科学评价导向，推动构建科学保育教育体系，整体提升幼儿园办园水平和保育教育质量"。

2. 促进幼儿身心全面、整体而富有个性的发展

幼儿的发展是一个整体，应充分考虑幼儿的学习特点和认识规律，注重领域之间、目标之间的相互渗透和整合，促进幼儿身心全面协调发展，而不应片面追求某一方面或某几方面的发展。每名幼儿在沿着相似进程发展的过程中，各自的发展速度和到达某一水平的时间不完全相同。我们要充分理解和尊重幼儿发展进程中的个别差异，尊重幼儿的人格和权利，按照其自身的速度和方式到达发展目标，支持和引导他们从原有水平向更高水平发展。教育活动中各领域的内容要有机联系，相互渗透，注重综合性、趣味性、活动性，寓教育于生活、游戏之中，切忌用一把"尺子"衡量所有幼儿。我们要切实扭转"重结果轻过程、重硬件轻内涵、重他评轻自评"等倾向，满足幼儿多方面发展的需要，让他们快乐地获得有益于身心发展的经验。

(二)哲学、教育心理学及课程价值论依据

1. 中国传统哲学"天人合一，道法自然""格物致知，诚意正心"的核心思想

本研究在中华文化中"天人合一，道法自然""格物致知，诚意正心"的哲学思想即天理（这里指科学中蕴含的自然法则及规律）与人性（人文艺术中蕴含的人生理解、思想情感）的相通性的基础上，在"自然而然"地"亲历其事，亲操其物，推致事物之理"过程中对幼儿实施"自然而然"地"探明本心"的教育为本体论根基，注重使幼儿在科学与艺术整合的学习中领悟生命意义、人生价值和生活理想；以逻辑分析法和辩证法为认识论依据，对以往的有关研究做理论梳理和逻辑分析，倡导唯物辩证地看待科学与艺术内在统一的关系；立足本土，以对当下中国幼儿和教师在活动中的行为表现进行现场观察、微格研究、课程干预实验前后效果的对比等来收集数据和信息的循证研究方法为证据基础，从帮助幼儿进行问题解决到让幼儿独立解决问题的生长式思维路径来建构本研究的理论框架。目标上体现幼儿的价值观塑造（人生理解），幼儿的思维促进，幼儿自由、自主、自觉的人格特质养成；内容上体现以幼儿与自然、幼儿与自我、幼儿与社会的关系为三条主线，建立科学与艺术活动内容联结的纽带，凸显世界的"自组织性"原则；过程中体现按照事理逻辑（事物本来的样子）开展活动，自然达成目标，因而提倡幼儿学习过程能动地"自我建构"。

2. 马克思主义关于人的自由而全面发展的理论

马克思主义哲学关于人的自由而全面发展的理论，是关于人的本质和人性的全面生成、丰富和发展的理论。根据马克思主义哲学中人的本质和人性理论，人的全面发展表现为人的需要和能力的全面发展，社会关系的全面丰富、全面占有与共同控制以及交往的普遍性，人的素质的全面提升和个性的自由发展。这里，"全面发展"的"全面"不是一个量的概念，其实质是人的个性的自由发展。

人是受客观规律制约的主观能动的存在。人的主观意识和实践活动对于客观世界的能动作用，已经为辩证唯物主义所证实：人能够能动地认识客观世界，并在认识的指导下能动地改造客观世界，且在实践的基础上使二者统一起来。幼儿的学习具有主观能动性，也同样为建构主义和社会文化学派所证实。在学习中，幼儿能够把自己对于自然界和人类文化的好奇转变为行动和实践的力量，用自己已有的经验和能力，在与同伴的互动中及成人的引导下去把想象变成现实。

因而，科学与艺术整合的幼儿学习活动及评价必须以幼儿的"自由而全面发展"为前提，在尊重幼儿的天性自由，满足幼儿好奇、好问、好探究的兴趣、需要的基础上，为幼儿营造可以自由探究和自由表达的民主、宽松的社会关系氛围和文化情境，即在幼儿对外界环境积极而有兴趣的探索的过程中，通过多方面的社会互动和社会交往，改变幼儿原有的认知和心智结构，使幼儿获得智慧和情感的飞跃、个性和社会性的全面发展。

3. 过程哲学与生长性思维

学习是一个生长的过程。知识是一种动态的、不断变化的世界观，也是成功拓展和探索这个世界观的能力，而不是需要记忆的呆板的事实。这是由现代生长性思维方式决定的。所谓生长性思维，简言之，就是用动态生成的观点来看待"存在"的思维方式。由于生长性思维重视事物的有机整体性和动态生成性，所以它认为整个宇宙是由各种事件、各种实际的存在物，相互联结、相互作用、相互包涵与依存而形成的有机整体系统，这便是世界的"自组织形式"。在古希腊哲学家看来，世界在本质上是某种从混沌中产生出来的东西，是某种发展起来的东西、某种生成的东西。① 生长性思维体现在幼儿学习状态中，由于事物

---

① 中共中央马克思恩格斯列宁斯大林著作编译局编译：《马克思恩格斯文集》第9卷，412页，北京，人民出版社，2009。

是未完成的、差异的和矛盾的，并不存在一个固定不变的"东西"，所以学习应尊重偶然性、多元性和差异性，因而我们有理由认为幼儿科艺整合学习的内容应是联系的、多元的、整合的，有其存在的"自组织形式"。幼儿科艺整合学习活动内容的组织不是学科知识的罗列，而是依据自然事理的逻辑和幼儿认识与思维的逻辑自然衔接和生成的。因为，世间万物，本就既是科学客观的存在，也是美的内在与形式的展现。美国加州大学维特罗克（Wittrock，M. C.）提出了儿童学习的生成过程模式：儿童原有的认知结构（已经储存在长时记忆中的事件和脑的信息加工策略）—与从外部环境中接受的新感觉信息（新知识或经验）相互作用—主动选择和保持信息—主动建构新信息的意义。因而"学习即生成"，意味着承认儿童不是一类"本质先定"的匮乏性存在，而是拥有丰富发展潜能的生成发展的人。儿童的学习是儿童内在的生命潜能在与环境的开放性相遇中生长变化的过程，儿童生命生成的内在规定性构成儿童生成性学习实现的基本条件。"儿童生态感官的功能就像是一个结构紧密的网络，在这里，部分和整体总是共同工作并互为前提。如果这个最基本的'缪斯世界'破碎了，儿童的学习能力就会遭到严重破坏，当复杂的过程被割裂为许多互不相关的片段时，压抑的童年就会导致学习的窒息。而现实的学习中，这种生命的网络常常被割断，由此导致了悲剧结果：那条联系情感、思维和身体的小径被封住了，经验和知识丧失了它应有的广度和深度，生命的完整性被消解。"[①]

　　本研究从学习的过程即儿童生命成长历程的视角出发，着重研究了幼儿在科学和艺术学习的过程中，究竟经历了怎样的生命历程？幼儿科艺整合学习活动受哪些关键要素的影响，它们之间究竟如何相互作用而影响其过程和成效的？这些问题中的关键点也构成了幼儿科艺整合学习活动评价的要素和维度，是本研究的难点重点所在，更是突破点和创新点所在。

　　4. 建构主义学习理论和社会文化论

　　建构主义和社会文化论强调学习是儿童主动建构知识的过程，也是儿童通过迁移、重组、运用原有经验解决新问题的过程。对过程的尊重与强调，实际上也就赋予了发展中的偶然性、动态性、随机性、差异性等不确定因素在学习

　　① 张更立：《从"占有"到"生成"：儿童学习观的转换》，载《华东师范大学学报（教育科学版）》，2016(2)。

过程中应有的地位。其最大特点是以儿童的主动学习为核心，围绕儿童学习所经历的一系列"关键经验"创设学习情境，引发儿童与环境相互作用，有效促进学习。因而，本研究中幼儿学习关键经验评价亦是重点内容。

儿童是以不同的方式、不同的速度学习的，实践工作者必须理解儿童以不同的方式学习同一件事情，以及儿童以不同的速度在不同的时间取得进步；每名儿童的学习方式、模式都是独特的。真正有专业水平的教师，能够按照每名儿童的"步调"与"图式"去设计学习活动过程，帮助儿童建构自己的学习策略和方法，以达到更好的学习效果。这一过程不仅要知道如何直接应用定义、定理、原则、概念和性质，而且要从事需要利用这些定义、定理、概念和性质来解决问题的活动。解决问题使儿童能够构建概念，并将其应用于新的情境，因此，这给了儿童一个超越已知信息，或者发展自我想法的机会，这便是儿童学习过程的"自我建构性"所在。

幼儿科艺整合学习活动及其评价需要关注给幼儿提供能够让他们自己建构对知识的理解和运用的环境和机遇，因而必须注重幼儿与环境和材料的互动，注重其动手实践的亲历与参与过程，所以，所有的活动内容需与现实情境相关联，要解决他们在生活和学习中遇到的真实问题，这就需要幼儿从情境中学习、从过程中学习、从关系中学习（与自我的关系—与自然的关系—与社会的关系），从而能够获得科学探究和艺术表达的关键经验以及跨领域经验，并形成一种文化理解和认同（尽管他们也许并不能用语言直白地表达出来）。

5. 杜威的课程生长、反省思维与教学理论

杜威（John Dewey）认为，好的教学必须能唤起儿童的思维。如果没有思维，那就不可能产生有意义的经验。因此，学校必须提供可以引起儿童思维的经验的情境。由"思维五步"出发，教学过程也相应地分成五个步骤：一是教师给儿童提供一个与社会生活经验相联系的情境；二是使儿童有准备地去应对在情境中产生的问题；三是使儿童产生对解决问题的思考和假设；四是儿童自己对解决问题的假设加以整理和排列；五是儿童通过应用来检验这些假设。在这种教学过程中，儿童可以学到创造性知识以及应对需求的方法。基于这样的思维与教学的观点，学校课程一定也是不断生成与生长变化着的。

幼儿科艺整合学习活动的开发以及对幼儿科艺整合学习活动的评价，均是在对幼儿现有学习活动观察、评析的基础上，发现其不足而不断想方设法扩展

教学资源、改进教学方法以促进幼儿学习兴趣提升、学习方式改善的过程，也是促进课程不断创生的过程。幼儿在教师和成人的帮助下，在"将想象变为现实"的过程中，会遇到各种各样的问题，也需要经历相应的解决问题的各个阶段，并在其中体会各种苦乐甘甜，享受成功和体验失败……因而，幼儿学习的每一步都在不断地生长与生成当中。

6."生活教育论"和"整合课程"思想

陶行知"生活教育思想"概括起来就是"社会即学校""生活即教育""教学做合一"，他认为生活决定教育，过什么样的生活就拥有什么样的教育，"事怎样做就怎样学，怎样学就怎样教；教的法子要根据学的法子，学的法子要根据做的法子"。"师生共同在做上学，在做上教，在做上讨论，在做上质疑问难……"①

教育作为特定历史文化的产物，取决于现实生活的需要，其性质、目标、方式方法是由一定社会经济基础决定的，教育一定要促进社会的生产方式的变革，为一定社会经济、政治服务，培养和造就社会所需要的有用人才。陶行知先生主张"生活即教育"，就是让人们在生活中接受教育，学会生计，懂得生活，获得尊严，开启心智。陶行知的"从生活出发，又回到生活"的教育思想，是我们对幼儿进行"科艺整合"教育的出发点和归宿。

陈鹤琴先生也主张幼儿课程应是整合的课程，学习是综合的学习，儿童的生活是整个的生活，所以教材（学习内容和材料）也必定是整个互相连接的，不是四分五裂的……陈鹤琴的幼儿"整合课程"思想对我国当代幼儿教育观念有深远的影响。我们的研究即遵循在生活中对幼儿进行"整体性教育"的思想。

7. 主体间性教育理论

主体间性教育理论认为受教育者虽然是教育者认识、改造的对象，但同时也是教育的主体，主体与主体之间并非孤立或对立存在，而是相互联系，相互作用的，两者通过平等对话、协作共进，在和谐共存的环境中实现教育者的价值引导和受教育者的主体建构，促进彼此发展。因而，"对话""体验""相长"是主体之间联系和作用的有效纽带。

本研究基于这种思想，在进行幼儿科艺整合学习活动及其评价标准研发时，注重幼儿的参与、合作，关注幼儿的想法、建议，如会征询幼儿的意见："对这

---

① 　陶行知：《陶行知文集》，287-289 页，南京，江苏教育出版社，2008。

件事，你有什么看法？""关于这件事，你想知道什么？""你有没有什么好办法？"
"如果那样，你认为是否会好一些？"师生在平等对话的过程中，共同决定课程的
计划、内容等。因此，在这个意义上，幼儿也是课程开发的主力军。另外，本
研究在课程结束之前，也会设计一些幼儿能看懂的图表，让幼儿反馈他们对课
程内容、课程过程的看法。例如，教师会用图文并茂的方式让幼儿填涂"哪些内
容你学会了？哪些内容还不知道？你喜欢哪一个教学环节？不喜欢哪一个内
容？"，然后根据幼儿填涂的结果去和幼儿访谈："你为什么喜欢或不喜欢？"此时
幼儿会说出他们喜欢和不喜欢的原因，并向教师提出自己的想法和调整的建议。
这样，课程不再是教师的一家之言，幼儿不仅是需要教导和帮扶的弱小对象，
他们亦是教师改善教学的有益的建言献策者，真正做到"教学相长"。

(三)教育评价的相关理论与模型

1. 泰勒"目标评价模式"

泰勒(Ralph W. Tyler)的"目标评价模式"产生于20世纪30年代，其基本观
点集中体现在所谓的"泰勒原理"中。泰勒原理是由两条密切相关的基本原理组
成的：一条是课程编制的原理；另一条是评价活动的原理。泰勒"目标评价模
式"的评价步骤包括以下几个方面：①确定教育方案的目标；②根据行为和内容
对每个目标加以定义；③确定应用目标的情境；④确定应用目标情境的途径；
⑤设计取得记录的途径；⑥决定评定方式；⑦决定获取代表性样本的方法。评
价者要设计情境和方法激发儿童的行为，然后将儿童表现与既定目标进行对比，
以评价儿童达成教学目标的程度。

幼儿科艺整合学习活动评价研究依据这一路线，开辟了两条路径：一条路
径是科艺整合课程的研发，遵循问题生成与解决的螺旋递进、过程生发原理；
另一条路径是科艺整合学习活动的评价，沿着评价体系的"方案设计—理论假
设—初拟指标—实地观察—案例收集—数据分析—实践落实"的主要步骤行进。

2. CIPP 评价模型

目前，尽管学者们对教育指标体系建构的理论框架有诸多不同观点，但大
多比较认同美国著名学者斯塔夫比姆(Stufflebeam, D.)于20世纪60年代提出
的 CIPP 评价模型，即由背景评价(Context evaluation)、投入评价(Input evalu-
ation)、过程评价(Process evaluation)与结果评价(Product evaluation)四个要素

构成的立体化、动态性的系统评价模型。斯塔夫比姆指出，教育评价的最终目的不在于证明教育目标的达成，而在于通过评价不断改进教育方案和提升教育质量。[①] CIPP 评价模型很好地诠释了这一道理。

幼儿科艺整合学习活动评价研究汲取了这一模型的"合理内核"，建构了"价值质量评价""条件质量评价""过程质量评价""成效质量评价"四位一体的理论框架。价值质量包含了社会对教育价值的追求导向，以社会的政治、经济、文化为基础，相当于 CIPP 评价模型中的"背景"；条件质量包含了幼儿园的管理、机制、设备投入等，相当于 CIPP 评价模型中的"投入"；过程质量和成效质量则和 CIPP 评价模型中的"过程""结果"同义。幼儿科艺整合学习活动评价遵循了儿童学习活动生成和发展的"事理"逻辑，具备静态与动态联系、普遍与个别结合、前提与效应呼应、目标与现实相吻合的特点。

3. 多元智能评价理论

美国哈佛大学心理学家霍华德·加德纳（Howard Gardner）认为，智力是指在"某种社会和文化环境的价值标准个体，用以解决自己遇到的真正难题和生产及创造出有效产品所需要的能力"，它具有多元性、差异性、开放性、社会文化实践性和创造性等显著特点。每个人的智力组成和表现都有显著的不同，而且智力是多种能力的集合，主要包括：言语——语言智力、音乐——节奏智力、逻辑——数理智力、视觉——空间智力、身体——动觉智力、交往——交流智力、自知——自省智力、自然观察和存在智力。每个人基本都有这八种智力，只是每种智力的组合和发挥程度不同，进而影响个体的智力表现。加德纳强调，世界上没有两个人具有完全相同的智力组合，每个孩子都是潜在的天才儿童，只要教育得当，每个人的七八种潜能都能达到相当高的发展水平。[②] 因而其构建的多元智能评价理论特别注重儿童的发展评价，主张通过评价促进儿童的全面发展，并创设适合儿童的教育。强调对儿童的评价要在真实的、自然的学习活动情境中进行，反对无视儿童发展的个体差异，用评价的结果区分"好孩子""差孩子"，给儿童贴标签。用发展的眼光看待儿童的成长，而不是以某种机械

① 霍力岩、孙蔷蔷、胡恒波：《中国学前教育指标体系的理论构想与适用性考察》，载《教育研究》，2019（2）。
② ［美］克瑞克维斯基：《多元智能理论与学前儿童能力评价》，李季湄、方钧君译，2-7页，北京，北京师范大学出版社，2015。

的标准或单一的书面测试结果来评价儿童智力发展水平的高低优劣。

幼儿科艺整合学习活动评价接受多元智能评价的核心观点，主要通过在真实的、自然的科艺整合学习活动的场景中收集有关幼儿在学习兴趣、学习方式、学习行为等方面发展的信息。关注幼儿在科艺整合学习活动中的学习过程、学习兴趣(如愉悦的情绪、专注的神态、坚持性的行为)、学习风格(如是属于"场独立型"还是"场依存型")等方面，以对他们的学习能力进行合理评价。在多个场景中对幼儿的注意力、探究性行为表现和创造性思维等，进行多角度、多侧面、多场景观察和多元化评价。

4."元评价"理论

元评价是对教育质量评价的科学性、合理性进行再评价。库克和格鲁德(Cook&Gruder)认为，任何一个评估要经得起推敲，都必须经过元评价。元评价的主要内容包括对评价理论基础、理论框架、方法体系和监控的评价，对评价方案、评价组织实施、评价过程、评价结果等评价活动各环节、各要素进行评价。[①] 元评价是基于批判性思维的。批判性思维是指"审慎地运用推理去断定一个断言是否为真"，是指"对我们面临的断言进行评估"，其主旨是"关于思维的思维"。[②] 幼儿科艺整合学习活动评价的元评价，是对幼儿科艺整合学习活动评价技术的质量及结论进行再评价，是为了判断、修正和提高评价质量，按照一定的标准或原则，基于批判性思维对评价环节的公正性与合理性做出判断的过程。幼儿科艺整合学习活动评价的"元评价"是在评价工作完成后，为了检验评价过程和结果，检验根据评价结果做出的决策和改进工作的效果，以便纠正评价工作的不足或为改进评价工作而进行。主要方法有信度检验法、效度审验法、流程审验法等，其根本目的是确保评价的信度和效度。

幼儿科艺整合学习活动评价的"元评价"主要采用德尔菲法来确定评价指标的内容信度、用"专家—评价者—幼儿"之间的三角互证法来确定评价的内容效度；用评价指标对幼儿进行测试收集数据，对收集来的数据进行评价，获得数据的可信度和指标体系结构效度的检验。同时要求评价方案和评价指标必须是

---

① 文明：《学前教育质量评价理论与实践》，67页，成都，四川大学出版社，2018。

② ［美］布鲁克·诺埃尔·摩尔、［美］理查德·帕克：《批判性思维》，1-7页，朱素梅译，北京，机械工业出版社，2012。

可操作的，评价的具体过程和步骤是切实可行的，评价的行政措施是符合实际的，整个评价过程中幼儿和教师等被评价者的身心发展和自身权利必须是受到保护的。

二、科学与艺术整合的幼儿学习活动评价的价值取向

（一）价值及价值取向

价值是指客体对主体的有用性，它是在主客体之间关系的基础上产生的，主客体之间相互作用是价值产生的基础。价值主要从主体的需要和客体能否满足主体的需要以及如何满足主体需要的角度，考察和评价各种物质的、精神的现象及主体的行为对个人、阶级、社会的意义。某种事物或现象具备价值，就是该事物和现象成为人们的需要、兴趣所追求的对象，是人的需要、兴趣、目的，并随着社会环境而改变。因而，价值是通过人的实践而实现的。

当一种价值经过长久演变成为一项影响重大的广泛信念时，它便可被称为价值取向。[①] 任何社会事物的运动与变化都是以一定的利益追求或价值追求为基本驱动力，几乎所有社会科学都或多或少地与价值论存在某种联系，都自觉不自觉地以某种价值论为假设前提。不同的价值思维和价值取向将对人的思想与行为产生巨大的影响。

（二）教育评价的价值取向

教育评价本质上是一种价值判断的活动，价值取向是教育评价的灵魂。

教育评价的价值取向是教育评价主体对教育评价活动价值的稳定认识。自从教育评价活动产生以来，随着教育评价活动中主客体关系的变化，产生了如下四种教育评价的价值取向：科学主义取向的教育评价、管理主义取向的教育评价、人本主义取向的教育评价和治理主义取向的教育评价。[②]

一是"科学主义取向"的教育评价，通过目标、行为控制人的发展。其基本特点是以目标为中心或以目标为导向，把教育目标表示为一系列可测量的儿童行为，并以此为依据确定实际教育活动达成预期教育目标的程度，泰勒的"目标

---

① 贾汇亮：《教育评价的价值取向演变及述评》，载《教育测量与评价（理论版）》，2011（11）。

② 宋博、周倩：《教育评价价值取向的演进逻辑》，载《中国社会科学报》，2022-02-25。

评价"是这一取向的代表模式。这种评价思想和模式奠定了教育评价的基本思路和理论框架，核心理念至今仍具有重要意义和价值，但这种取向的评价虽在一定程度上满足了评价主体及评价者的需求，却忽视了被评价者的利益和诉求。

二是"管理主义取向"的教育评价，关注教育与社会的联系，强调效率，强调价值，判断属性，强调评价的教育决策意义。此种取向注重外在形式，看中硬指标，理性思维，科学计算，线性逻辑。这种价值取向虽在一定程度上满足了社会需求，但与当今这个更注重内涵发展，更看重感性思维、直觉判断、模糊逻辑的软指标的时代格格不入。

三是"人本主义取向"的教育评价，通过过程、方法推动人的发展。这种取向，关注人的需求和价值，注重人的思想观念和经验。评价者通过在具体的教育情境中开展教育评价，发现教育过程、方法中存在的阻碍人发展的问题，及时改进，为推动人的发展服务。强调评价者与具体评价情境的交互作用，主张凡是具有教育价值的结果，不论是否与预定目标相符合，都应当受到评价的支持与肯定，甚至没有教育价值的结果也要进行分析、总结。过程导向的教育评价方法赋予了实施评价活动的机构与人员足够的主体地位，因为他们对评价的看法直接左右着教育评价过程。此种价值取向评价描绘了一个教育评价的理想国，但由于缺乏具体评价标准和体系，在现实中很难实现。

四是"治理主义取向"的教育评价，通过尊重、参与服务人的发展。其尊重评价对象、允许甚至邀请评价对象参与到教育评价过程中来，它强调了教育活动参与者或受教育者的利益的满足，通过协商、合作实现共同发展。至此，以自我评价为中心的多元评价发展趋势初见端倪，发展性评价也深入人心。教育评价活动的开展要求依据评价对象的需要具体情况，服务于评价对象的发展。主体间的关系也从主客对立关系发展到协商对话，平等交往的关系。斯塔克（R. E. Stake）提出了"应答式评价"范式，认为要使评价结果真正产生效用，评价人必须关心这一活动所有参与者的需要，并进行信息反馈，使活动结果能满足各种人的需要。

这四种价值取向，反映了教育评价同社会发展与时俱进的趋势和特点，虽然时间上有先后，但它们彼此间并不是相互取代的扬弃过程，在相当长的一段历史时期，它们相互交织、相互包容，并在彼此争鸣中不断创新与完善理论体系和实践模式。

(三)科学与艺术整合的幼儿学习活动评价的价值取向

从工业时代到信息时代，教育评价范式作为教育活动的一方面内容，教育评价的发展经历了从客观事实到本质的追寻和探索，基于客观的测评数据与重视认知主体价值的教育评价观趋向交融。[①] 面向智能时代，在教育大数据生产和教育技术日趋成熟的环境下，教育评价与现实生活和社会实践日益衔接，教育评价作为联系师生、教育交往和课程知识传导的纽带，呈现出生态化、情境化、地域化的特点。

幼儿科艺整合学习活动评价秉持"学习者中心"思维，通过在能够体现幼儿的真实性、能动性、差异性的活动场域中获取信息为依据，来评价教师的教学过程、教学方法及教学目标是否合理、适宜，进而激发教师改善教学的思路，促进评价思想的再转化和教学能力的提升，深化教师作为教育者和活动主体的角色认知与理解。这里，幼儿和教师是共同的学习者。

1."以人为本"的教育实践生成取向

马克思主义的哲学本体论认为，人的实践活动具有生成性，并与现实生活世界紧密相关，这就注定了教育活动评价应基于教师和幼儿真实的教学和生活经验，而非仅围绕既定教学目标的达成开展。较之传统的学前儿童活动评价，幼儿科艺整合学习活动评价从主体规约性和知识生成性视角，将评价的目标、内容和维度放在幼儿作为经验生成和知识的生产者而非消费者地位，教师作为学习的促进者而非主导者的层面，让教师得以通过评价，重估活动目标，统整活动内容，改进活动过程和完善活动形式。幼儿科艺整合学习活动中的"师幼相互即时评价"和系统测评也激发了幼儿批判性思维的萌芽，使幼儿得以经常超越自身，亦使新的学习内容得以衍生。

较之以往以追求效率为目的，崇尚技术理性和秩序规范的传统评价范式，此活动评价更注重兼顾"以人为本"，重视过程、重视发展的基本理念，倡导评价范式中的技术理性和人文关怀的融合。以幼儿为本的教育价值取向，强调幼儿在教育过程中的主体地位，认为教育应充分尊重个体的自由和个性发展，重视幼儿的情感兴趣和需求，适当调动和发挥其学习主动性、求知欲和好奇心；

---

① 覃千钟、张瑞：《教学哲学视域下的课堂评价：内涵、形态及价值取向》，载《现代中小学教育》，2019，35(11)。

幼儿在活动过程中不仅能获得全面发展，更能享受到学习和探究的快乐，收获人的尊严和生命的幸福，进而通过学习，不但能够获得生活的能力，更能实现自我的人生价值，促进身心健康发展。例如，在对幼儿的学习方式进行评价时，以倾听与观察、理解与解释为基本评价思路，并结合一定的量化数据作为评价的参考依据，描述出评价对象（教师与幼儿）教与学的真实性发展过程。教师作为活动评价的一方主体，应以欣赏幼儿为导向，对幼儿的学习表现和成果，秉持综合的客观的态度，考察幼儿的个性素质和优势潜能，重视幼儿具体的、现实的和生成的学习过程。

评价的人文性还体现在承认幼儿是知识的生产者和实践者，将知识置于真实的文化生活情境中，以引起幼儿对文化体验的深刻认知和情感共鸣，幼儿能够通过其感兴趣的方式溯源科学知识的人文历史，感受科学知识的趣味性、审美性，其人文素养亦能获得潜移默化的浸润和熏陶。

2."以学评教"的教育生态治理取向

中共中央、国务院印发的《深化新时代教育评价改革总体方案》中明确提出要"全面贯彻党的教育方针……培养德智体美劳全面发展的社会主义建设者和接班人"。这就意味着，把儿童个体的德智体美劳全面发展、综合发展作为明确的教育目标和最重要的教育价值，并以此来引领整体的教育变革。强调"以德为先、能力为重、全面发展"的科学成才观，品德养成和全面发展置于首位，同时将智力因素和非智力因素放在同等重要的地位，以促进儿童的全面发展。教育部颁发的《幼儿园保育教育质量评估指南》，也明确提出，"坚持社会主义办园方向，践行为党育人、为国育才使命，树立科学评价导向"。可见《深化新时代教育评价改革总体方案》和《幼儿园保育教育质量评估指南》均充分彰显了以人为本的"人本主义"教育评价观，体现了"五育并举"的教育评价导向。因为只有全面发展的人，才能担当得起民族复兴的大任。因而，幼儿科艺整合学习活动评价必须满足国家对人才培养的目标需求、满足幼儿个体和群体可持续发展的需要。

"以学评教"的活动评价体系围绕幼儿在活动中实际的学习状态来建构。例如，幼儿科艺整合学习活动评价中的"活动方案设计评价"根据幼儿学习目标的针对性、学习内容的生成性和幼儿自身学习行为的能动性、学习策略的多样性和选择性来设计"学"的评价指标。在具体测评情境中，教师组织的评价活动要体现以上的要求，并综合考量活动中幼儿的身心参与状态（包括行为状态、思维状态、情绪情感状态)以及学习效果因素。这实际上也决定着"教"指标的设计,如教师准确把握学习目标的预设与生成、活动顺序的调控、活动过程的设计、教学策略的选择等。对幼儿在活动现实场域中学习状态的反思,能加深教师自我的专业思想认识、教学理念深化与落实,从而促进自身教学能力的发展。

从生态学视角考察,幼儿科艺整合学习活动评价,主要运用联系、系统的生态学思维方式全面地剖析其所构成的生态系统,通过分析其影响因素,以及这些因素与该评价之间相互作用的关系,从而把握幼儿科艺整合学习活动评价的规律和机制。

幼儿科艺整合学习活动评价,实质上是属于一种生态参与式活动评价,是教师与幼儿之间的生态链。无论是师幼互评、自评,还是幼儿互评,均侧重于教师和幼儿之间对知识的回应、协商和共建,尊重教育场景的复杂性、知识接受和经验积累的不确定性、幼儿学习的主动性和学习过程的自我建构性以及教与学的过程的辩证性。教师要以辩证的动态的思维放眼幼儿长远的生命发展,确保自由、开放、愉悦的"儿童世界"的存在底线。

从托马斯·库恩(Thomas S. Kuhn)的哲学范式视角来看,此类评价挣脱了工具主义思维的枷锁,夯实了评价共同体活动的人文性、生命性,评价从管理性的机械方式走向教育性的生态范式。教师和幼儿在整个评价过程中,由于人独特的"先在性"和"我在性"特征,评价的目的、标准有可能游离于预设的教学目标和结果之外,而具备了思维发散、知识生成、方法转化、情感体验的可能价值。在注重形成性、表现性和真实性的活动评价境遇中,建立起从"学"到"教"、"教学相长"的教育生态场。

3. "主体间性"的社会契约取向

马克思认为人是一切社会关系的总和。从教育社会学的角度分析,由教师与幼儿构成的幼儿园活动,实质上是一个虚拟的社会场域,幼儿园和班级是特殊的社会组织,教师和幼儿的关系亦是一种社会关系网的表征。师幼关系在评价层面上,应体现社会人际关系法则中的尊重、理解、信任、关爱和责任,教师的教学权威与幼儿的自治权利建立在教师平等客观地评价每一名幼儿和教学资源公正分配的基础上。在这样的场域中,人和人之间形成了一种"主体间的社会契约"关系。

幼儿科艺整合学习活动评价中的教师、幼儿均是主体,均具备主体性,因而其均具有自主、能动、自由、有目的地从事评价活动的地位、权利和特性，都能对对方的意图进行推测与判定。体现在评价中，教师和幼儿均不应以带有色彩的眼光评判对方，这样的评价结果不仅颠倒了活动评价原初的目的，也否定了教育的价值，如此，教师与幼儿交往的社会契约精神难以彰显。社会生态当中的整体性、关联性、多元性、主体开放性和互信，注定了评价中教师幼儿"双主体"的关系，这要求教师必须放低姿态，平等地看待、评价每一名幼儿的发展，这是社会契约精神的体现，教师评价和幼儿评价应以彼此和谐共处、协同发展的评价态度重构教师与幼儿作为社会人的形象。

第三节　科学与艺术整合的幼儿学习活动评价的构成要素与理论框架

由于幼儿科艺整合学习活动评价属于学前课程评价范畴，讨论幼儿科艺整合学习活动评价的构成要素，有必要对以往的课程评价要素理论进行历史梳理，以史为鉴，来确立幼儿科艺整合学习活动评价的构成要素与理论框架。

一、学前课程质量评价的要素理论

(一)二元论

学前教育质量评价要素的二元论包括结构质量和过程质量两个方面。结构性质量要素是指包括班级规模、师幼比例、教师经验、园舍设备等在内的具体规范的、可控制的变量，可以由国家机构直接管理，相对比较容易量化和进行客观的评估。过程性质量要素是指更直接地与儿童生活和学习经验相联系的变量。其主要包括儿童在学习活动中的直接和日常体验，如儿童与他们的照顾者和同伴交往的频率、类型以及他们与之交往的活动和材料。[①]

(二)三要素说

格里塞(A. Grisay)和马尔克(L. Mahlck)(1991)提出，教育质量由投入、

---

① Phillipsen, L. C., Burchinal, M. R., Howes, C. et al., "The Prediction of Process Quality From Structural Features of Child Care," *Early Childhood Research Quarterly*, 1997, 12(3), pp. 281-303.

过程和产出三个内在相关的质量维度组成，具体包括教育资源的质量（投入）、教育实践的质量（过程）以及教育成果的质量（产出）。刘霞（2004）认为早期教育机构教育质量评价包括条件质量、过程质量、结果质量 3 个部分。条件质量与结构质量相似，指为早期教育机构教育活动提供必要的条件和支持的人员条件、物质条件和幼儿园管理等；过程质量包括师幼交往、教师与家长交流以及教师对环境的创设与利用等，是早期教育机构教育质量的核心要素；结果质量是指儿童发展的结果，会受到教师教育行为影响。

（三）四维度论

不同于二元论和三要素论，以谢里丹（Sheridan，S.）为代表的四要素论者认为，质量这一教育现象，由社会、儿童、教师以及学习情境四个相互作用、互相依存的维度构成。[①] 德国托幼机构质量评价体系包括取向质量（早期教育机构的理念）、结构质量（教师学历、班级规模、师幼比例、室内空间、室外空间及领导自主权）、过程质量（场地与设施、儿童的照料、语言和认知激励、各种活动和互动）以及与家庭关系的质量（家长参与、给家庭的支持以及对儿童的个别促进）四个维度。[②]

二、科学与艺术整合的幼儿学习活动评价的构成要素分析

幼儿科艺整合学习活动评价，汲取以上要素理论的精髓，结合幼儿科艺整合学习活动开展的真实情况，主要由结构性要素、过程性要素、结果性要素、方法性要素四个方面组成。结构性要素是对学前教育机构中教育背景的考察，包含背景、投入两个维度；过程性要素主要是对幼儿科艺整合学习活动环境中真实发生的事件的考察，主要包括活动理念、方案设计、师幼互动、幼儿学习过程等维度；结果性要素包括科艺整合的幼儿学习关键经验、幼儿科艺综合素养等维度；方法性要素主要由评价材料选取、评价方式、评价指标的信效度检验等组成。

---

① Sheridan，S.，"Dimensions of Pedagogical Quality in Preschool," *International Journal of Early Years Education*，2007，15(2)，pp. 197-217.

② ［德］Wolfgang Tietze and Susanne Viernickel：《德国 0—6 岁幼儿日托机构教育质量国家标准手册》，田春雨、鲁玉峰、罗毅主译，1 页，济南，山东科学技术出版社，2019。

(一)结构性要素

1. 背景维度

幼儿园教育质量评价标准描述了特定历史时期特定社会文化所倡导的高质量学前教育应具备的特征。[①] 因而，本研究把反映以上特征的"政治制度""地区经济水平及相关教育与文化资源""家庭环境与教养状况""幼儿园总体状况""家庭年收入"等均归属于背景维度。相同的社会政治经济及文化背景，才有可能产生较为一致的教育价值追求。背景维度在本研究中是控制变量群。

2. 投入维度

结合《中国教育统计年鉴》指标，本研究将"室内外活动场地面积""图书与教学资料""幼儿活动材料资源""师生比""教师文化水平及专业培训""生均经费投入""家庭教育支出"等反映人力、物力资源的确定为投入维度。幼儿园、教师和家庭作为课程活动的主体，发挥着管理、主导和支持的功能，且三个主体相互作用共同保障课程活动的设计、实施和质量的持续提升。投入维度在本研究中亦是控制变量群。

由于本研究是实验性课程评价，因而实验前控制隶属结构性要素（评价条件质量）的变量群，使其保持基本水平一致，是研究必须做的事情和保证评价的科学性的前提。

(二)过程性要素

参照 CIPP 评价模型下的国际学前教育指标，过程性要素体现教育投入"变现"的过程，主要包括对教师"教"、幼儿"学"及教学互动的过程性评价，本研究中，将"活动理念""方案设计""环境与材料"作为对教师支持幼儿"学"的"教"的过程性评价重点；将幼儿的"学习兴趣、学习方式"以及"科艺整合学习的四个阶段"的学习水平作为幼儿"学"的过程性评价重点；将"师幼互动"作为教学互动的过程性评价重点。

1. 活动理念评价

活动理念评价是评判其价值取向，主要指向是否以幼儿为本，是否注重现

---

① 潘月娟：《幼儿园教育质量评价基本问题探讨——基于新制度主义理论视域》，载《教育研究》，2018(1)。

实情境中学习，是否整合知识，师幼之间、幼幼之间的协作学习如何。

2. 方案设计评价

方案设计评价主要从方案的结构方面进行评价，主要关注活动目标整合性、开放性和指向性；内容主要关注在选择时是不是大多数幼儿感兴趣的问题引发的，在组织时是否促进经验的整合；过程主要关注是否支持了幼儿的自主学习、独立或合作解决问题以及活动环节之间是否具有逻辑性；成效主要关注是否凸显了方案本身的新颖性、实用性和规范性。

3. 环境与材料评价

环境评价主要关注空间布局是否满足幼儿项目开展的需要、是否开放联动等方面；材料评价主要关注材料的趣味性、挑战性、科学性，是否激发了幼儿的创造热情等。

4. 师幼互动评价

师幼互动表现为师幼双方发起的交互作用。教师方面主动发起的互动主要关注积极情感氛围的营造与对幼儿活动的行为支持，幼儿方面主动发起的互动主要关注幼儿主动发起相互作用的途径与方式。

5. 幼儿学习过程评价

幼儿学习过程评价主要从幼儿在学习过程中表现出来的学习兴趣和学习方式、幼儿经历科艺整合学习的四个阶段学习水平入手开展评价。

幼儿学习兴趣评价主要从幼儿在学习活动中是否神情专注、心情愉悦、积极思考、积极行动、持久性等方面进行评价。

幼儿学习方式评价主要从幼儿是否采取了诸如提问、讨论、探究性操作、实验、判断、比较、推理、联想想象等深层学习方式，开展了深度学习方面进行评价。[1]

科艺整合学习的四个阶段是指前文所述的"融入审美感觉的问题提出""贯通审美知觉的推测猜想""渗透审美想象的行动验证""汇集审美创造的方案达成及评议"，每个阶段设计了相应的评价指标。

---

[1]　徐慧芳：《深度学习对集体活动和区域活动中幼儿使用科学学习方式的影响》，载《教育科学》，2019，35(2)。

(三)结果性要素

本研究把结果性要素既看作前一个活动的产出成效,又看作下一个活动的前提经验,其处于不断的动态发展的过程当中。本研究的结果性要素主要包括"科艺整合的幼儿学习关键经验""幼儿科艺综合素养"两个方面。

1. 科艺整合的幼儿学习关键经验评价

科艺整合的幼儿学习关键经验评价主要从科学领域学习关键经验评价、艺术领域学习关键经验评价、科艺整合跨领域学习关键经验评价三个方面入手。例如,科学学习能力、艺术学习能力监测指标的构建,从儿童科学和艺术知识与技能(数和运算、形状和空间、模式等)、过程性能力(包括测量、联系、推理与验证、表征与交流、视听感受、模仿、联想与想象等)、学习品质(包括兴趣、专注、坚持、反思等)三大层面,建构指标体系。

2. 幼儿科艺综合素养评价

幼儿科艺综合素养评价主要关注幼儿的好奇心、想象力、执行力、学习力、社会能力、创造性思维、品德与个性。

评价标准是幼儿园教育质量评价制度的规范性要素,制定标准和标准化的过程是典型的制度化和规范化的过程。本研究基于以上要素特质和要素之间的互动关系,建构幼儿科艺整合学习活动评价的标准,以测量幼儿科艺整合学习活动的质量。

(四)方法性要素

一个好的评价体系的建立离不开科学、有效的方法保证。本研究通过采用教师与幼儿的自评和他评相结合、质性分析与量化统计相结合以及测量数据信效度要求等方法性要素保证评价的科学性和规范化。

1. 教师与幼儿的自评和他评相结合

幼儿园内部的自我评价是学前教育质量保障体系不可或缺的一环,它与监管式的外部评价相比具有迥然相异的特点。在质量观和方法论上,自我评价要求采纳主体化、教育性、整体论的立场。在评价诸要素上,自我评价的目的聚焦于质量提升的内部需求,以信任、开放为价值取向,评价内容要求全面、细致及过程性的撰写方式,强调内容效度、评价主体的有效沟通、非参与的方式。在幼儿园实践中,自我评价体系意味着幼儿园内部业务管理工作的系统化重构,要求在幼儿园既有的教育质量标准之上实现从"朴素"到"科学"的转化，并以教师专业发展为最终指向，重新建构自我评价主体与对象的关系，探索有效的评价方法和结果反馈方式。

他评则主要是采用同感评估技术（Consensus Assessment Technique，CAT），埃玛贝尔（Amabile）于1982年提出的一种主观评价法。[1] 有较高能力的同一领域的专家们对该领域的作品会有基本一致的看法，这就是同感（consensus）。本研究中，同感评估技术的流程简单来说，是选择所在领域的专家或者经验丰富的从业者作为评委，对过程性要素和结果性要素的评价主要以里克特量表的形式进行打分，把每条指标的达成情况设为5个等级，分别是"非常好（5分）""比较好（4分）""一般（3分）""不太好（2分）""不好（1分）"。而评委打分的内部一致性是保证其效度的关键。本研究要求评委对同一条标准打分的一致性在0.85以上，标准方可有效，否则需要调整指标。

2. 质性分析与量化统计相结合

质性分析强调过程性评价，抓住学习活动场景中发生的典型的和代表性的事件和现象进行描述和归纳，以发现表象背后内含的规律和本质，生成评判标准；量化统计即依据标准给予分数，一方面，找到每个个体在集体中的位置，对得分偏低的项进行有针对性的"补足"教育；另一方面，对于集体偏低的得分项给予关注，补齐课程或活动某一方面的短板。

自我评价和外部评价均有信度和效度的要求。在效度方面，外部评价为了保证结果的精确性、便于分类比较，要求指标具有较好的结构效度，追求维度之间的排他性、互斥性；指标的各水平等级之间亦需要有较好的区分度，以便做出准确的评判。自我评价强调内容效度，即评价内容的适当性、相符性，具体来说，指的是评价标准是否能够真正反映幼儿科艺整合学习活动质量的实质内涵。在信度方面，外部评价强调评分者一致性信度，通过对评价内容、程序的"标准化"以及对评价者的严格训练来达成。自我评价的信度则要看在自评过程中信息沟通的顺畅性和实效性，即所有参与主体在多大程度上为成员提供了专业和个人支持、采用了有效的沟通策略、在决策过程中听取了利益相关方的

---

[1]　T. M. Amabile, "Social Psychology of Creativity: A Consensual Assessment Technique," *Journal of personality and social psychology*, 1982(43), pp. 997-1013.

意见、将自评与其他工作进行了协调整合，以及最终是否形成了共同的团队目标。

三、科学与艺术整合的幼儿学习活动评价的理论框架

幼儿科艺整合学习活动评价的基本目标是促进儿童的可持续发展。生态学的观点认为，儿童的发展是他（她）与其直接接触的环境相互作用的结果，而这一直接环境又受到更大的社会环境中各种相关因素的影响。其中，对幼儿发展影响最为直接的环境是家庭和幼儿园。

本书从"学习生态系统观"的理论视角，主要考察幼儿园这一幼儿直接接触的环境中的哪些影响幼儿发展的重要因素，构成了幼儿科艺整合学习活动质量评价的核心变量群，而其他相关影响因素根据其影响的直接程度和重要程度分别构成了基本变量群（如家庭环境与教养状况、幼儿园总体状况）和外围变量群（如地区经济水平及相关教育与文化资源）。本研究的研究对象集中在北京、江苏等省市经济发展较好的城市和农村，并事先有意选择了父母的学历水平、父母的教养态度基本趋于一致的家庭中的孩子，控制了地区经济、文化、家庭等这些外围变量群和基本变量群的因素对本研究的影响。

在幼儿园环境中，最为直接的环境是班级，对幼儿发展最为直接的变量群，是班级的环境和材料及儿童的参与使用方式、教师同伴的相互交往过程与幼儿学习行为。本研究采取目的抽样，选择了华东地区和北京六省市的城市与农村幼儿园为实验基地。这些地方的经济与文化水平基本相当，参与科学与艺术整合课程干预实验的幼儿园基本都是省市级示范园，而且幼儿园原有科学或艺术课程研究特色，有拓展自己的原有课程领域、进行"科艺整合课程"研发与评价研究的意愿。教师的学历背景、教龄、教育观念亦基本趋于一致，以控制这个基本变量群对评价活动的影响。如此一来，幼儿科艺整合学习活动的本身的相关要素就成了评价的基本点与核心，与此相关的一系列关键因素，构成了幼儿科艺整合学习活动质量评价的核心变量。

本研究主要从个人、课程、共同体三个层面来建构评价的关注点，见表1-3。

表 1-3　幼儿科艺整合学习活动评价的三个层面及主要关注点

层面	主要关注点
个人层面	• 幼儿在科学艺术领域获得的认知发展。 • 幼儿对科学艺术领域学习所建立的积极态度。 • 幼儿在有关科学艺术领域的个人视野的拓展。 • 幼儿创造力的发展。
课程层面	• 幼儿科艺整合学习活动所提供的学习资源与学习机会。 • 幼儿科艺整合学习活动用以支持幼儿多维度（心智、社会以及情感）参与学习活动的方式。 • 幼儿科艺整合学习活动与幼儿的兴趣和生活经验的契合程度。
共同体层面	• 共同体提供的科学艺术整合学习机会的普及程度和多样程度。 • 共同体用以支持优质科学艺术教育整合项目发展的资源与机制。 • 共同体对各类场景（幼儿园、生活中、其他场馆等）的科学与艺术整合教育所发挥的整合与衔接作用。

近年来的诸多研究表明：课程评价的核心要素涉及课程价值取向、课程方案结构、课程实施及课程结果，这些核心要素对课程质量有重要影响，是幼儿园课程评价的重要维度和变量。吸纳国际教育成就评价协会（IEA）中国学前项目、CIPP 评价、美国《新一代科学教育标准》、英国《早期基础阶段》评价的相关研究成果，形成本研究的理论框架，见图 1-1。

由图 1-1 可见，本书中的幼儿科艺整合学习活动评价，由活动理念评价、方案设计评价、活动实施评价、活动效果评价这四个变量群共同构成。由这四个变量群的要素及其要素关系的分析可以看出，它们共同体现出帮助幼儿"将想象变为现实"的幼儿科艺整合学习活动的课程宗旨。

活动理念评价主要包括是否满足幼儿的发展需求和是否满足社会对人才的需要两个方面。在幼儿科艺整合学习活动中，活动的理念主要包括幼儿为本、情境学习、知识整合、生成创造几个方面。

方案设计评价包括方案目标评价、方案内容评价、方案过程评价、方案成效评价，具体到幼儿科艺整合学习活动中，主要从目标是否体现真善美人格及创造精神的培养，内容是否聚焦经验综合与问题解决的自主建构，过程是否体现学习策略的自主建构，成效是否具有新颖性、实用性和规范性几个方面进行评价。

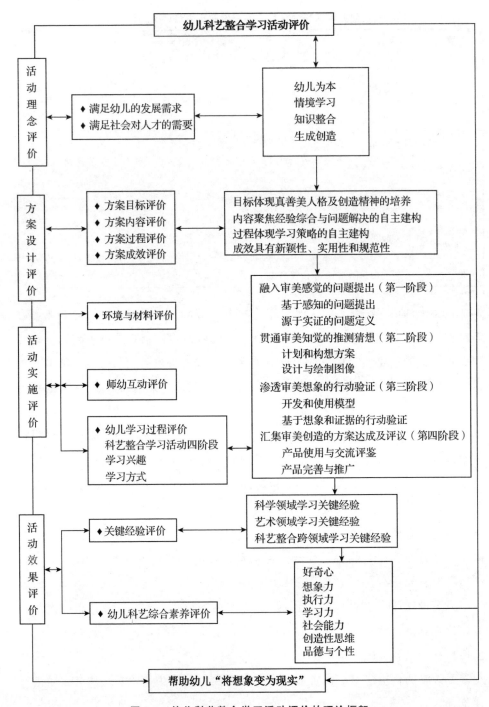

图 1-1　幼儿科艺整合学习活动评价的理论框架

　　活动实施评价包括环境与材料评价、师幼互动评价、幼儿学习过程评价。具体到幼儿科艺整合学习活动过程，环境与材料评价主要聚焦是否在真实的问题情境中进行环境创设、材料提供，幼儿与环境、材料的相互作用；师幼互动主要从营造积极氛围、保持高敏感性、提高活动效率、提升活动质量、认知策略支持、提升反馈质量等方面开展评价；幼儿学习过程评价主要对"融入审美感觉的问题提出"阶段的"基于感知的问题提出、源于实证的问题定义"两个方面，"贯通审美知觉的推测猜想"阶段的"计划和构想方案、设计与绘制图像"两个方面，"渗透审美想象的行动验证"阶段的"开发和使用模型、基于想象和证据的行动验证"两个方面，"汇集审美创造的方案达成及评议"阶段的"产品使用与交流评鉴、产品完善与推广"两个方面获得数据。

　　活动效果评价主要考察幼儿发展水平，重点从科学、艺术、科艺整合跨领域学习关键经验，幼儿科艺综合素养两个方面进行考察。

第二章　国内外学前教育课程评价现状及其对科学与艺术整合的幼儿学习活动评价的启示

研究一个事物，要先考察这个事物的过往。幼儿科艺整合学习活动评价隶属于学前教育课程质量评价范畴，所以我们有必要去梳理一下世界主要发达国家及我国学前教育课程评价的历史与现状，以便从中获取有益的经验。

第一节　我国学前教育课程评价的历史与现状

从现有的文献来看，我国学前课程理论建设方面，较为薄弱的领域之一就是学前课程评价的理论。在学前课程的实践方面，存在着忽视评价和评价不当的问题，突出表现为评价难以操作的现象。我国学前课程改革轰轰烈烈，但是"课程评价"却是幼儿园教师轻易不敢涉足的领域。总之，我国学前课程评价尚未形成系统的评价理论和实践范式。我国的学前教育事业要后发至上，课程开发与评价研究必须紧紧跟上时代和改革的步伐，尤其是要借鉴世界各国先进的理论和实践经验。

一、我国古代思想家关于儿童教育质量取向的见解

我国古代的学前教育思想，自先秦时期便已开始孕育。这一时期，诸子百家争鸣，为中国古代教育思想奠定了理论基础。其中有些思想至今仍对学前教育具有深远的启示意义。

《周易》较早提出学前教育的一些重要思想。它提倡早期教育，认为教育从人诞生之时开始，不仅要满足儿童身体发育的需要，更要满足其精神成长。它主张用正道教育培养孩童，防止他们误入歧途。它强调家庭教育，主张宜严勿

宽，发展儿童德行。它提出尊重儿童自主性的主见，培养儿童学习意愿，让儿童主动求学，而教师只是引导。这正是我们现在不断追求的学前教育目的。《周易》包含的丰富教育教学思想以及独到的见解，对我国学前教育理念、师生关系、教学方法都有深刻的启发意义。

《礼记》作为先秦时期一部杰出的思想著作，也对学前教育有着独特的见解。它强调儿童教育的起点是胎教，对于胎教的具体阐述体现"正本慎始"的中国文化传统。它主张以儿童的能力发展为指标，联系儿童生活实际，表现由浅入深、由易到难的内容，充分考虑了儿童自身发展特点。同时，它主张将德育放在儿童教育的重要地位，如孝敬父母，尊重师长，养成良好习惯等；儿童教育应慎择教师，因为教师个人品德对儿童有潜移默化的影响。《礼记》中关注早期教育、强调慎择教师、重视德育的观点对现今我国很适用。

西汉时期的贾谊对我国学前教育思想做出了突出贡献。他提出及早施教，对早教有较详细论述，认为慎重择师是早教的根本保证。他还提倡体、智、德三育并举，教学内容要求深浅适宜，把儿童体育培养排在第一位，全面发展体智德美。这些观点和主张均是极其明智的先见。他的思想给了我们很强的借鉴作用。

南北朝时期的颜之推著有《颜氏家训》，他认为父母有责任教导儿童，并以自身儿时家教为例，说明学习的重要性。他首次提出家教关系个人成败家族兴衰，并且家教同社会教育、学校教育同等重要，不可取代。幼年时期的教育是基础，最好是从胎教开始。如果教育为时过晚，其作用不佳。他重视技术知识训练，主张精专一门技艺，才能保证自己的生存能力；反对父母溺爱儿童，认为严教才是正确的爱。爱与教相结合，使儿童正向发展；注重环境，对儿童择友、择师以及闻见事物态度加以引导，达到健康成长目的。《颜氏家训》是我国家庭教育的里程碑，在家教的意义、内容、原则和方法上提出的一系列观点是当今儿童家教的风向标。

南宋时期理学派的朱熹规范了学前教育思想。他为儿童编写了《小学》《童蒙须知》等。论述儿童教育意义，阐明儿童教育对基础教育作用颇大，只有抓紧抓好学前时期教育，才能使儿童心智充分发展。他对儿童教育的内容做了细致规划，和我们现今的一日生活活动细则异曲同工：养成良好行为习惯，了解初级知识，在生活中锻炼儿童，采用生动形象的教学方式激发儿童学习兴趣。其主张儿童教育的原则是"正面教育，防患未然；认真专一，知行并重；循序渐进，启发诱导"。朱熹的理学思想深化了儿童教育理论，使我国当时的学前教育充满了前瞻性。

明代的哲学家、教育家王阳明提倡"顺其自然"的教育理念。明确儿童教育目的和任务，在于处理人与人之间关系、建立规则等。其主张以动静搭配、学行结合为原则的儿童教学程序，调节儿童精神状态，有效提高教学效果，有益于儿童健康积极成长。其主张儿童教育形式多样化，每天对德行监督、检查以保证"知行合一"；教儿童学习方法，学习礼仪，养成良好习惯；培养儿童对歌诗的热爱。王阳明"顺其性情，寓教于乐"的教育理念，有利于我们培养儿童的个性。其主张"随人分限所及"，主张针对儿童个性与能力的差异进行教育，反对用统一模式塑造儿童抹杀儿童的个性。

吕坤是明代实学代表。他认为"蒙以养正"是儿童教育的根本要求，主张以通俗浅显的语言为儿童讲解，便于儿童领会。他和王阳明同样注重"歌诗"的作用，有利于提高儿童学习积极性。

我国古代学前教育思想总体上给我们的启示有：早期教育奠定人生基石；体、智、德和谐发展是儿童教育方针；动静结合、知行统一是儿童教育形式；从儿童自身特点出发是儿童教育原则。

二、我国近现代关于学前课程评价的观点

1911 年的辛亥革命，从意识形态上带来了 1919 年"五四新文化运动"关于"现代""民主""科学"思想的蓬勃焕发，使中国真正开始进入现代社会。1912 年到 1949 年政权更迭的政治局面，恰好给了当时的中国新教育生长的宽松环境。[①]"救亡图存"成为当时中国文化发展（包括教育在内）的一项核心价值追求，一面文化旗帜。对科学和民主、民族主义、中西融合这些价值的追求，也深刻地渗透到教育改革之中，从课程内容到教育方法，最终还带来了我国 20 世纪二

---

① 刘小红：《中国现当代幼儿园课程价值取向的流变与反思——基于课程文本的分析》，46 页，博士学位论文，西南大学，2013。

三十年代一场影响深远的幼儿教育实验运动。彼时，实用主义教育思潮、平民主义教育思潮、义务教育思潮、科学教育思潮、乡村教育思潮、幼儿教育思潮等风起云涌。蔡元培、黄炎培等人主张用实用主义救济时下中国的学校教育，以陈独秀、蒋梦麟等宣扬的科学教育思潮登上浪尖，他们宣扬科学的方法，研究科学理论，重视科学知识的传授、应用教育研究和对人的科学精神、科学态度的训练。

彼时，由于学前教育课程中对科学精神、科学态度的重视，出现了"设计教学法""活动中心课程"的流行，以陈鹤琴为主的儿童心理研究兴起，儿童评价的科学取向与课程的心理化倾向，学前课程评价中已出现了儿童中心、儿童本位的思潮，主张学前课程的基本理念应包括：一是尊重儿童，把儿童看作整体的人，重视儿童个性和创造性的发展；二是课程设计要以儿童的生活经验，以儿童的兴趣和需求为起点；三是课程内容的选择要以儿童的兴趣为中心，教学过程以活动为中心。这些基本理念指导了当时幼儿园课程改革和课程体系的建立。

在艺术教育方面，1912 年，蔡元培提出"四育并举"的教育方针，其内容是注重德育，以实力教育、国民教育，辅之更以美感教育，完成其道德，这种以"美育代替宗教"的教育宗旨[1]，后被修订为"养成健全人格""发展共和精神"，"健全人格"包括私德和公德、知识和技能、强健活泼的体格身心、优美和乐的情感。"共和精神"被解释为平民主义、公民自治习惯、担负国家社会的责任。[2]这些教育方针和教育价值取向，旗帜鲜明地影响了当时的幼儿园课程评价的目标，继而形成了课程应与儿童经验相通，应基于儿童的态度、动机、兴味三要素；课程内容的组织，应基于儿童的生活，应是整体的，而不是分门别类的，应利用教材促进儿童经验增长等课程评价的相关内容；实施主张采取"中心单元制"或"主题活动"来组织课程内容，强调选择主题时，必须是引起儿童兴味与显著之物，所选择的内容同时对于儿童必须是有意义的，所谓意义和兴趣就是能

---

①　蔡元培著、高平叔编：《蔡元培史学论集》，334-336 页，长沙，湖南教育出版社，1987。

②　唐毅译：《幼稚园课程研究》，4-5 页，北京，中华书局，1931。

够引起儿童的活动或者满足他搜求新经验的欲望的东西①；强调广泛接触环境，以游戏为基本活动，这些均体现了当时学前课程的价值取向。在制定课程目标时，要满足儿童的需要，包括身体、智力和德性发展的需要：首先，强健的体格，卫生的习惯和技能、生活的能力、研究的态度，表意的能力②；其次，养成具有同情心、服务的精神、合作的精神，爱护团体、爱护国家及培养公民应有的知识和技能③。

所有这些，均体现了那个时代主张"儿童与社会双向度走近"的课程价值与"促进儿童全面发展"的课程目的观；与儿童的需要兴趣和生活实践相联系的课程内容观；游戏化个性化的课程过程观。这也成为科学与艺术整合的幼儿学习活动评价的价值导向基础。

三、我国当代关于学前课程评价的理论与实践

(一)把国外质量评价工具作为研究的技术手段，对相关问题进行研究

浙江师范大学李克建教授运用课堂评估编码系统、中国托幼机构教育质量评价量表、中国儿童发展量表等质量评价工具，对联合国儿童基金会"爱生幼儿园"项目的干预效果进行了追踪评估。也有研究者从教育效果增值模型的视角，分享了其研究小组引入亚太地区早期儿童发展量表、家庭环境观察量表、早期教育环境评价量表最新版等质量评价工具对幼儿园班级质量进行评估的研究结果。

(二)把国外质量评价工具作为自我质量理解和质量提升的对话性参照

研究者不是把国外质量评价工具作为权威性的评价标尺去评估我国学前教育的质量，而是把它作为一种参照，在更大的视野中反思和建构我国学前教育质量评价标准。刘丽薇教授运用亚太地区早期儿童发展量表和早期教育环境评价量表，在 2013—2014 年与 2017—2018 年，对上海和贵州地区儿童在认知发展、社会性、动作技能、语言与早期读写等方面的发展情况做了比较研究，为

---

① 北京市教育科学研究所编：《陈鹤琴全集(第二卷)》，17-22 页，南京，江苏教育出版社，1989。

② 张沪：《张宗麟幼儿教育论集》，33-34 页，长沙，湖南教育出版社，1985。

③ 戴自俺：《张雪门幼儿教育文集 上卷》，126-127 页，北京，北京少年儿童出版社，1994。

两地学前教育政策和实践的改进提供了重要参考。香港耀中幼教学院、楚珩教育研究所陈丽生博士和时萍教授分享了他们借鉴早期教育环境评价量表修订版等质量评价工具，建构符合当地实际情况的学前教育质量评价标准的经验，还强调了评价工具对实践者自我反思、自我发展的重要作用。

(三)从理论层面反思探究国外质量评价工具在国内使用的文化适宜性

东北师范大学吴琼教授就课堂评估编码系统在我国学前教育质量评价中的应用及文化适宜性做了分析，在对课堂评估编码系统的指标内容和国内外使用情况进行全面分析的基础上，对中国文化背景下的高质量师幼互动及评价标准进行深入研究，提出要深入理解课堂评估编码系统的评价标准，探讨中国文化背景下师幼互动质量与评价标准的一致性，深入推进师幼互动质量实践模式研究。[①]

(四)本土化幼儿园教育质量评价体系的研究与构建

1. 对幼儿园教育质量评价的研究

在我国学前教育评价的早期阶段，评价者主要是用实验设计的方法(在评价中运用对照组进行比较等)和对收集来的资料(测试卷等)进行统计分析来进行评价。由于这样的评价，其评价结果不以评价者的主观意志为转移，而被看成客观、科学的评价方法。但是，随着学前教育评价活动的广泛开展和普及，通过对大量实践活动的观察和评析，研究者逐渐认识到：用客观的、定量的方法对幼儿的发展进行评价是不全面的。如对幼儿社会性、情感等方面的发展就无法单纯采用量化的方法。而且研究者们发现，传统的测验、检核表等方式使教师过分地关注甄别和评比，只注重结果而忽视了过程，强调量化而忽视质性资料，通过评价来促进幼儿发展的作用很难实现。随之，提出了"将对幼儿发展的评价渗透到各种教育活动中去"，教师应以日常观察为主要方式，将评价与教育活动有机地结合起来，并根据不同的教育活动组织形式选择不同的评价方式和方法，强调在真实的生活、学习情境中对幼儿进行形成性评价。为建立发展性评价体系，实施统整评价的教学策略，有研究者主张针对学前儿童的年龄特征，引入游戏化、动态化评价方法(黄光扬，2003)、观察法(王坚红，1994)、档案袋评价法(张博，1999；刘文利，2001；彭俊英等，2002)、苏格拉底式研讨评定法

---

① 李召存：《质量提升背景下学前教育质量评价研究的新进展——"学前教育质量评价理论与工具"学术论坛综述》，载《幼儿教育(教育科学)》，2019(1、2)。

（杨晓萍、柴赛飞，2004）等各种评价方法的研究也随之展开，使得终结性评价和形成性评价结合起来。

2. 具有本土特色的幼儿园教育质量评价体系的构建

由中央教育科学研究所学前教育研究室经过近 3 年的探索和实证研究，编写的《幼儿园教育质量评价手册》，从态度与价值、结构性质量、过程性质量、结果性质量（效率和效果）四个方面阐释幼儿园教育质量，具体包含了"幼儿园总体状况""幼儿班级状况""幼儿半日活动安排""幼儿活动观察""教师行为观察""师幼互动观察""幼儿发展测评""教师教育观念与行为意识""幼儿家庭与教养状况""区县幼教状况"10 个评价工具①，广受一线教师好评。另外还有刘焱和潘月娟等研制的《幼儿园教育环境质量评价量表》。该量表依据建构主义理论，结合我国国情，在分析和借鉴国外环境评价量表的基础上，确立了涵盖班级环境创设、生活活动、人际互动、课程四个方面的内容，并包含具体的指标项目。②虞永平、张辉娟等亦从"课程方案评价""课程实施评价""课程实施效果评价""课程管理评价"等方面建构了幼儿园课程质量评价的维度和指标。③

此外，由李克建、胡碧颖等人经过理论论证和实证研究编制的《中国托幼机构教育质量评价量表（试用版）》，共包括 8 个子量表、51 个评价项目，8 个子量表分别为：空间与设施、保育、课程计划与实施、集体教学、游戏活动、语言推理、人际互动、家长与教师。而每个项目之下又包含 160 个子项目。该量表具有良好的内部一致性和结构效度。④

四、国内学前儿童科学与艺术整合的学习活动的实施和评价研究现状

学前儿童科学与艺术整合的学习活动和 STEAM（Science，Technology，

---

① 中央教育科学研究所学前教育研究室：《幼儿园教育质量评价手册》，2 页，北京，教育科学出版社，2009。

② 刘焱、潘月娟：《〈幼儿园教育环境质量评价量表〉的特点、结构和信效度检验》，载《学前教育研究》，2008(6)。

③ 虞永平、张辉娟、钱雨等：《幼儿园课程评价》，1-2 页，南京，江苏凤凰教育出版社，2009。

④ 李克建等：《中国托幼机构教育质量评价研究》，80-139 页，北京，北京师范大学出版社，2017。

Engineering，Arts，Mathematics 五个单词的首字母组合）教育同属于科学与艺术领域融合的教育实践。STEAM 教育延续了科艺整合学习的活动形式，开始更多地关注儿童的生活经验，使科学与艺术的整合走向更深层次。[①]

STEAM 教育超越了科学与艺术的狭义学科界限，将科学与艺术的边缘交叉转向更大范围的人文与理工的对话。STEAM 教育中的"STEM"涵盖了几乎所有的理工学科，而"A"也并非狭义的艺术概念，"A"包含更广泛的人文艺术科目，涵盖语言、形体、音乐、美术和表演等。STEAM 课程将科学与艺术的关系视角从学科化的逻辑习惯逐渐转向儿童未经分化的生活经验，使科学与艺术走向更深层次的融合。所以，本书先就学前儿童 STEAM 课程评价做一些综述。

（一）国内学前儿童 STEAM 课程的理论与实践研究

从 2015 年起，我国 STEAM 教育的研究热点由最初的理论探究以及分析国外优秀 STEAM 教育案例模式逐渐转变为适合我国国情的 STEAM 课程开发、教学模式探究以及评价体系的构建等。我国中小学在探讨 STEAM 教育的本质与特征的同时，结合我国基本国情开展了 STEAM 教学模式、教学策略以及课程设计、课程评价的研究。随着数字化信息化时代的到来，翻转课堂、慕课、创客教育等新媒体、新教学方式在我国的大力兴起，国内的教育工作者希望通过开展跨学科创新教学模式的 STEAM 教育的研究与实践来进一步推动基础教育的改革与进步，培养综合性的创新型人才。但是，目前国内在有关 STEAM 教育的相关著作方面，大部分仍处于翻译借鉴的阶段，尚无经研究得出的具有指导意义的理论认识，甚至于还没有更有效的 STEAM 教育的本土认知。

齐美玲等在《美国 STEM 课程的浅析》中引用莫里森（Morrison J. S.）的观点，认为通过学习 STEM 课程，儿童最终应该具备以下几种能力。①解决问题的能力——能够清晰地定义和设计问题，有效地收集并组织数据，得出结论，理解并最终运用到实际情况或新的问题中。②创新的能力——创造性地运用科学、数学和技术的概念及其原理，并运用到工程设计领域中。③培养发明家的能力——了解世界的需求，学会运用设计、测试、再设计、最后实现解决问题的这一过程的能力。④培养自力更生的能力——通过主动、自我鼓励地设定完成项目的日程，来增加信心，并能够在特定的时间有效完成工作。王旭卿在《面

---

① 徐韵、杜娇：《从科艺综合活动到 STEAM 教育——对学校教育中艺术与科学融合的本质反思》，载《现代教育技术》，2017，27(11)。

向 STEM 教育的创客教育模式研究》一文中，将 STEM 教育与创客教育结合起来，提出将基于设计的学习（Design-based Learning）和面向真实问题的项目式学习，作为培养儿童 STEM 素养的教学方式。

随着时间推移，国内不少学者进行了有关学前儿童的 STEAM 教育实践如何展开、如何把复杂的 STEAM 理念运用到学前儿童的日常探究活动中、STEAM 教育理念如何应用于学前儿童科学教育、STEAM 课程或项目活动设计等方面的研究，获得了一定成效。也有学者就 STEAM 活动对大班幼儿学习品质的影响进行研究，证明开展 STEAM 活动，能够提高大班幼儿的专注力、坚持力、抗挫力、目标意识和探究欲望。[1] 赵佳丽等以山西省晋中市 M 幼儿园为例展开调查，通过为期 12 周的 STEAM 教学，对幼儿进行持续性观察，发现 STEAM 教育对幼儿的社会认知、社会情感、社会行为均有一定程度的促进作用，对幼儿的社会性发展具有积极意义。[2] 王珂选取山东省潍坊市 L 幼儿园大班幼儿为研究对象，设计工程思维培养 STEAM 活动框架来开展活动，用行动研究法进行三轮迭代，利用工程思维整体评分表和分项评分表以及访谈等来收集数据，利用描述性统计、t 检验对数据进行分析。最后对研究进行总结，活动的设计应该从实际生活出发、以儿童为中心，运用工程设计过程作为活动开展的流程实施方案，经过三轮迭代发现活动方案的修改和完善对于培养儿童的工程思维有显著效果；另外，活动中随时出现的问题和任务能让儿童通过交流和合作对工程作品产生更多的思考，从而优化自己的作品。[3]

2016 年前后，学前儿童 STEAM 课程开发实践在北京、上海和浙江兴起。部分幼儿园在 STEAM 教育的策略、方法和科学、技术、工程、数学、艺术整合的途径方面做了诸多有益的尝试，开发了一些适合本国国情的 STEAM 课程案例。接受 STEAM 教育影响的儿童也从中获益，但没有形成系统的适合我国国情和文化的学前儿童 STEAM 课程理论逻辑和实践框架。

---

① 缪珺雯：《STEAM 活动对大班幼儿学习品质影响的研究》，硕士学位论文，上海师范大学，2020。

② 赵佳丽、杨晶、刘星妍：《STEAM 教育对幼儿社会性发展的调查研究》，载《基础教育研究》，2020(17)。

③ 王珂：《STEAM 视野下培养大班儿童工程思维的行动研究》，硕士学位论文，上海师范大学，2021。

(二)国内 STEAM 课程评价研究现状

在 STEAM 课程评价研究方面，有学者提出了诸多倡议，具体如下。

1. 提倡评价主体多元

叶兆宁提倡 STEAM 课程的评估应贯穿整个 STEAM 教育教学过程，采用终结性评价与形成性评价相结合的评价方式，对儿童的行为和教学效果进行评估。教学评价是促进课程内容以及教师行为更好改进的必要过程，由教师和儿童来共同开发出 STEAM 教育课程评价标准，可以增加儿童的参与意识，并促进他们更加积极地开展自我评价，形成一种良好的自我效能感，教师也能够通过评价标准对课程的设计以及教学过程和效果进行评估评测以便更好地改良教学过程和教学设计内容。胡英慧认为学前儿童 STEAM 课程评价应使教师指导性评价、儿童自我评价、反思和学习伙伴之间互相评价相互融合。评价要强调儿童的主观感受，鼓励儿童发表对课程的意见，教师要尊重儿童的个体差异。根据需要，STEAM 课程评价可以让儿童家长、课程专家和社会人士等适当参与评价活动，争取社会对儿童 STEAM 素养学习的更多关注和支持。[①]

2. 评价形式需多样化

不少国内学者认为评价更要关注儿童在 STEAM 课程中的表现，真实或模拟真实场景下"项目式学习"的过程性体验，从定性分析的角度重视对儿童在情感体验、感悟事物规律、同伴协作互助、想象力和创造力提升的客观描述。加强形成性评价，注意收集、积累反映儿童学习和发展的过程性资料，可以通过课堂观察、面对面访谈、绘图呈现、个人成长记录袋、STEAM 小组作品互评、组内成员互评、任务成果展示等形式记录儿童的成长过程。评价设计要注重可行性和有效性，避免追求形式主义而失掉其重要作用。

3. 倡导突出 STEAM 课程评价的综合性和可持续发展性

有学者认为，STEAM 课程的重点是促进儿童在科学、技术、工程、数学和艺术领域的能力提升，评价过程要体现对儿童的综合素养的要求。STEAM 综合素养伴随儿童年龄、身体、认知能力呈进阶式发展，评价过程中应当多注意知识与能力、过程与方法、情感态度价值观的交融和整合，避免只评价知识

---

① 胡英慧：《学前儿童 STEAM 教育课程设计及案例研究》，硕士学位论文，东北师范大学，2018。

技能的片面做法，动态多元化的评价要有持续性发展性，要贯穿 STEAM 教育课程的全过程，并研发了一些相应的评价重点与等级标准，见表 2-1 和表 2-2。

表 2-1　STEAM 课程教学过程中教师对儿童的评价重点

序号	儿童表现
1	对他们所处环境的事物和事件产生好奇，并能提出简单的问题。
2	观察环境中的事物和事件，并描述它们。
3	在教师的帮助下，开始辨别和使用一些观察和测量工具。
4	比较或者对比事物与具体事件，能够清晰描述与分析异同。
5	在教师的支持下，通过具体经验，做出预测并检验它们。
6	基于证据进行推断和概括。
7	在教师的帮助下，用多种方式记录观察结果或者发现，包括图片、文字(向教师口述)、图表、日志、模型和照片。
8	在或者不在教师的提示下，分享可能正确或者错误的发现和解释。

表 2-2　儿童 STEAM 教育评价标准的等级划分①

分级	简要描述
1. 启发阶段	对学习任务安排，学生能够展示出基本的知识和技能达到基本教学目的。
2. 勉强阶段	对学习任务安排，学生能够展示出基本有限的知识和技能并较好完成教学目的。
3. 发展中阶段	对学习任务中的概念和内容，学生能够展示发展中的水平。
4. 值得称赞阶段	对学习任务中的概念和内容，学生能够展示出充分的运用与成就感。
5. 成功阶段	对学习任务中的概念和内容，学生能够展示出精通掌握并灵活运用。
6. 成为榜样	对学习任务中的概念和内容，学生能够展示出创新以及个性化的掌握水平。

但是，分析此表，发现评价要点缺乏对"A"(艺术)的关注，以及对整合与跨领域经验的关注；对标准的等级划分也缺乏严谨性与合理论证。

---

① 胡英慧：《学前儿童 STEAM 教育课程设计及案例研究》，硕士学位论文，东北师范大学，2018。

4．评价标准缺乏，未形成科学的评价体系

陈晶莹从儿童核心素养的观点出发，进行了 STEAM 教育评价量规的设计研究，设计了 STEAM 教育的四个要素，即人文素养、科学的思维方法、问题解决与创新、责任担当 4 项一级指标，并在四要素内涵解读形成二级指标的基础上，用 SOLO(Structure of the Observed Learning Outcome 的缩写，意思是"可观察的学习成果结构")分类评价法对其进行进一步的水平分级，形成第三级指标，初步构建了 STEAM 教育评价指标体系通用框架，同时运用德尔菲专家评价法更迭完善指标体系。①

虽然如此，评价标准依然是我国目前 STEAM 课程快速发展进程中的绊脚石。2017 年版《中国 STEAM 教育发展报告》中指出，在课程与教学层面，教学方式多样，教学效果差强人意，在评价方面难以做出评定，而从调查问卷结果来看，接近一半的教师认为其教学效果一般，幼儿园 STEAM 课程开展也是如此。由此我们发现，STEAM 课程评价内容、标准和方法的合理性、科学性，评价主体的多元化性，评价过程的持续性等问题需要我们展开更深入的思考和研究。

总体而言，不管是 STEAM 课程评价还是科学与艺术整合课程评价的研究与实践，在国内还没有形成科学系统、规范实用的体系。

第二节　世界主要发达国家学前教育课程评价的现状及启示

一、世界主要发达国家对学前教育课程评价的研究现状及启示

(一)美国学前教育课程评价的现状及启示

1．美国学前教育课程评价的现状

美国学前教育课程评价经历了三个阶段。第一个阶段是 20 世纪 60 年代中期到 70 年代末期，以"开端计划"课程方案的评价研究为开端，开启美国学前教

---

① 陈晶莹：《STEAM 教育评价量规的设计研究》，硕士学位论文，杭州师范大学，2020。

育课程评价之路；第二个阶段是 20 世纪 80 年代初到 20 世纪末期，美国面对"儿童中心"与"学业中心"争论的冲击，转变了评价重点，努力寻求一条更具专业性的课程评价之路；第三个阶段是 21 世纪至今，"入学准备"与"高质量"成为课程评价的新话题。①

(1)基于"开端计划"的课程评价研究及启示

1965 年美国联邦政府开启了"开端计划"（"Head Start"），这时的学前课程评价的主要内容是儿童的智力发展和学业准备程度，但并没有形成一个完备的评价方案。② 1968 年启动了"开端计划更新计划"（"Head Start Planned Variation Study"）研究项目，该项目旨在通过对"开端计划"的 12 种学前课程方案的比较研究，找出最有效的短期干预课程方案。这些课程方案可分为四类：①行为主义课程，如行为分析课程模式；②皮亚杰认知发展理论课程模式，如高瞻认知课程模式；③进步主义导向的传统课程，如银行街课程方案；④强调学业成就和技能的课程，如学业学前课程模式。在评价工具选取方面，研究小组也根据课程目的不同，采取了不同类型的评价工具：就课程是否得以精心实施上，采取了教师调查问卷（后测）、课堂观察、教师等级表等手段；就检验课程实施的效果，采取了儿童标准化测试、成就测验、家庭访问等多种方式。在课程评价的实施之中，研究小组以对儿童成绩测评为主要参考，特别是认知方面，以此作为课程方案有效性的检验依据。③

这些研究从认知发展和非认知发展两方面来检验课程实施效果：在认知方面，采取智力测验、入园后智力保持情况测验、成就测验等；在非认知方面，主要测量态度、价值观和家庭经济财富等因素。结果表明，无论何种课程方案，从整体上看都具有长期积极的效果：儿童智力的提高可持续到小学一年级，表现出积极自我概念的儿童人数增多；家长与儿童参与课程建设对课程更具有意义。

教育结果公平是关键的衡量指标，可以看出那时的美国社会，仍然关注儿童学业上的成功，而不是身心发展的完整性、水平与程度。因为只有学业成功，

---

① ③　孙佳玥、原晋霞：《美国学前课程评价历史发展与路径转变》，载《比较教育学报》，2020(2)。

②　黄书生：《当代美国学前课程评价的发展及启示——以"学前课程评价研究"项目（PCER）为例》，载《外国教育研究》，2013，40(10)。

才能借助教育这一途径实现社会阶层的向上流动，打破贫困的代际循环，从而决定了美国学前课程标准的社会本位特征和学业导向特征。在这种情况下，以儿童本位为出发点的教育理念和实践注定遭遇挑战和需要协调。那些高强度、持续的干预对学前儿童的智力值提高的确起着刺激作用，易于帮助儿童在标准化测试中取得短暂性成绩，可它忽视了儿童的社会性、主动性、基本的逻辑能力等发展特征。[1] 因此学前课程关注"儿童发展"还是"学业成绩"的争论驱动了一系列课程方案的评价研究。

（2）早期教育环境评价量表和早期教育环境评价量表修订版及启示

◆　早期教育环境评价量表和早期教育环境量表修订版简介

早期教育环境评价量表（"Early Childhood Environment Rating Scales"，ECERS）是由美国北卡罗来纳州立大学弗兰克·波特·格雷厄姆儿童发展研究所（Frank Porter Graham Child Development Institute，FPG）的西尔玛·哈姆斯（Thelma Harms）、理查德·M. 克利福德（Richard M. Clifford）以及戴比·克莱尔（Debby Cryer）等人于 1980 年编制的幼儿早期教育质量测量工具。该工具属于一种观察工具，主要关注日常课堂环境、活动和互动质量。值得注意的是，这里的"Environment"不是指一般的室内外环境，而是"环境即过程"，属于一种过程发展性质量评估。量表包括日常生活护理（Personal Care）、家具设备（Furnishings and Display for Children）、语言/推理经验（Language-Reasoning Experiences）、大/小肌肉活动（Fine and Gross Motor Activities）、创造性活动（Creative Activities）、社会性发展（Social Development）以及成人的需要（Adult Needs）7 项指标，共三十七个结构要素，见图 2-1。[2]

哈姆斯（Harms）和劳拉（Laura）等人分别于 1980 年和 1998 年推出了早期教育环境评价量表修订版（ECERS-R，以下简称修订版），主要服务于 2～5 岁幼儿托育中心班级的教育过程质量评价。修订版包含空间与设施（Space and Furnishings）、个人日常照料（Personal Care Routines）、语言/推理（Language-Rea-

①　Schweinhart L. J.，"Observing Young Children in Action：The Key to Early Childhood Assessment,"*Young Children*，1993，48(5)，pp. 29-33.

②　Laura M Sakai，Marcy Whitebook，Alison Wishard，et al.，"Evaluating the Early Childhood environment Rating Scale（ECERS）：Assessing differences between the first and revised edition,"*Early Childhood Research Quarterly*，2003，18 (4)，pp. 427-445.

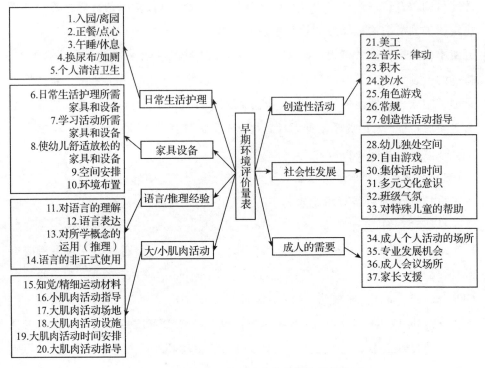

图 2-1　早期教育环境评价量表指标和结构体系

soning)、活动(Activities)、互动(Interactions)、课程结构(Program Structure)、家长与教师(Parents and Staff)七个子量表。量表的项目也由最初的 37 项增加为 43 项，总计 470 项评价指标，见图 2-2。[①]

修订版改变了格式和评分的各个方面，删除了部分多余项目，为深化内容而将部分项目分解成若干个项目。修订版量表将诸如使用录像机和计算机等原文件中没有的新领域纳入新文件。此外，修订版量表中也增加了一些指标和例子，从而具有更大的包容性和更强文化敏感性。劳拉(Laura Sakai)等人为评估新修订版本的评分者间的信度而进行了两组现场测试，发现相当高的一致性。[②]

早期教育环境评价量表采用 7 分制评分原则：其中奇数分数 1、3、5、7 分别表示不足、最低标准、良好、优秀，而偶数分数则表示能够满足评分较高的

---

①② Laura M Sakai，Marcy Whitebook，Alison Wishard，et al.，"Evaluating the Early Childhood environment Rating Scale (ECERS)：Assessing differences between the first and revised edition,"*Early Childhood Research Quarterly*，2003，18 (4)，pp. 427-445.

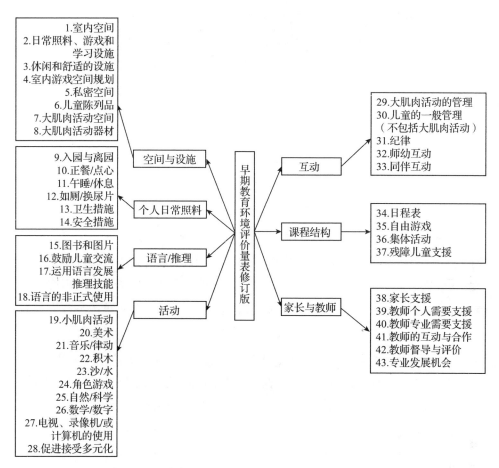

图 2-2　早期教育环境评价量表修订版指标和结构体系

部分要求，但并未达到全部分数的要求。例如，2 分处于 1 分和 3 分的中心位置，表示比 1 分好，但尚没有达到 3 分的全部要求，只能满足 3 分的部分要求。同样地，修订版也采用 7 分制评分原则，7 分＝优秀，5 分＝良好，3 分＝最低标准，1 分＝不足。然而，为区别于原始的早期教育环境评价量表，修订版采用了稍微不同的偶数评分标准。基于修订版，偶数分数表明一半或更多(但不是全部)较高评分的要求得到满足。例如，2 分表示能够满足 3 分要求的一半或者更多，但尚未完全达到 3 分水平。使用早期教育环境评价量表或修订版给项目进行评分时，应注意要从 1 分水平(不足)开始，然后逐步向上，直至达到最高的正确品质水平。

◆ 早期教育环境评价量表及修订版的启示

早期教育环境评价量表信度和效度较高，评价内容结构合理、操作简便、可操作性较强，有利于教师自我评价。但该量表尚存在一些不足之处：第一，内部一致性问题。因为该量表的评估项目指向不同（早期教育机构的物质设备、人际关系），所以在横向比较不同物质条件的幼儿园时，内部一致性可能会比较差。第二，缺乏详尽的人际关系方面的质量评价标准，需要与其他工具结合使用。第三，该量表部分评价指标使用意义笼统的模糊数量和频率概念表述，不容易把握。近期的研究结果表明，使用早期教育环境评价量表及其修订版测量的课堂质量并未充分反映预测儿童学习和发展增长的学前学习环境。[①]

为探索修订版在中国文化情境中的适宜性，李克建、胡碧颖、潘懿、秦金亮等学者运用该量表对浙江省杭州市 16 所幼儿园的 105 个班级进行了观察评价。从研究结果看，在量表各项得分的等级分布结构和部分子量表的内部一致性上，修订版均存在一定程度的问题。他们发现，基于美国文化情境研发的修订版在中国文化情境中的适宜性不足，中美经济社会发展水平的差异、中美两国在托幼机构教育（课程）模式上的较大差异是导致这些问题出现的主要原因。[②]

在早期教育环境评价量表及修订版中，虽没有特别提出本研究关注的对"环境与材料创设"的评价部分，但是其用实例对每一项指标进行解读，使指标具有更大的包容性和更强文化敏感性的做法，为幼儿科艺整合学习活动评价量表的指标如何更具有实践性和操作性，更易于教师对于指标趋于一致性地理解，提供了有益的参考。

(3)弗兰德斯互动分析系统及启示

◆ 弗兰德斯互动分析系统的简介

弗兰德斯互动分析系统（"Flanders Interaction Analysis System"，FIAS）是由美国弗兰德斯（Ned Flanders，1970）开发的对师生互动行为的观察和测量系统，被广泛应用于中小学课堂教学研究，也被运用于幼儿园的教学研究。弗兰

---

① Yvonne Anders, Hans-Günther Rossbach, Sabine Weinert, et al., "Home and pre-school learning environments and their relations to the development of early numeracy skills," *Early Childhood Research Quarterly*, 2012, 27 (4), pp. 231-244.

② 李克建等：《美国〈幼儿学习环境评价量表（修订版）〉之中国文化适宜性探索》，载《幼儿教育（教育科学）》，2014(11)。

德斯在贝尔斯(R. F. Bales)"群体内互动行为"理论的基础上，将课堂上师生所有的言语互动行为概括为"教师语言""学生语言""沉默或混乱"三大类共 10 种情况，并赋予其十个数字编码，包括七种教师语言、两种学生语言以及沉默或混乱，见表 2-3。教师的语言参照贝尔斯的部分观点划分的七种行为，用编码 1～7 表示；学生的语言则归为"主动"和"被动"两种，用编码 8～9 表示；教室可能出现的"沉默或混乱"用编码 10 表示，是指没有言语互动或无效互动。

表 2-3　弗兰德斯互动分析的类别[①]

结构	维度	内容
教师语言	间接影响	1. 接受情感：以一种不具威胁性的方式接受并理解学生的情感。情感可能是积极的，也可能是消极的，包括对学生情感的预测或回忆。
		2. 表扬或鼓励：表扬或鼓励学生的行为或行动，包括可以缓解紧张情绪的玩笑话，但并不是以伤害个别学生为代价，点头或说"嗯嗯"或"继续说"表示赞同。
		3. 接受或采纳学生的看法：阐明或阐发学生提出的观点和看法。当教师开始更多地阐释自己的观点时，请转到第 5 类。
		4. 提问：提问关于内容或程序的问题，目的是让学生回答。
	直接影响	5. 讲授：列举事实或就内容和程序提出事实或意见；表达自己的观点，设问。
		6. 给予指示：要求学生遵守的指示、命令或指令。
		7. 批评或维护权威：声明旨在转变学生行为，使之从不可接受的行为模式转变为可以接受的行为模式；大声斥责学生；说明教师这样做的原因；极端的自我参照。
学生语言		8. 学生被动回答：学生发言以回应教师。教师主动与学生交流或是点名要学生回答问题。
		9. 学生主动发言：学生主动发言。如果"点名"只是为了表明下一个该谁发言的话，教师必须判定学生是否想发言。如果他想发言，就点他的名字。
沉默或混乱		10. 没有互动或无效互动：停顿、短暂的沉默或表述不清楚，在这些时候，交流活动无法为观察者所理解。

---

① 王晓芬：《基于 FIAS 幼儿教师言语互动行为性别差异研究》，载《内蒙古师范大学学报(教育科学版)》，2015，28(4)。

弗兰德斯互动分析系统主要用来编码自发言语互动，这种互动现象既能够在现场活动中观察到，也可以在磁带录音中听到。借助编码系统，观察者能够分析和改进师幼互动模式。在正式开始进行编码之前，观察者需要用 5～10 分钟来观察并熟悉班级情况。在观察研究的过程中，观察者在教室里选择一个恰当的位置（能够清晰地听到和看到参与者）坐下，然后以 3 秒为一个时间单元对师生互动进行评判，选择最能代表刚刚所观察到的师生互动行为的编码类型并记录下互动类型编号。与此同时要评估下一阶段的互动情况，以 20 次/分钟的速度继续观察，观察期间应尽可能使观察速度保持稳定。需要注意的是，观察者的观察记录只需用一列数字表示，为保留事件的原始顺序，观察者需将记录数字从上到下写在一栏内，解释班级组成或记录班级任何不同寻常情况时可以使用旁注。一段观察时间结束时，观察者的笔记将会是几列很长的数字。为了避免不适当的编码，观察者需要在课堂活动发生改变时停止评判。例如，在观察到儿童做作业或默读时，观察者一般需要在记录的数字下方画一条线，并记录下这个新的活动，注明时间，当全班重新开始讨论时再继续进行编码。观察者应时刻注意他所观察的课堂活动，记录任何与充分解释和回忆整个观察过程相关的其他事实，并在整个观察结束后，对每个单独的活动周期进行大致描述。[①]

将编码信息呈现在 10×10 的矩阵中，使得观察者对观察结果的分析和解释更加方便。需要指出的是，每个矩阵中的记录数量应不少于 400 个，应包含至少 20 分钟的活动，才能进行结果分析和解释。要确保整个序列的开始和结束使用相同的数字，这样才能够将这些观察结果绘制在 10×10 的矩阵中。

◆弗兰德斯互动分析系统的启示

弗兰德斯互动分析系统作为测量课堂社会情感氛围的有效工具，它通过制作不同的矩阵，比较不同年龄阶段、不同性别、不同科目等教师和儿童的互动语言是可靠的，在观察者不在观察现场的情况下也能对课堂互动有一个直观的印象，并准确判断班级中的语言互动。该分析结果将为教师提供一个至关重要的反馈，

---

① Veronica Odiri Amatari, "The Instructional Process: A Review of Flanders' Interaction Analysis in a Classroom Setting," *International Journal of Secondary Education*，2015，3（5），pp. 43-49.

反馈内容是关于教师在课堂上的目的及实际的教学行为。监督或检查人员也可以很容易地使用这个系统。

虽然弗兰德斯互动分析系统得到大多数学者的认可，但它仍存在一些不足之处。首先，该系统忽视了课堂中某些重要的教学行为。其次，该系统主要关注通过语言交流来表达的课堂管理的社会技能，其内容并不固定。再次，关于教学的描述通常作为对教学行为和教师的评价。虽然对教学的描述可作为评价的基础，但只有在确定其价值并应用于数据分析之后才能做出判断。最后，该系统成本高并且烦琐，将数据制成 10×10 矩阵中的序列相对是个相当耗时的过程。在收集和分析原始数据时还需要某种形式的自动化，它是一个还未完成的研究工具。即使烦琐的制表(电子计算机)的高成本得到控制，培训可靠的观察员和保持其可靠性的问题还将存在，其作为广泛应用于问题的研究工具的潜力有待探索。

弗兰德斯互动分析系统，虽没有与幼儿科艺整合学习活动评价呈现直接的关联，但是其通过对课堂上(于幼儿来说是活动现场中)师生(幼)互动行为频率的观察，来评测师生互动的质量与效果及其评价记录的"编码"方式，是值得幼儿科艺整合学习活动评价中"师幼互动过程评价"部分学习和借鉴的。也为我们通过记录学习兴趣外在表现、学习行为发生频率的高低来判定幼儿学习过程的质量，提供了可贵的参考。

(4)课堂评估编码系统及启示

◆课堂评估编码系统简介

课堂评估编码系统("Classroom Assessment Scoring System"，CLASS)是美国弗吉尼亚大学克里教育学院学者罗伯特·C. 皮安塔(Robert C. Pianta)和布里奇特·K. 哈默(Bridget K. Hamre)等人为了提高课堂质量，在观察课堂教学情境下师生互动行为的基础上研发的基于师生互动的教育教学质量评估方法。该工具主要包括情感支持(Emotional support)、课堂组织(Classroom organization)和教学支持(Instructional Support)三大领域，共包括十个维度和 42 项行为指标，建立了师生互动质量的多层次评估框架，见图 2-3。其中，情感支持领域涵盖了"积极氛围、消极氛围、教师敏感性和关注儿童看法"四个维度。"积极氛围"反映教师与儿童以及儿童与儿童之间所表现出的情感联系、尊重与喜爱。"消极氛围"反映教师和儿童所表现出的消极情感，如愤怒、对立或攻击。"教师敏感性"考察教师能否意识到并回应儿童的学习及情感需要。"关注儿童看法"考察教师与儿童互动时对儿童兴趣、动机和观点的重视程度。课堂组织领域涵盖了"行为管理、活动安排效率和教学指导形式"三个维度。"行为管理"考察教师如何有效地监管和修正儿童不当的行为。"活动安排效率"考察课堂按常规运作的情况，教师对活动的组织与引导能在多大程度上保证学习时间的最大化。"教学指导形式"考察教师如何推进活动，如何提供材料，使儿童能积极参与其中并获得最多的学习机会。教学支持领域包括"认知发展、反馈质量和语言示范"三个维度。"认知发展"考察教师如何利用讨论或活动而非机械指导，以提高儿童的高级思维技巧。"反馈质量"考察教师如何通过回应儿童促进其学习。"语言示范"考察教师在多大程度上促进了儿童的语言表达与发展。

有学者采用课堂评估编码系统的录像观察或现场观察的方法，对托幼机构中学前儿童一日活动的各个方面进行非参与性观察。现场观察及录像观察需要大量编码工作，需要团队合作。为实现评分标准的准确性和一致性，需要对评分者进行培训，至少观察 5 段录像并对其评分，评分者间信度达到 84% 方可通

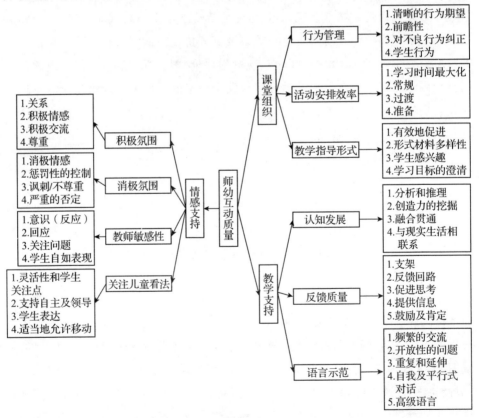

图 2-3　课堂评估编码系统多层次评估框架

过培训，进行编码研究。否则，需要继续接受培训，进行二次测验，未通过二次测验则负责其他工作。录像观察的一个观察单位（Observation unit）时长为 20 分钟，观察单位不少于 6 个，现场观察的一个观察单位时长为 30 分钟，观察单位不少于 4 个，采用观察记录单（Observation list）记录各指标分数，采用李克特 7 点计分法对各维度进行评分。分数分为 3 个等级：1～2 分为低级，3～5 分为中级，6～7 分为高级。维度得分为该维度下指标得分和的平均数。需要注意的是，情感支持领域的"消极氛围"维度为反向计分，其余维度均为正向计分。具体计分方法为 8 减去消极氛围维度的平均分，如消极氛围维度的平均分为 1.67 分，那么该维度的最终得分应该为 8－1.67 ＝ 6.33（分）。研究表明，课堂评估编码系统的分数和儿童成绩之间存在重要的相关性。①更多的儿童行为参与：在学龄前，更有效的互动与社交能力的提高和更低的行为问题有关；②更强的词汇和阅读效果：在幼儿园，更有效的师生互动与词汇和阅读（即将进入小学的儿童的关键技能）与高分有关；③数学成绩的提高：学龄前儿童更有效的互动也与数学成绩的提高有关（包括计数、算术、比较、加减法和计时）。[1] 马格瑞特·贝琪娜（Margaret Burchinal）等人研究表明，师幼敏感而刺激的互动以及良好的幼儿园课堂教学质量有利于幼儿语言、早期认知和社会技能的习得。[2] 提姆西·库黑（Timothy W. Curhy）等人表示课堂评估编码系统三大领域能够作为学前儿童语言、读写和数学能力发展的预测因子。[3] 贝瑞吉特（Bridget E.）等人指出师幼互动质量与儿童的入学准备有关：当课堂评估编码系统情感支持得分较高时，质量和儿童技能之间的联系更大，而在课堂组织得分较高的课堂上，质量和技能（语音意识和文字知识）之间的联系更大[4]。

---

①　Pianta，Robert C.，La Paro，K.，et al.，*Classroom Assessment Scoring System^{TM}*：*Manual K-3*，Baltimore：Brookes，2007，pp. 72-90.

②　Margaret Burchinal，Carollee Howes，Robert Pianta，et al.，"Predicting Child Outcomes at the End of Kindergarten from the Quality of Pre-Kindergarten Teacher-Child Interactions and Instruction,"*Applied Developmental Science*，2008，12 (3)，pp. 140-153.

③　Timothy W. Curby and Catharine Chavez，"Examining CLASS Dimensions as Predictors of Pre-k Children's Development of Language，Literacy，and Mathematics,"*Research Article*，2013，16(2)，pp. 1-17.

④　Bridget E. Hatfield，Margaret R. Burchinal，Robert C. Pianta，et al.，"Thresholds in the Association Between Quality of Teacher-child Interactions and Preschool Children's School Readiness Skills,"*Early Childhood Research Quarterly*，2016，36(6)，pp. 561-571.

课堂评估编码系统用于评估幼儿园和小学课堂的师生互动和教学质量，自出版以来，已经在4000多个儿童早期课堂的评估和研究中被广泛使用[1]。随着课堂评估编码系统在研究和实践中的日益普及，国内外都开始研究课堂评估编码系统的心理测量特性，以及评估课堂评估编码系统的分数与各种学术和行为结果之间的关系。研究表明，课堂评估编码系统的维度和指标的得分可能受文化限制，如帕克瑞恩（Pakarinen）等人指出，由于判别有效性差，必须排除消极氛围维度，表明这一维度并没有充分区分芬兰幼儿园教室的互动质量。[2] 行为（如眼神接触）可以在其他文化背景中被解释为不同的含义，或者可能在某些文化中不会发生。

◆课堂评估编码系统的启示

在评价内容方面，课堂评估编码系统的评价关注教师在教学活动中对儿童的情感支持，并在情感支持领域下，设立"积极氛围、教师敏感性、关注儿童看法"等维度，以及在教学支持维度下设立关注儿童"分析和推理"能力以及"创造力的挖掘"等指标，值得幼儿科艺整合学习活动评价在过程性维度下的指标制定学习和借鉴。在评价方式上，对评分者进行培训及评分者间的信度要求与评分方法的使用值得幼儿科艺整合学习活动评价学习参考。

(5)学前儿童观察记录系统和学前教育机构质量评价系统及启示

◆学前儿童观察记录系统和学前教育机构质量评价系统简述

学前儿童观察记录系统（"Preschool Child Observation Record"，COR）和学前教育机构质量评价系统（"Preschool Program Quality Assessment"，PQA）分别是高瞻课程项目中对儿童发展和课程本身的评价。学前儿童观察记录系统的评价内容不再只局限于幼儿认知思维的发展，而是注重认知、社会性与情感的全面发展。学前儿童观察记录系统将评价幼儿学习和发展的领域划分为9个，分别是学习品质（Approaches to learning），社会性和情感发展（Social and emotion development），身体发展和健康（Physical development and health），语言、

---

[1] Hamre，B. K.，Pianta，R. C.，Downer，J. T.，et al.，"Teaching Through Interactions：Testing a Developmental Framework of Teacher Effectiveness in over 4000 Classrooms，"*Elementary School Journal*，2013，113(4)，pp. 461-487.

[2] Pakarinen，E.，Lerkkanen，M.，Poikkeus，A.，et al.，"A Validation of the Classroom Assessment Scoring System in Finnish Kindergartens，"*Early Education and Development*，2010，21(1)，pp. 95-124.

读写和交流（Language，literacy，and communication），数学（Mathematics），创造性艺术（Creative arts），科学和技术（Science and technology），社会学习（Social studies），英语语言学习（English language learning）。每个领域都包括2～7个观察条目，见表2-4和表2-5。

表 2-4　学前儿童观察记录系统的评价领域及条目①

领　域	具体条目	领　域	具体条目
学习品质	●主动性和计划性 ●使用材料解决问题 ●反思	创造性艺术	●视觉艺术 ●音乐 ●律动 ●假装游戏
社会性和情感发展	●情感 ●与成人建立关系 ●与其他幼儿建立关系 ●集体 ●冲突解决	科学和技术	●观察和分类 ●实验、预测和得出结论 ●自然和物质世界 ●工具和技术
身体发展和健康	●大肌肉运动技能 ●小肌肉运动技能 ●自我照顾和健康行为	社会学习	●对自我和他人的认知 ●地理 ●历史
语言、读写和交流	●言语 ●倾听与理解 ●语音意识 ●字母知识 ●阅读 ●图书乐趣与知识 ●书写	英语语言学习	●英语听力和理解 ●讲英语
数学	●数字与计数 ●几何：形状和空间知觉 ●测量 ●模式 ●数据分析		

① A. S. Epstein，B. Marshall，S. Gainsley. *COR Advantage Scoring Guide*，Ypsilanti，MI：HighScope Press，2014.

表 2-5　学前儿童观察记录系统条目下水平指标举例①

学习品质——使用材料解决问题
水平 0　幼儿将眼睛、头或手转向他需要的物品或人。
解释：幼儿通过移动眼睛、头或手来告诉我们，他是如何看、追踪或拿到那个东西的。
例子：1 月 10 日，当马森(Mason)的爸爸进入房间和马森的照看者戴娜(Diane)说话时，马森把头转向他爸爸。
水平 1　幼儿会重复同样的行为，即便这种行为对解决问题无效。
解释：幼儿反复尝试同一种解决问题的方法，即便这并不奏效。幼儿可能会产生挫败感，失去兴趣甚至放弃这个活动。这一水平的幼儿甚至可能没有意识到问题出在哪里或者自己的解决方式无效。
例子：3 月 28 日，威廉姆(William)把圆形物品放进对应的形状分类玩具里后，又不断把方形的物品往那个洞里放。
水平 2　幼儿用材料解决问题时会寻求他人的帮助。
解释：记录这一水平的标准是，幼儿用材料解决问题时会寻求帮助。幼儿可能已经尽力了但没有成功，或者认为太难了。幼儿寻求帮助可能是用一个简单的手势(把一个容器递给成人)或语言（"打开！""做！"）。（注：记录这一水平的标准是，幼儿知道问题所在但没有明确表述）
例子：5 月 16 日，选择时间，在娃娃家，艾玛(Emma)把围裙递给了卡罗(Carol)（她的照看者）并且转过身去（意思是想让卡罗帮她系上围裙）。
水平 3　幼儿用语言表述用材料解决问题。
解释：幼儿大声陈述问题（如"这个瓶盖太紧了，我打不开"）或者用语言回应成人的问题（例如，成人问："有什么问题？"幼儿回答："我想把瓶盖粘到纸上，但是胶水不能用了。"），并会自己尝试解决这些问题。（注：记录这一水平的标准是，幼儿可以明确表述问题是什么）
例子：4 月 4 日，选择时间，在娃娃家，艾玛(Emma)把围裙系到腰上，但是掉下来了。然后她把围裙递给卡罗(Carol)（她的老师）说："我系不紧这个。你能帮我系一下吗？"
水平 4　幼儿持续用一种或多种办法直到他/她解决了使用材料方面的简单问题。
解释：幼儿使用材料来解决问题，要么用一种方法，要么尝试多种方法，最后找到有效的方法。这些问题都是在具体情境中的（如把两个物体连在一起或修剪到合适的尺寸），而不是一个有标准的或有固定解决方案的问题（如完成拼图）。（注：记录这一水平的标准是，幼儿必须最终将这个问题成功解决）

①　A. S. Epstein，B. Marshall，S. Gainsley. *COR Advantage Scoring Guide*，Ypsilanti，MI：HighScope Press，2014.

续表

学习品质——使用材料解决问题
例子：11 月 30 日，小组活动时间，诺亚（Noah）试图撕下一块胶带但是没有成功。他请一个小伙伴帮忙拿住胶带，他再用剪刀剪开。
水平 5　幼儿帮助其他幼儿解决使用材料的问题。
解释：幼儿看到其他幼儿遇到使用材料的问题时，他会根据以前自己的成功经验进行示范或建议。（注：记录这一水平的标准是，幼儿必须是主动帮助其他幼儿，而不是在成人或其他幼儿或成人的要求之下去帮助）
例子：9 月 8 日，工作时间，当詹妮尔（Janelle）看见米罗（Milo）使用胶水瓶出现问题时，她找到一个钉子并且向他示范如何在盖子上扎个洞，"这样，胶水就可以从洞中流出来了"。
水平 6　幼儿在游戏中可以预期到潜在的使用材料的问题，并且知道可能的解决方法。
解释：在这一水平，幼儿不仅可以解决问题，甚至可以预见问题并想出避免问题发生的可能的方法。
例子：4 月 2 日，工作时间，在沙水区旁，迈克尔（Michael）想起了昨天水洒到地板上了。他说："伙伴们，还记得水是如何洒的吗？我们应该放一些毛巾在地板上。"
水平 7　幼儿协调利用多种资源（材料和/或人）解决复杂的使用材料的问题。
解释：当幼儿遇见复杂的使用材料的问题时（即解决问题包括多个步骤），会描述并协调多种资源来解决。这种资源可以包括其他人和/或补充材料。（注：记录这一水平的标准是，幼儿在向他人寻求帮助时，不仅要说"帮帮我"或"你来做"，而且必须解释自己需要什么帮助，并特别说明他人可以如何提供帮助）
例子：1 月 27 日，刚到幼儿园，伊森（Ethan）就发现锁开不开了。他对贾克波（Jacob）和马利（Marley）说："你推锁的底部，你拉锁的顶部，我来按按钮。"

　　使用学前儿童观察记录系统开展评价的核心是通过逸事记录和收集档案袋条目来收集那些有关幼儿重要行为和活动的信息。在学前儿童观察记录系统的《使用指南》（User Guide）中，详细记录了评价者应该如何做客观的逸事记录。逸事每年计分两至三次，如课程开始、课程中间、课程结束。教师根据逸事记录给儿童评分或评级 1～5（或 1～8）来反映每个儿童当前的发展水平。如果他们注意到儿童发展的差距，他们会在接下来的几天中特别关注那个儿童和领域，并记录下他们的观察。[①] 它强调在做逸事记录时，可以假装自己是一个通过文

---

① 李莉、郑晓博：《高瞻课程中的评价》，载《早期教育（教师版）》，2010（Z1）。

字来抓取片段的专业摄影师，在事件发生时，写下幼儿的姓名、日期以及发生了什么的重要细节。当写完一件逸事之后，除了看学前儿童观察记录系统的条目中哪一个最符合这名幼儿，还要考虑是否可能和其他条目交叉引用。最后，在每个条目下的 8 级水平层级中识别出是几级。例如，对幼儿的逸事记录为：2月 21 日，选择时间，马尼（Marnie）和托尼（Tony）在娃娃家玩装扮游戏。当马尼戴上粉色的有着大羽毛的小帽子时，托尼看着她笑着说："你看起来真傻！"那么，关于这件逸事，适宜地记为："条目：言语，2 级水平：幼儿说出两个或三个短语来指代人、动物、物体或动作"。这件逸事也能交叉引用于条目：与成人建立关系，2 级水平：幼儿寻找一个熟悉的成人至少使用一个单词去交流一个简单的需求或欲望。逸事记录法的详细、具体、可操作化的流程规定，可以减少评价的主观性，确保评价结果的真实可靠。①

学前教育机构质量评价系统是用来证明高瞻课程模式的有效性、促进课程质量的提升的工具。学前教育机构质量评价系统分为两个表格——表 A 和表 B，表 A 是班级层面条目（Classroom Item），表 B 是机构层面条目（Agency Item），表 A 侧重于考察幼儿园教师日常教学工作的质量，包括学习环境、一日常规、师幼互动、课程计划和评估 4 个类别；表 B 侧重于考察整个学前教育机构的实施情况和质量，包括家长参与和家庭服务、员工资质和员工发展、项目管理 3个类别。从各类别条目数量分布来看，在学前教育机构质量评价系统的 63 个条目中有近八成集中于考察过程性质量，其数量远远超过结构性质量的条目数量。可见，学前教育机构质量评价系统尤其重视学前教育机构质量评价中的过程性质量评价。其把质量看成一个多水平、持续的过程，可以帮助实践工作者看到机构的现状水平以及下一步他们如何改进。评价的每项指标分为若干个水平特征，每个水平特征都单独呈现一行，并对代表不同质量水平（低、中、高）的 3个水平指标（水平 1、水平 3 和水平 5）进行了界定，清楚地描述了每项水平指标的典型行为，而且还为使用者提供了许多范例。

◆学前儿童观察记录系统的启示和学前教育机构质量评价系统

在评价的价值取向上，学前儿童观察记录系统关注幼儿主动学习；在评价

① 黄爽、霍力岩：《美国〈学前儿童观察记录系统〉的内容、特点与启示》，载《基础教育》，2018，15(5)。

的内容上，确立了儿童学习品质、科学和技术、创造性艺术等维度，在科学和技术维度下，设立了观察和分类、实验、预测和得出结论、自然和物质世界、工具和技术等指标，为幼儿科艺整合学习活动评价"关键经验"维度中相关指标的研制提供了思路；而学习品质维度下的儿童的主动性和计划性以及使用材料解决问题和儿童反思的评价指标，代表了当前世界主流的教育价值倡导，值得幼儿科艺整合学习活动评价的相关指标确立时学习和借鉴。

学前教育机构质量评价系统是综合性的评价，考察课程质量的所有方面。它既考察课程结构，也考察实施过程。既从儿童的角度评估课程，也从家长、监管者的角度评估课程。从活动到教室中的相互作用、与家庭的关系、机构管理者的政策和实践等，都是学前教育机构质量评价系统的评估范围。高瞻课程认为有效的评价依赖于收集到有意义的、变化的、客观的信息。经过训练的观察者深入课堂用客观的逸事记录便签去记录教师的行为，并计算有效的学前教育机构质量评价系统的分数。[①]

学前教育机构质量评价系统从儿童的角度评估课程的思想值得我们学习借鉴。而学前儿童观察记录系统当中，每一项指标下有不同水平表现的陈述，并附有解释和例子说明，给幼儿科艺整合学习活动评价指标体系的表现方式，亦提供了有益的参考。

（6）CIPP 评价模型及启示

◆CIPP 评价模型简介

CIPP 评价模型倡导教育评价不应以佐证教育目标的达成为其最终导向，而应通过教育评价提升教育的总体质量，同时进一步改进教育方法和方式。如前文所述，CIPP 评价模型理论系统包含了背景评价、投入评价、过程评价与结果评价四个综合性变量。"背景评价"指的是要在全面掌握评价对象主客观背景的前提下，探究教育方法和方式的目标是否与现实社会相吻合；"投入评价"是指对完成教育目标所需各要素所占分量的评价，如实施一项具体教育行动时所使用的经费、仪器设备、课程软件等，也可认为是对该教育实际行动的可行性进行的诊断性评价；"过程评价"是指对教育动态过程的评价，着重要寻找教育实

---

① 黄爽、霍力岩：《美国〈学前教育机构质量评价系统〉的特点及其启示》，载《外国中小学教育》，2018（3）。

际行动中的各种问题，并及时反馈给教育行动执行者和计划者，据此进一步完善和调整该行动的动态过程，如教育的内在效率、课程品质、教学品质、学校综合质量等方面的评价，本质上属于形成性评价。"结果评价"是指对教育目标达成度的评价，如对儿童的主动参与、学业成绩、儿童对所在教育机构综合质量是否满意等方面的评价，本质上是对教育方案的终结性评价。

◆CIPP 评价模型的启示

CIPP 评价模型深化了对教育过程即对幼儿园、教师、家长等方面在教育发展进程中所做努力的认识，是对决定教育发展质量要素的考量，引导各国把教育指标体系视为过程改进工具而非鉴定工具。[①] CIPP 评价模型将诊断性、形成性和终结性评价有机结合，构建了兼有共性规律又具差异的指标体系，值得幼儿科艺整合学习活动评价学习借鉴。

另外，美国也出现了不少其他评价项目及模式，有致力于为幼儿入小学做准备的、以幼儿"学业发展评价"为取向的学前课程评价研究（"Preschool Curriculum Evaluation Research"，PCER)项目，主要关注了儿童的认知发展[②]；学前儿童教室观察测评（"the Early Childhood Classroom Observation Measure"，ECCOM)关注在教室中以幼儿为中心的评价，它检查了管理、氛围和教学这三个教学实践的组成部分，以便更深入地理解教学过程[③]；学前教育质量评级与提升系统（"Quality Rating and Improvement System"，QRIS)，有五个组成部分，即质量标准、质量评估的过程、支持质量改进的过程、提供财务激励、向父母和公众传播关于学前教育项目质量的信息。[④] 此外，还有一种教学策略评价体系（Teaching Strategies GOLD Assessment System)，是创造性课程的第三

---

① 陈雅川、孙蔷蔷：《基于 CIPP 评价模型的学前教育指标体系研究》，载《比较教育研究》，2019(5)。

② 黄书生：《当代美国学前课程评价的发展及启示——以"学前课程评价研究"项目 (PCER)为例》，载《外国教育研究》，2013，40(10)。

③ Tang，X.，Pakarinen，E.，Lerkkanen，M. K.，et al.，"Validating the Early Childhood Classroom Observation Measure in First and Third Grade Classrooms,"*Scandinavian Journal of Educational Research*，2017，61（3），pp. 275-294.

④ Kathryn Tout，Kimberly Roller，Margaret Soli，et al.，*Compendium of Quality Rating Systems and Evaluations*，Washington，DC：Mathematica Policy Research and Child Trends，2010，pp. 1-9.

代评价体系，是基于创造性课程而建立的一个有效的教学和评估系统，一种在线技术应用的典范，这套评价体系涵盖了社会情感、身体动作、语言、认知、文字、数学、科学技术、社会学习、艺术、英语语言学习 10 个主要领域，共38 条发展与学习目标。分为四个程序过程：观察与收集事实、分析与报告、评价、总结/计划与交流。教师使用各种在线工具快速收集并组织这些有意义的数据，缩短了无谓的、琐碎的时间，拥有更多机会与时间同幼儿一起度过，既提高了工作效率又能亲近幼儿。此外，在学前教育阶段运用科学技术手段，如通过技术设计课程、运用课程教学以及对儿童进行评价等技术支持，都对儿童的态度、自信心的提升产生了较大的影响力。[①]

2. 对美国学前课程评价的评价及借鉴

美国的课程评价项目重视过程性评价，重视评价方法的多样与科学规范，也非常重视儿童发展的质性评价，强调评价过程在自然、真实的情境中开展，评价主体多元化等。

总之，美国的课程评价开启了从关注学业成绩到构建儿童发展模式的转变，从学业的标准测试到儿童观察记录、儿童发展的学习检核表以及作品取样系统的转变，不仅强调以观察为主要评价方式，建议通过观察来了解儿童在活动中的学习情况，达到全面了解儿童发展的目的，还强调儿童活动的真实情境，关注到学习环境对儿童能力的影响。评价目标上，兼顾评价儿童发展和改进课程的双重目的；评价内容上，条目丰富多样，特别关注儿童的优势；评价过程中，强调教师运用基于课程的观察而评价；在评价结果呈现上，采用综合性报告，从不同维度展现儿童发展与学习状况的全貌。这种形成性评价与终结性评价相结合的方式，对美国学前课程评价乃至学前教育质量的提升，都产生了深远的影响。[②]

这些评价方案，为我们更加全面地思考和构架科学与艺术整合的幼儿学习活动评价的指标体系以及思考过程与方法的科学性，提供了较为全面而有益的参考。

---

① Richard G. Lambert，Do-Hong Kim，Diane C. Burts，"The Measurement Properties of The Teaching Strategies GOLD Assessment System，"*Early Childhood Research Quarterly*，2015(33)，pp. 49-63.

② 孙佳玥、原晋霞：《美国学前课程评价历史发展与路径转变》，载《比较教育学报》，2020(2)。

（二）英国学前教育课程评价的现状及启示

2000 年，英国颁布了《基础阶段课程指南》（*Curriculum Guidance for the Foundation Stage*），该指南主要针对 3～5 岁幼儿教育机构中的儿童学习、教师教学做了规定。2005 年英国又颁布了《早期基础阶段》（*The Early Years Foundation Stage*，EYFS）。2008 年英国的儿童、学校和家庭事务部（Department for Children，School and Families）为了帮助学前教育机构更好地实施和推进 EYFS，又颁布了《早期基础阶段法定框架》（*Statutory Framework for the Early Years Foundation Stage*），主要针对 0～5 岁幼儿，该文件后来进行了多次调整与修改。2023 年版的《早期基础阶段法定框架》规定学前教育机构的课程设置要围绕七大学习领域：交流和语言，身体发育，个人、社会和情感发展，读写，数学，理解世界，艺术表现和设计。为了保证和提升学前教育质量，英国非常重视对课程的评价，而课程评价包括对课程中儿童学习与发展的评价以及对课程本身的评价。下面将对英国学前教育课程评价的演变和内容进行解读，以期对我国学前教育的课程评价有所启示。

1.《早期基础阶段》的评价体系简介

《早期基础阶段》作为评价英国所有幼儿园的国家级课程标准，在幼儿评价方面做得较为完备，它从 2013 年起要求学前教育机构必须为所有即将进入小学的 5 岁幼儿建立档案袋，并评价幼儿在学前教育阶段结束时的学习与发展水平，以此作为小学一年级教师制订有效的课程和学习计划的依据。

英国幼儿园给每一名幼儿建立一个成长发展的档案袋，这个档案袋里面主要对幼儿的交流和语言、身体发展、个性社会性和情感发展、文字、数学、对世界的理解、艺术表达与设计这些学习领域进行水平评价，外加对游戏和探索、主动学习、创造性和批判思维这三个有效学习特征进行评价。

《早期基础阶段》的评价形式主要有三种，且分别有着不同的目的：第一种是日常形成性评价，主要是为了持续告知教学的情况；第二种是终结性评价，主要是为了了解幼儿在教学结束时的表现；第三种是国家法定终结性评价，主要是为了将幼儿的表现与国家预期进行比较。

评价的过程要先评价证据的收集，主要来自四个方面：家长的材料、相关成人的材料（教师、校长等）、幼儿本身的材料以及收集到的观察材料。完成评估证据的收集之后，再利用专业知识和法定的《早期基础阶段》框架来判断幼儿的学习，最终完成《早期基础阶段》档案。《早期基础阶段法定框架》中的早期学习目标（Early Learning Goal，ELG）对应的是课程设置的七大学习领域。每个领域又细分为 2～3 个小目标，总共是 17 个早期学习目标。每个目标都有具体的描述和判断依据。例如，"对世界的理解力"这一领域细分为幼儿对人和社区的理解、对世界的理解以及对生活中技术的理解三个方面。根据幼儿行为或认知的达标程度可分为"仍需努力、达到预期、超过预期"3 个等级。《早期基础阶段》的评价框架中对每个等级都给出了具体的描述，以便从业人员进行判断。例如，对"超过预期"这一等级的描述在"对生活中的技术的理解"这一目标表现为：幼儿能发现并使用一系列日常技术。他们会根据具体需求选择相应的技术，如决定用什么方式来最好地记录他们生活中的特殊事件。评价者应根据在过程中记录的观察证据进行判断，判断必须在规定期限内完成。在评价过程中，从业者应该使用最合适的模型判断幼儿是否符合"超过预期"这一水平的描述。

例如，"沟通与语言"发展领域包括 3 个早期学习目标：一是要求幼儿能够倾听和注意，在听故事时能够准确预测关键事件，并对他们听到的相关评论、问题或行动做出回应；二是能够理解，尝试结合自己的经验来回答故事或事件中的问题；三是表达自己或者能够用时态对事件进行讲述等。教师根据档案袋中记录的内容，评价幼儿达成早期教育目标的程度，分为 3 个等级：刚好达到目标称为期望水平（Expected），超出目标称为超越水平（Exceeding），没有达到目标称为形成水平（Emerging）。档案袋评价有两种类型：一种是通过记录幼儿园课程的过程，对课程过程中幼儿的行为表现进行评估，从而在制订下一个课程活动计划时能使活动更加符合幼儿的能力、兴趣和需要；另一种是收集幼儿在 0～5 岁学习和发展的相关信息，在幼儿 5 岁离开幼儿园进入小学之前，作为学前早期教育阶段儿童发展水平的终极评价材料，接受教师、社区以及教育部的最终评估。

2. 基于教师反思的反思性评价

在英国《教师标准（早期）》[*Teachers' Standards（Early Years）*]中明确指出教师必须能够反思教学活动与教育方案的有效性，以支持活动内容的不断提升，使其制订的教育计划能够符合和满足所有幼儿的需要。劳拉·麦克弗兰德（Laura McFarland)认为反思和评价是两个相分离的过程，教育者可以辩证地运用这两个过程去分析他们在幼儿园的教学实践，教育工作者应该把反思和评价作为工具，并用这种工具去不断重新审视具体实践的价值和有效性。① 萧恩(D. A. Schon)把教师的反思分为"行动中反思"(Reflection in Action)和"行动后反思"(Reflection on Action)。行动中反思就是个体有意识地或潜意识地不断对与他以往经验不符合的、未曾预料的问题情境的重新建构；行动后反思是个体对已经发生的行为的回顾性的思考，其中也包括对行动中反思的结果与过程的反思。②

幼教工作者对幼儿园课程的反思评价不仅能不断提升课程的有效性，还能促进教师自身的专业发展。在英国，幼教工作者对课程的反思评价内容包括课程目标、课程内容、课程实施、幼儿是否感兴趣、环境与材料支持等。反思评价的形成包括反思评价工作日记、与其他教师的交流讨论等。③最后是数据的审核和提交。工作手册指出，《早期基础阶段》的评价者可以使用任何安全系统来收集和提交数据，只要从业者可以在《早期基础阶段》评价结束时为每名幼儿记录完整的档案文件。材料的审核主要分为学校内部审核、学校之间的审核和外部审核。学校内部审核、学校之间的审核主要涉及两种从业人员，如教师和助教、教师和校长，通过访谈和会议，讨论有关幼儿发展的证据。外部审核主要来自地方当局，他们必须建立并执行适度的安排，确保评价的准确性和一致性。评价数据经过内外部重重审核，最终由地方当局提交到教育部存档。

◆《早期基础阶段》评价体系的启示

《早期基础阶段》的评价主要依靠对与幼儿相关的各项材料的分析，主观性较强，因此教师实施评价的专业性直接影响着评价的效度和信度。英国《早期基础阶段》的评价体系主要从两个方面采取措施：一是提供清晰明确的工作手册和示例材料；二是对教师的评价进行审核，并提供培训活动。在英国《早期基础阶

---

① Laura McFarland，Rachel Saunders，Sydnye Allen，"Reflective Practice and Self-evaluation in Learning Positive Guidance：Experiences of Early Childhood Practicum Students，"*Early childhood education*，2009，36(6)，pp. 505-511.

② Schon D. A.，*The reflective practitioner：how professionals think inaction*，New York. Basic Books，1983，pp. 53-58.

③ 丘静：《英国学前教育课程评价及启示》，载《现代中小学教育》，2016，32(10)。

段》评价提供清晰明确的工作手册和示例材料方面：英国《早期基础阶段》评价的工作手册主要目的之一就是支持从业人员在《早期基础阶段》评价结束时对每名幼儿的成绩做出准确的判断，其内容较为详尽。手册主要分为 12 个部分，其中对评价的目的、要求、形式、框架、内容、对象以及档案文件的完成与审核等都有较为详细的说明，并要求教师熟悉手册内容。此外，英国还提供了每一个早期学习目标的示例材料来帮助教师提高分析和判断的专业性。例如，早期学习目标中的"倾听和注意力"这一目标的示例材料，说明了如何使用各种证据和表现形式收集信息以支持《早期基础阶段》评价概况判断。在文件中主要以"达到预期"这一水平的描述为主，提供了不同幼儿在不同情境下的"一次性"观察材料，包括幼儿工作样本、照片和父母的贡献等，如对在小团体中听故事的艾米莉（Emily）的观察资料，同妈妈一起在沙发上听音乐的艾波（Amber）的家长观察资料，福瑞迪（Freddie）在家里与小熊玩具玩耍的照片资料等。这样的示例材料是为了帮助教师为每个早期学习目标做出最合适的判断。但是，示例材料也提醒教师在评价过程中不可离开特定学习背景，教师应该意识到幼儿的学习和发展是分不开的，不可以割裂地看待幼儿在每个领域的发展。因此，在评价过程中，教师必须整体考虑每个早期学习目标，全面了解每个水平的描述之后，再进行判断。

关于如何运用《早期基础阶段》评价结果，文件主要从以下两个方面进行阐述。一方面，一年级教师应该根据评价档案中儿童早期学习目标的达成情况以及每名儿童与有效学习的三个关键特征相关的描述，与报告提供者进行简单对话来了解每名儿童的发展阶段和学习需求，以此协助规划第一年的活动。另一方面，学校可以利用《早期基础阶段》评价数据，了解整个学校儿童的发展水平信息，如每个学习领域的学习和发展水平、儿童的班级和年龄组、分析不同群体的儿童的表现差异。

《早期基础阶段》评价关注质性评价方法，用档案袋评价法收集质性材料，提倡教师进行反思性评价，注重家长作为评价主体参与评价的过程，对评价报告的实际效用的处理等，为我们选择科学与艺术整合的幼儿学习活动评价方法以及如何发挥评价结果的作用方面，拓宽了思路。

（三）德国学前教育课程评价的现状及启示

1999 年，《德国 0—6 岁幼儿日托机构教育质量国家标准手册》（以下简称

《德标》)出台。

1. 德国学前教育质量评价体系框架的结构和系统

(1)结构模型

导向质量、结构质量、过程质量三方面构成了《德标》的教育质量模型整体框架，见图 2-4。导向质量不仅包括幼儿教师的教育观念、价值观和对教育目标的理解，也包含政府颁布的教育指导纲要、办园投资方的方案、园本方案里规定的纲领等指导内容。结构质量包括实施教育行为的空间环境条件、物质材料条件、师幼配比、班级大小、幼儿教师的学历水平和从业经验及教师的稳定性等，它描述的是幼儿要体验和经历的潜在环境。过程质量包括师幼互动、家园合作、幼儿体验等，它与幼儿的生活和学习经验有着直接的联系，因此成为影响幼儿日托机构教育质量的最重要因素。这三种质量对日托机构教育质量有着直接影响，最终结果指向幼儿及其家庭。在教育质量系统中发挥着间接作用且无法归入前三种质量类型的因素被归入了环境质量。

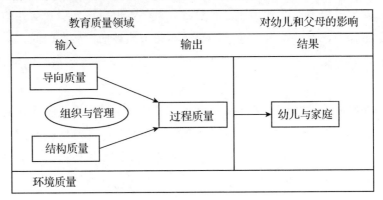

图 2-4 《德标》学前教育质量模型

(2)结构框架

《德标》构建了 20 个质量领域的结构框架，它们被分为六个主题组，见图 2-5。[①] 第一组(质量领域 1～2)包括"空间安排"和"日常安排"。第二组(质量领域 3)是"个性化、多样化和共同性"，体现了多元、包容、共享、和谐的整合教育理念，担负起作为其他质量领域基础的任务。第三组(质量领域 4～7)考虑到幼

① ［德］Wolfgang Tietze and Susanne Viernickel：《德国 0—6 岁幼儿日托机构教育质量国家标准手册》，田春雨、鲁玉峰、罗毅主译，27—29 页，济南，山东科学技术出版社，2019。

儿的安全护理和基本需求，确保他们处于安全的环境中并受到成人的照顾，是幼儿进一步发展的基本生理前提和基础。第四组（质量领域 8～15）代表着狭义上的日托机构的教育工作，较为关注幼儿的语言、认知、社会、运动等能力的发展。第五组（质量领域 16～19）分别介绍了家庭向幼儿日托机构过渡的基本情况、家园合作等内容和程序。第六组（质量领域 20）处于结构表的顶端，这明确表示日托机构教育质量的提升是领导和团队的共同责任，它涉及教师资质、人才发展、财务管理、团队合作等多个内容。

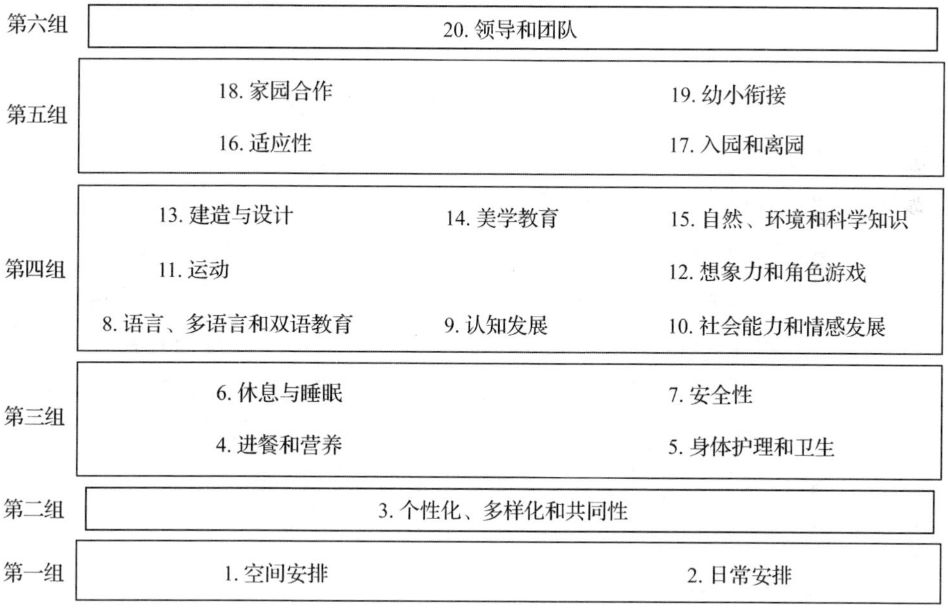

第六组	20. 领导和团队		
第五组	18. 家园合作 16. 适应性		19. 幼小衔接 17. 入园和离园
第四组	13. 建造与设计 11. 运动 8. 语言、多语言和双语教育	14. 美学教育 9. 认知发展	15. 自然、环境和科学知识 12. 想象力和角色游戏 10. 社会能力和情感发展
第三组	6. 休息与睡眠 4. 进餐和营养		7. 安全性 5. 身体护理和卫生
第二组	3. 个性化、多样化和共同性		
第一组	1. 空间安排		2. 日常安排

图 2-5　《德标》的 20 个质量领域结构图①

（3）主要内容

《德标》的 20 个质量领域中，除了"领导和团队"外，各个质量领域都包括空间布置、师幼互动、工作计划、玩教具的多样化及其应用、个性化和参与 6 个指导要点。

一是空间布置，侧重于评估日托机构的环境创设是否能最大限度地满足幼儿的发展需要。每一个质量领域的空间布置要求不一，同一质量领域下的不同

---

① ［德］Wolfgang Tietze and Susanne Viernickel：《德国 0－6 岁幼儿日托机构教育质量国家标准手册》，田春雨、鲁玉峰、罗毅主译，270 页，济南，山东科学技术出版社，2019。

条目也有不同指向。二是师幼互动，包括观察对话、参与意愿以及鼓励三部分内容。这三部分彼此联系、不可分割，以促进幼儿能力发展为指向，同时关注不同文化、种族、性别及有特殊需要的幼儿都能享有平等的机会。三是工作计划，包括基础导向、教学内容和过程、记录3个部分。四是玩教具的多样化及其应用，包括在不同教学领域为幼儿提供哪些玩具或材料，如何投放材料以及如何在幼儿操作材料时予以支持。五是个性化，要求幼儿教师充分理解每名幼儿的个性、兴趣和需要，并为他们提供有针对性的教育。六是参与，鼓励幼儿根据自己的意愿制订日常计划和进行决策，在参加活动的过程中体验自我效能感与承担责任，注重"两个过程"和"一个平衡"。"两个过程"指的是幼儿参与决策过程和参与设计与活动过程，"一个平衡"指的是帮助幼儿平衡自身与群体的关系，以此促进幼儿的个性化和社会化和谐发展。

质量建设目标的表述方式应遵循 SMART 公式。其中，S 代表专有（Spezifisch），即呈现幼儿日托机构的特定细节信息；M 代表可测的（Messbar），作为幼儿教师应该思考通过什么来检验目标是否实现，并将指标细化到可测量的程度；A 代表可接受（Akzeptabel），团队的每位成员都接受此目标并视其为有意义的教育措施；R 代表现实的（Realistisch），目标的设定是遵循适切性原则的，是切合实际的；T 代表时限（Terminiert），即约定目标完成的期限。[①]

2. 对德国学前教育质量评价体系的评价及其启示

《德标》上千条评价标准中内蕴"幼儿为本"的核心理念。一是认为幼儿作为普遍权利和特殊权利的主体，应当被视为一个独立的生命个体。对幼儿的保育工作应注意充分发挥其个性天赋和能力，关注每一名幼儿的差异性需要。相应地，评价系统应为幼儿架构适宜的框架，并通过质量评价促进幼儿的发展。例如，在质量领域13"建造与设计"中，评估要点"提供数量充足的各种类型和各种材质的建构玩教具"能保证多名幼儿同时进行游戏，并实现个性化的游戏想法；"为1.5～3岁的幼儿提供足够的适合年龄的安全材料，包括不同材质的大型建筑玩教具（如大型的乐高积木、大型榫卯结构积木）以及柔软的建构材料"，观照了低龄幼儿的身心特点及发展需要；"幼儿可以随时将其他物品（如玩具车或玩偶）带进区域"则体现了对幼儿特殊需要的尊重。二是认为幼儿是教育过程

---

① 张姝玥、顾高燕：《德国学前教育质量评价体系框架、特点及经验》，载《比较教育研究》，2020（7）。

的主体和有能力的学习者，相信幼儿从出生开始就有一套感知和动力系统，使他们能积极地应对刺激。他们根据认知模式调整环境甚至同化环境，同时自动对现有的行为和思想结构进行修改与调整，形成新的更高水平的平衡。因此《德标》特意将"玩教具的多样化及其应用""个性化"和"参与"作为学前教育质量领域六大指导视角中重要的组成部分，凸显幼儿在游戏、学习活动中应对未知挑战的主体性地位。三是认为幼儿作为社会行为者，在与他人互动交往的过程中可以习得文化符号，并将其运用到社会实践中以理解规则、价值观等。在与他人共同建构的社会实践过程中，幼儿还能从不断的交往中获得文化的浸润，进而形成自我身份认同和群体归属意识，以此促进自身"个性化"和"社会化"的共同发展。

可见，制定科学、可操作的评价工具，注重评价主体和评价方式的多元化以及关注评价的过程性和动态性是德国学前教育质量评价体系的重要经验。[1]其蕴含的以幼儿为本的核心理念，注重教师的教育观念、价值观，对教育目标的理解及政府颁布的教育指导纲要等导向质量，注重幼儿参与评价的决策过程和参与课程设计与活动的过程，评价过程中特定细节信息的可测量，确定评价目标完成的期限，均值得我们在研制科艺整合的幼儿学习评价时借鉴。

(四)澳大利亚学前教育课程评价的现状

澳大利亚的《儿童早期教育和保育国家质量框架》把"师幼关系"列为一类一级指标，认为师幼互动的质量决定了教育质量，好的师幼关系令儿童感到自信、愉悦，同时在二级指标中，强调教师应和每名幼儿发展并保持尊重、平等的关系，指出教师和每名幼儿之间的互动都应是温暖的、回应性的，应有助于建立信任感。澳大利亚对学前教育质量开展深度的个案研究之后，认为物质环境、师幼互动、课程与教学及家庭合作是决定学前教育质量的四大关键，动态的、过程性的教育要素应占评价内容的 $70\%\sim75\%$。[2]

澳大利亚实施的新标准并不排斥对儿童发展成果的直接评估。标准的第一

---

① 张姝玥、顾高燕：《德国学前教育质量评价体系框架、特点及经验》，载《比较教育研究》，2020(7)。

② Karin Ishimine，"Quality in Early Childhood Education and Care：A Case Study of Disadvantage，"*The Australian Educational Researcher*，2011，38(3)，pp. 257-274.

条就是机构以"早期学习框架"为指导来实施课程，确保儿童得到如下五个方面的发展：拥有较强的自我认同感、与其所处的世界建立联系并参与其中、拥有较强的幸福感、成为自信的积极的学习者、成为有效的沟通者。在评估过程中，评估人员会通过观察等方式直接评价儿童在各个方面的表现。此外，新标准还增加了对儿童学术性知识的要求。

澳大利亚将资质认定与评估系统整合在了一起。在评估中，将学前教育机构分为 5 个等级：未达标、可运营、达标、高质量、优秀。其中，"未达标"表示没有达到国家标准的要求，学前教育机构必须尽快与监控机构合作，以求尽快提高，否则将强制关闭机构。这就使得该层次的要求具有了资质认定的性质。澳大利亚仅采用评级制，对于在某项上评级低于标准的机构予以一票否决。①

(五)新西兰和新加坡学前教育课程评价的现状

新西兰于 2004 年发布了《学前教育评估指标》(*Evaluation Indicators for Education Reviews in Early Childhood Services*)，为评价工作的有效开展确立了具体、可操作的指标体系，其中一级指标直观、全面地反映了学前教育质量的五大构成要素，即健康、贡献、探究、交流、归属感，这五个维度下又分别设置具体的领域内容，相应地形成了二级指标和三级指标。② 另外，还有一套"学习故事评价法"是运用叙事的方式对幼儿的学习进行形成性评价的体系，教师通过观察和记录幼儿成长的轨迹和历程，深入理解幼儿的生活并给予适宜的支持，促进幼儿的发展与进步。"学习故事评价法"的"4 个 D"程序为以下四方面内容。①描述(Describing)，教师对幼儿的活动行为以及周围的客观环境和事物进行描述，反映幼儿与环境的互动，要求关注幼儿的长处和积极经验。②讨论(Discussing)，教师、幼儿及家长通过讨论达成计划制订的依据，建立一套共享的，重要的支持幼儿个体的学习课程。此过程中，成人传递了对于他们作为有能力的学习者的期望，而幼儿则表达自己的想法，同时深化对自己的角色认知，并积极建构。③记录(Documenting)，把学习和评价用文本、照片或收集

---

① 刘昊：《美国、澳大利亚学前教育质量监控系统比较及启示》，载《首都师范大学学报(社会科学版)》，2013(6)。

② 杨锐：《新西兰学前教育评估研究》，硕士学位论文，西南大学，2014。

到的作品的方式记录下来，其聚焦于儿童学习中的重要特征，为真实评价幼儿的学习和发展提供强有力的实例的支持。④决定（Deciding），即决定下一步做什么，它包括回应幼儿的提议、发起提议、改变发展方向和介入。在许多情境中，这个过程也被称为计划，但是决定还包括直觉性的、自发性的回应。"学习故事评价法"启示我们应通过仔细观察和深入分析，建立起对幼儿的全面、客观和综合的理解。

新加坡于 2011 年开始实施《新加坡学前教育认证框架》（*Singapore Pre-school Accreditation Framework*，SPARK），其分别从结构性质量、过程性质量（包括学期纪要、课程计划、教学计划等）和结果性质量（包括全面发展、儿童的福祉、勤奋好学等）三个方面对学前教育质量内容的范畴进行了阐述。① 同时，政府还研制了评价幼儿园教育质量的有效工具——质量评估量表（"Quality Rating Scale"，QRS）。②

综上可以看出，目前，国外已有许多国家通过制定相应的评价标准来提高幼儿园的教育质量水平。评价标准所涉及的范围较为广泛，根据评价标准所包含的内容不同，幼儿园教育质量评价大致形成了以下几种主要的发展趋势：从基于教育机构准入、办园条件许可的结构性质量评价到基于质量改进、促进质量提升的过程性质量评价，从基于考察教育成果的结果性质量评价到强调幼儿发展的质量评价，即在制定评价标准时，更为注重将教育过程和幼儿发展等"软性"质量的评价指标纳入其中。

二、国际教育质量评估中对儿童科学艺术学习评价的关注及启示

（一）STEM 教育评价及启示

1. STEM 教育评价简述

STEM 是科学、技术、工程、数学的英文首字母组合。龚道玉、占小红在基于热词的可视化分析的基础上，对国内外 STEM 教育评价进行了研究述评，指出了国内外 STEM 教育在学习结果评价方面的相同与不同之处。他们认为，

---

① 吴玉剑：《新加坡学前教育认证框架述评》，载《世界教育信息》，2013，26(18)。
② 史明洁：《新加坡学前教育评审框架及启示》，载《幼儿教育（教育科学）》，2012(9)。

国际上儿童 STEM 学习结果的评价项目主要是从儿童的知识、能力和态度等方面展开的。国际数学和科学趋势研究(TIMSS)、国际学生评估项目(PISA)、美国进步评价测试(NAEP)等大型测评项目不仅对 STEM 教育中儿童的认知水平进行了有效评估，而且也关注对儿童的非认知结果的评估，相应的工具也较为丰富，但缺乏通用性与共性。例如，在对儿童创造性、批判性思维、获取和利用信息的能力等非认知品质的评估中，维多利亚课程与评估机构(VCAA)选择了四种关键技能，将其按照从 0 到 10 的水平进行划分，同时发明在线测试系统，对关键能力进行评估。美国校外联盟的儿童 STEM 成就评估框架中，对儿童个人层面的 STEM 成就发展的评价，主要从以下三个方面展开：儿童对于 STEM 和 STEM 学习活动的兴趣、好奇心；参加 STEM 学习活动的能力；重视 STEM 以及 STEM 学习活动的目标，理解 STEM 的价值，见表 2-6。

表 2-6　STEM 儿童发展评价的重要关注点[①]

结果 通过 STEM 项目，儿童……	一级指标 你知道或者观察到儿童表现出了……	二级指标 如果有适当的工具，你能够记录以下证据……
1. 发展对 STEM 领域及其学习活动的兴趣"我喜欢做这个"。	积极投入 STEM 学习活动。	积极并持之以恒地参与 STEM 学习活动(示例：坚持完成某项任务或参与某个项目，积极分享知识与观点，表达参与活动的热情与乐趣)。
		寻求其他 STEM 学习机会(示例：注册其他项目，定期参与项目，能够报告在家中从事的与 STEM 相关的活动)。
	对 STEM 相关主题、概念或实践表现出好奇心。	积极探索 STEM 相关的主题、概念或实践(示例：通过语言或行动探索概念，发现问题、提出假设并进行检验)。
		积极搜寻有关机械现象、自然现象或物件的信息资料(示例：通过网络搜索更多信息，获取与 STEM 相关的书刊，观看科学电视节目)。

① Krishnamurthi, A., Bevan, B., Rinehart, J., et al., "What Afterschool STEM Does Best: How Stakeholders Describe Youth Learning Outcomes," *Afterschool Matters*, 2013(18), pp. 42-49.

续表

结果 通过 STEM 项目，儿童……	一级指标 你知道或者观察到儿童表现出了……	二级指标 如果有适当的工具，你能够记录以下证据……
2. 发展有效参与 STEM 学习活动的能力"我能够做这个"。	能够富有成效地参与 STEM 探究活动。	表现出 STEM 知识（示例：表现出特定内容领域知识的增长与日常生活建立联系，运用科学术语）。
		表现出 STEM 技能（示例：提出问题，测试、探索、预测、观察、收集和分析数据）。
		表现出对 STEM 探究方法的理解（示例：展示出对科学本质的理解，基于证据进行推理和论证，开展工程设计实践）。
		表现出对开展 STEM 探究所需技术和工具的掌握（示例：具备运用测量工具和其他科学工具的能力，会运用计算机进行数据分析，形成交流研究发现的有效方法）。
		表现出参与团队 STEM 探究活动的能力（示例：与团队成员保持有效沟通，与团队成员开展有效协作，在团队中展现出领导力）。
		表现出现实问题的解决能力来实施 STEM 调查（示例：进行批判性思考，提问、排序并进行推理）。
3. 发展对 STEM 领域及其学习活动的价值认同"这对我来说是重要的"。	理解 STEM 的社会价值。	表现出对于 STEM 与日常生活（包括个人生活）关系的理解（示例：能够指出日常生活中的 STEM 事例）。
		表现出对 STEM 在应对重要的社会、地区及全球问题方面发挥作用的认识（示例：为解决社区需求的项目做出贡献，认识到 STEM 对于重大社会议题的潜在作用）。
		表现出通过 STEM 对社会做出贡献的意识（示例：参与社会服务与 STEM 学习相结合的项目）。

　　此评价表达了对儿童个体兴趣、能力、价值观的提升的关注，尤其将儿童认识、情感发展置于很重要的位置；在能力层面的发展性测量目标上，与21世纪技能、核心素养紧密相关的探究能力、现实问题解决能力被明确列为评价维度。价值观是认识论层面的指标，在更高层次上发挥作用，影响情感态度层面的获得。

　　由于 STEM 教育的跨学科性以及强调以项目为主导的学习方式等特点，单纯的质性或量化分析可能都无法反映出儿童真实的发展水平，因而发展出新的

79

评价方式成为关键。例如，大卫·威廉姆斯·谢弗（David Williamson Shaffer）提出认知网络分析法（"Epistemic Network Analysis"，ENA），这是一种通过对对话语言数据进行定量分析，来描述个人（或团体）认知框架模式的分析方法，其将个人（或团体）的认知框架元素之间的联系作为证据，生成动态网络模型，对其思维加工、学习过程等进行深度分析，从而对儿童思维过程进行评估。[①]

2. STEM 教育评价中蕴含的"学习生态系统观"及启示

STEM 学习生态系统视角以学习者为中心，将学习赖以发生的各种要素视为一个系统，以自然生态系统为隐喻，强调学习者、多样场景、学习共同体及文化要素之间的动态互动关系，见图 2-6。

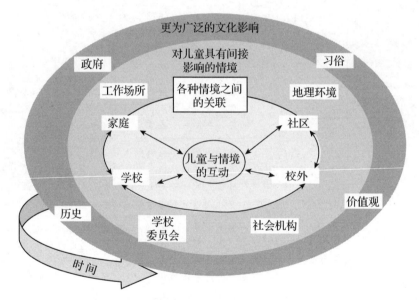

图 2-6 STEM 学习生态系统模型（"National Research Council"，2015）

学习生态系统观是考察 STEM 教育的大视野，因此需要借助适当的取景框，呈现该视野下的教育成效。美国国家研究理事会推荐的顶层参照架构（"Teacher Advisory Council & National Research Council"，2014）——"三层面 STEM 教育成效评价框架"，囊括了学习者个体、STEM 教育项目及共同体三

---

① 吴忭、王戈、盛海曦：《认知网络分析法：STEM 教育中的学习评价新思路》，载《远程教育杂志》，2018（6）。

个层面，各层面的评价侧重点不同，能满足一线教学者、项目组织策划者、区域政策制定者、投资者各自关心的评价数据需求。

在个体学习者层面，评价反映出学习者个体在 STEM 活动中主观经验的积累与发展状况，全面涵盖知识、技能、情感、态度及价值取向等多个维度，从个体角度考察 STEM 教育目标的达成度。该层面聚焦明确，以位于生态图圆心的学习者为评价对象。

项目层面的评价侧重考察分布于不同场景之中、具有不同形态的 STEM 项目在开发学习资源、提供实践参与、优化教学队伍等方面为学习者提供的支持。评价指标由"参与性"、"适切性"和"整合性"构成（National Research Council，2015）。它们既体现了对学习者主体性和学习体验的重视，也反映出对 STEM 项目所发挥"中介效用"的观照。①参与性。项目本身是否具有吸引力，能够使儿童持久地投入 STEM 实践，不仅表现在参与规模、参与时间上，还表现在儿童的投入程度上，即儿童有没有全身心地浸润于学习之中。例如，在面对困难时，有没有主动寻求新的解决路径；在与同伴开展协作式问题解决过程中，是否积极沟通、做力所能及的事等。这是儿童"具身认知"的过程，包含了智力、情感、行为、社会交往等多种成分，自我报告、访谈、视频分析等测量办法均可以考察儿童的参与程度。另外，衡量"参与性"也可以从项目设计开发中获取间接证据。例如，真实性问题情境的创设、推理建模等实践行为的引发、包容轻松的团队氛围的营造与形成，这些外部特征或多或少地塑造着项目的"吸引力"，间接地表征了项目的参与水平。②适切性。一方面，要看特定项目与其参与学习者的联结。项目在设计、开发、实施的过程中，是否结合了学习者对 STEM 的文化信念，如擅长文科的学习者如何看待自己与 STEM 学习的关系，对 STEM 相关工作的兴趣点在何处；是否考虑了学习者与 STEM 相关的既有实践，如学习者擅长的 STEM 操作活动、熟悉的 STEM 行业话语；是否囊括超越 STEM 领域的知识能力或态度，如学习者对失败的认知和处理等，因为"遭遇失败"常常是 STEM 项目学习中的必经之路。另一方面，应考量项目与当地社群资源的适切程度。在内容选择上，每一个地区都存在着与 STEM 领域相关的地域问题，如本地自然物种的生衍保护问题。③整合性。一方面，体现在项目各合作方伙伴关系的建立，项目在设计、实施、开发过程中对各类人力物力资源的整合；另一方面，体现在对学习者已有学习经验的整合。这意味着项目能够连接学习者在不同场景中积累的经验。福克和戴金(Falk & Dierking)认为任何场景都是 STEM 学习旅程的某一加油站，STEM 教育培育的是终身学习者。在空间横轴上，STEM 项目支持儿童将学校、校外儿童活动中心、博物馆、家庭的学习所得融通在一起；在时间纵轴上，项目能够依据 STEM 素养的螺旋式培育目标给自身定位。这是"学习生态系统观"视角下学习者对 STEM 学习的深化与发展。

共同体层面的评价，重点检视资源整合机制，反映 STEM 教育生态图的完整勾勒情况。

值得注意的是，此三层面的评价结果是相互依存、紧密关联的。例如，个体层面的评价结果可以作为项目层面、共同体层面的评价依据；项目层面、共同体层面的评价结果可以作为个体层面成效归因的依据。[①] 在生态图中，主要的关注区块是最内圈与圆心的互动。

(二)美国国家教育进步评价中的艺术学习评价

1. 美国国家教育进步评价中的艺术学习评价概述及启示

(1)美国国家教育进步评价中的艺术学习评价概述

美国国家教育进步评价(National Assessment of Educational Progress, NAEP)框架是依据美国《艺术教育国家标准》制定的四个艺术学科(舞蹈、音乐、戏剧和视觉艺术)的评价。其取向追求儿童的解决问题、高阶思维、灵活性、持久性和通力合作的能力的提高。美国国家教育进步评价中的艺术评价的目的是了解儿童当前的学习状况，即在音乐和视觉艺术学科领域"知道什么"以及"能够做什么"。通过要求他们观察、描述、分析和评价现有的音乐和视觉艺术作品，并创作原创的视觉艺术作品，来评价儿童艺术学习的知识和技能。[②] 艺术教育统计计划创造了一种特别的矩阵，用于指导评估框架的研制，见图 2-7。同时，它有助于保证各门艺术评估之间具备一致性。这个矩阵对四门艺术的分析是从过程和内容两个方面展开的。过程包括：①创造。指以原创艺术作品的形式表达思想和情感，如一个舞蹈、一段音乐、一个戏剧性的即兴创作或一件雕塑等。②表演。③反应。指观察、描述、分析和评价艺术作品。内容包括：知识；技能——感

---

① 陈舒、刘新阳：《美国校外 STEM 教育成效评价：视角、框架与指标》，载《开放教育研究》，2017，23(2)。

② 张旭东：《美国 NAEP 艺术教育评价研究述评及启示》，载《外国中小学教育》，2017(2)。

知技能、技法技能、表现技能和智力反思技能。舞蹈和音乐的性质决定着儿童可以被视为创造者和表演者来接受评估。在戏剧中，创造和表演则融为一体。其理由在于即便是现成剧目的表演，也要求儿童在灯光、置景、服装、道具、导演和人物塑造中做出创造性决策。在视觉艺术中，儿童则被视为创造者而不是表演者来接受评估。就反应而言，它适用于所有四门艺术。矩阵中的"内容部分"即"知识和技能"，通用在四门艺术之中。①

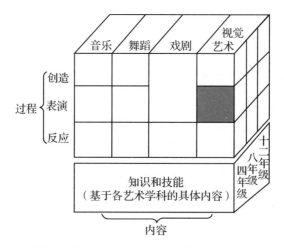

图 2-7　美国国家教育进步评价 1997 年艺术教育评估框架矩阵

美国国家教育进步评价中的艺术评价鼓励在创造艺术过程中评价儿童的知识和技能，它以真实的任务，在开放性试题和多项选择题中探索儿童描述、分析、解释和以书面形式评价艺术作品的能力。考察音乐反应的指标见表 2-7。

表 2-7　音乐反应的评价指标

反应——感知、分析、解释、批评和判断音乐时，学生：
•选择聆听的曲目；
•分析音乐的元素和结构；
•比较和对比不同的音乐风格；
•识别区分特定音乐风格的形式特征和表达特征；

① 丁东红：《美国 NAEP1997 年艺术教育评估及音乐教育评估框架述评》，载《中国音乐学》，2000(2)。

续表

反应——感知、分析、解释、批评和判断音乐时，学生：
• 将音乐放在文化和历史背景中去；
• 对音乐表演和音乐作品的技术特征和表达特征做出批判性判断；
• 使用律动或词语来阐释和描述个人对音乐的反应。

考察视觉艺术创造的指标见表 2-8。

表 2-8　视觉艺术创造的评价指标

创造——创作艺术和设计作品时，学生定义、设计、选择、表征、创造和反思：
• 题材、主旨、问题和思想，反映出对背景和价值(个人的、社会的、文化的及历史的)以及审美的认识和理解；
• 艺术和设计作品筹划中的视觉、空间和时间概念；
• 形式、媒体、技巧和过程实现与预定意义或功能的良好吻合；
• 最终执行之前的初步的或成形的构想(草图、模型等)；
• 反映当前的想法、行动以及新动向的作品；
• 过程和结果之间的关系，个人方向以及所学概念在日常生活中的应用。

每项指标下都设定了初、中、高级不同的水平。评分者进行培训后，适当应用这些标准评价儿童的学习成果。

(2)美国国家教育进步评价中的艺术评价对幼儿科艺整合学习活动评价的启示

美国国家教育进步评价中的艺术评价不仅考察儿童的认知能力和信息获取能力，更多是希望儿童通过解读艺术作品的表征，进行有想象力的思考；通过这种思考敏锐地透过表象看到实质；通过已知来判断未知，进而深入地理解、分析、比较、选择、判断和创造艺术作品，在激发儿童的表现力和创造力的同时，发展其理性思维和思辨能力。这种以儿童为本，注重表现性、重在考察儿童解决问题的能力和思辨过程的评价，启示儿童未来无论遇到什么困难和挑战，都能用积极的心态去面对。这些均是值得幼儿科艺整合学习活动评价重点借鉴的地方，即注重呈现思考过程或创作过程，淡化结果。

2. 美国加州幼儿园美术课程标准

加州幼儿园美术课程标准将幼儿在美术教育中的课程目标分为"艺术观察、反应与参与""发展艺术技能""艺术创作与表达"三个维度。这三个维度折射出课程目标的三种表述方式：行为目标、生成性目标和表现性目标。

行为目标以其客观性和可操作性一直受到一线幼儿教师的青睐。加州幼儿园美术课程标准中不乏对行为目标的表述，例如，"发展艺术技能"标准中要求48月龄的幼儿能够"画出直线和曲线，开始粗略地画圆"；"艺术观察、反应与参与"要求幼儿在毕业时能够"识别大自然或艺术作品中的艺术元素（线条、颜色、形状、质地等）特别是线条、颜色与形状"，这些行为目标不仅提出了幼儿在美术领域中具体的学习要求，也使教师的教学变得明晰化并具有可操作性。生成性目标关注课程实施的过程，反映儿童经验生长的内在要求，包括了行为目标无法顾及的那些难以测评、难以被转化为具体行为的内容，如情感态度类目标。生成性目标因为打破了课程目标的预设，因此，其表述更多会采用"愿意""乐意""了解""尝试"等过程取向的字眼。加州幼儿园美术课程标准中也有具体涉及生成性目标的，如"艺术观察、反应与参与"维度下要求幼儿毕业时"了解视觉艺术的多样性"。表现性目标的出发点是：儿童在复杂的教育情境中的表现和学到的东西是无法预知的，教师不应该对学习结果做任何预设。与此同时，教师不应该期望所有儿童获得的发展是相同的，他们的发展应该是多样性的、个体化的。加州幼儿园美术课程标准充分体现了美术教育旨在培养幼儿的创造性，在"艺术观察、反应与参与""发展艺术技能""艺术创作与表达"三个层面上都有不同程度的涉及。尊重创造与个体差异表现是加州幼儿园美术课程标准的核心价值所在。

3. 美国宾夕法尼亚州的幼儿园课程标准

宾夕法尼亚州的幼儿园课程标准则包括学习素养、创造力艺术、认知、数学、科学、社会性、语言几大领域。重视培养幼儿的学习方法与素养，是宾夕法尼亚州课程标准的一大亮点。该州幼儿园学习素养课程标准由"知识建构""信息组织与理解""知识运用""经验回溯"4个部分共同构架，每部分又包含了"好奇心、勇于冒险"两个维度，见表2-9。

表 2-9　幼儿园学习素养课程标准(节选)

1.0 知识建构		
素养标准	样例	教师策略
1.1.1 好奇心	●对于一些话题、事物有兴趣 ●使用所有可用的东西对周围环境进行探索 ●询问问题并对信息进行筛选 ●与他们进行交流互动	●对一则故事的未来发展表现出兴趣 ●对新的游戏材料感兴趣 ●通过询问问题来理解某物,如"这个东西是怎么运行的?" ●看到别人的画作,问"这是什么?" ●看到别人玩,主动加入	●让幼儿猜一个箱子、盒子里是什么,并说出理由 ●为幼儿提供一系列探索的实物,并授以知识,如让幼儿把积木从小到大排列,学会如何排序 ●鼓励幼儿从书中找出"让我们找出一本书,解释为什么小狗的鼻子是冷的"
1.1.2 勇于冒险	●愿意参与熟悉与陌生的活动 ●能区分合适与不合适的学习方法	●参与新游戏,唱新歌 ●在教师的指导下敢于尝试平衡木 ●认识到从高处跳下来测量高度这种方法很危险 ●把娃娃的手掰下这种探索方式是不正确的	●向幼儿介绍新材料与新游戏时,带着热情详细解释它们的功用及玩法 ●引导幼儿想象"如果这样做会怎么样",让幼儿意识到某些行为的潜在危险
2.0 信息组织与理解		
素养标准	样例	教师策略
1.1.1 好奇心	●听从并跟随成人的指示 ●竭尽全力参与活动 ●从头到尾独立地完成简单的任务、活动、项目 ●尽管被打断,也能完成任务	●听从并完成指示,如"捡起地上散落的积木,放到盒子里" ●邀请同伴共同参与活动,并为活动出谋划策 ●听从教师的建议,解决问题,如"倒水时握住杯子的底部"	●给予幼儿清楚的指示,以及充裕的时间 ●当幼儿遇到困难时,提供一定的帮助 ●幼儿完成一个任务后,肯定他/她的努力 ●在幼儿集中注意力完成某个任务时,尽量减少打断他/她的次数
1.1.2 勇于冒险	●向他人解释事物发展顺序 ●把简单的任务分解成多个步骤,并按步骤依次完成	●识别故事中事件的发展顺序 ●完成一件具体的任务时,解释第一步要完成的事	●为幼儿提供多种多样的材料,支持幼儿的探索 ●让幼儿解释一个物体的具体功能 ●完成一个任务前,让幼儿熟悉完成的步骤

宾夕法尼亚州的幼儿园课程标准，不但给出了具体的评价指标，而且以样例来链接幼儿的学习背景，并出具了在此学习背景中教师的策略，使这套标准具有非常实用的价值。

(三)世界主要发达国家关于学前 STEAM 教育及评价研究

1. 美国学前儿童 STEAM 教育及评价的研究

(1)美国学前儿童 STEAM 教育相关研究现状

美国自 2010 年 STEM 教育成为国家教育战略以来，已在国民素质、就业、国家经济实力、创新等方面有显著提升，STEM 教育可谓是美国国家竞争力的助推者。[①] 最初的倡议只有四个字母 STEM，2015 年左右加入了 Arts(艺术)，从 STEM 到 STEAM，变得更加全面。[②] 鉴于学前儿童处于人生发展的奠基阶段，强调培养学前儿童的 STEAM 素养已经成为美国学前教育发展的新趋势。美国的多个州郡非常重视学前儿童的 STEAM 教育，多州制定出台了学前儿童 STEAM 教育的相关指南，对 3～5 岁学前儿童 STEAM 教育的基本理念和实施策略进行了详细的说明和解读，为学前教师有效开展 STEAM 教育提供了重要依据和参照。

①美国学前儿童 STEAM 课程的核心

美国学前儿童 STEAM 课程的核心以更有效地培养儿童的软技能(解决问题、创造力、学习能力、沟通能力)为目标。[③] 美国联邦政府通过多种途径支持早期教育阶段的 STEAM 教育，教育部和卫生与公众服务部为早期教育工作者开发一套早期儿童 STEAM 教育资源包，其中明确了五个领域儿童需要掌握的核心经验。一是广泛适应性。《指南》指出在 STEAM 教育中要关注儿童的思维过程，而不是问题的答案。二是个体适宜性。儿童学习的特点是建立在已有经验基础上，认知方式的不同造成学习效果的差异，教师必须考虑不同儿童的 STEAM 知识背景，尊重幼儿 STEAM 学习方式的个体差异性，注重学习活动与儿童已有经验之间的联系：其中，科学指向的是一种思维方式，它主要涉及

---

① 龙玫、赵中建：《美国国家竞争力：STEM 教育的贡献》，载《现代大学教育》，2015(2)。

② Graham，M. A.，"The Disciplinary Borderlands of Education：Art and STEAM Education,"*Journal for the Study of Education and Development*，2021，44(4)，pp. 769-800.

③ O. Monkeviciene，B. Autukeviciene，Kaminskiene，L.，et al.，"Impact of innovative STEAM education practices on teacher professional development and 3-6-year-old children's competence development,"*Journal of Social Studies Education Research*，2020，11(4)，pp. 1-27.

观察和实验、提出问题、做出预测、探索事物如何运作、分享发现等；技术指向的是一种做事的方式，它涉及识别问题、使用工具、进行创造等；工程指向的也是一种做事的方式，它涉及问题解决、使用各种材料、设计和创造能够工作的事物等；数学指向的是一种测量的方式，它涉及计数，排序，建立模式，探索形状、体积、尺寸等；艺术是儿童展现自己做事的审美偏好及宣泄情感的方式。布鲁迪（Brudy）积极倡导将艺术教育融入其中，让儿童能够感知艺术作品以及与之相关的环境、自然等，而不是传统的艺术表演或艺术欣赏的方式。贝尔克（Berk）强调，未来的 STEAM 教育不是知识集结，而是习惯养成与创造技能，使儿童能够解决跨学科界限的、看似"复杂"的系统问题。

②美国学前儿童 STEAM 课程的主要内容

美国学前儿童 STEAM 课程是以生活经验和真实情境为基础的整合课程；课程的组织方式是：以项目、问题的形式进行分工协作；课程实施过程通过八大步骤展开：提出和定义问题—开发和使用模型—计划和展开调查—分析和解释数据—使用数学和计算思维—构建问题解释和设计解决方案—参与基于证据的辩论—获取、评估、交流信息。其中"开发和使用模型""使用数学和计算思维"可根据活动的不同进行弹性选择。

③美国学前儿童 STEAM 课程的主要特征

美国学前儿童 STEAM 课程受实用主义哲学思潮的影响，以经验主义课程理论、建构主义学习理论为基础。杜威曾主张多学科的整合，他提倡的经验主义思想是整合 STEAM 课程的理论基础。STEAM 课程正是多学科整合的，将多元的经验相互联系、相互结合的过程，把多种来自不同生活经验的思维运用于同一个问题解决的过程。结合杜威的课程平衡论，STEAM 课程所要实现的就是"儿童与课程内在的统一性"和"教材编制中的逻辑经验和心理经验内在的统一性"。儿童对周围世界充满好奇心和探索欲，从建构主义理论看来，STEAM 学习就是儿童主动建构自身对周围世界的认识的过程，是其主动发现问题解决问题，重新建构自身对外界的认知的过程。在 STEAM 课程中，儿童的参与性与合作性也获得更有效的提升。[①]

---

① DeJarnette, N. K., "Implementing STEAM in the Early Childhood Classroom,"*European Journal of STEM Education*, 2018, 3(3), pp. 1-9.

同时，美国早期儿童 STEAM 教育实施的重点还在于了解儿童学习 STEAM 的方式，理解和吸收 STEAM 的概念，使 STEAM 课程融入早期教育课程体系，并与 K-12 课程建立相关联系。美国国家电网公司、波士顿儿童博物馆和电视台共同开发的"萌芽教学"资源，主要对象便是 3～5 岁的儿童。

④美国幼儿园有效实施 STEAM 教育的六个途径

建立学习中心、寓教育于一日生活之中、开展户外教育、基于项目的课程、有效的手工活动、实地考察，这是美国幼儿园实施 STEAM 教育的六个主要途径与方式。这些方式均强调为儿童创造真实且可操作的环境，让儿童在解决实际问题中进行探究活动。[①] 例如，在科学活动中，观察物体影子的形状，整合科学与数学领域的知识；在技术活动中，鼓励儿童剪出不同的几何形体，整合技术与数学领域的知识；在工程活动中，引导儿童去测量达·芬奇的雕塑并把它画出来，整合技术、工程、艺术和数学领域的经验。这种重视学科知识之间的联系的活动，有助于儿童获得完整的经验。目前美国学前儿童的 STEAM 教育已经拓展到虚拟社区[②]和有视障的儿童[③]。

(2)美国学前儿童 STEAM 课程评价

美国 STEAM 课程评价改革的重点是由终结性评价转变为形成性评价和终结性评价兼具。这也意味着美国 STEAM 课程评价方式更为多元。美国人认为 STEAM 项目的学习本质特征是集中开发现实生活中的项目或者实际问题，让儿童能够应用不同学科知识背景和概念理解，进而通过使用类似课堂的回应系统和评价量规等技术来进行真实评估。因而，美国的 STEAM 课程评价不仅突出了形成性评价还强调了终结性评价。在评价内容上更注重培养儿童成为完整的人，激发其创造性，以及儿童在个性化团队中是否承担责任。其学前儿童

①　Sally Moomaw，*Teaching STEM in the Early Years：Activities for Integrating Science，Technology，Engineering，and Mathematics*，Saint Paul：Redleaf Press，2013，pp. 10-13.

②　Jantakun，T.，Jantakun，K.，Jantakoon，T.，"STEAM Education Using Design Thinking Process Through Virtual Communities of Practice（STEAM-DT-VCoPs）," *Journal of Educational Issues*，2021，7(1)，pp. 249-259.

③　Hacioglu，Y.，Suiçmez，E.，"STEAM education in preschool education：We design our school for our visually impaired friend," *Science Activities：Projects and Curriculum Ideas in STEM Classrooms*，2022，59(2)，pp. 55-67.

STEAM 课程评价的要点是：以幼儿在活动中表现的 STEAM 能力以及情绪体验为主。

美国马萨诸塞州颁布的《学前儿童学习经验指南》（*Guidelines for Preschool Learning Experiences*），将评价的关键聚焦在儿童的 STEAM 素养方面，其划分成如下领域，分别是探究能力、地球和空间科学、生命科学、自然科学、技术和工程、数学。每个领域都列出了儿童应该能够达成的发展指标，这些指标是开展 STEAM 教育的核心目标。教师需要厘清学前儿童 STEAM 素养的发展指标，并据此去开展 STEAM 教育活动。这些指标也是对 STEAM 课程进行评价的重要内容。也有学者主张要着重对儿童的观察能力、操作能力、解决问题能力等进行评价，对教师的与儿童合作讨论能力、记录能力、对儿童作品的评价能力等进行评估。还有学者提出对于 STEAM 课程的评价内容侧重于四个方面，分别是"不同学科维度的整合""儿童的探索与体验""多种解决方案""合作解决问题"。①

2. 德国学前儿童 STEAM 教育相关研究现状

在美国大力发展 STEAM 教育的同时，其他的发达国家也在迅速跟进，开始了对美国提出的 STEAM 教育这一新兴的教育理念如何融入本国教育领域并开展相关实践的研究。以德国为例，当社会发展到一定水平，也出现了高质量综合型人才匮乏的现状，为了解决这一问题，尝试引进美国的 STEM 教育。因为语言的缘由，德国的 STEM 教育缩写为 MINT 教育。德国的教育专家普遍得出一个共同点，培养专业技术人才的创造力与创新力是解决当前国家科技发展中的关键问题，也是迎接未来全球化竞争和挑战的核心问题，因此德国在中小学阶段的 MINT 教育中，更加关注的是本国儿童在 MINT 教育相关领域中的兴趣和发展。德国政府机构希望能够将 MINT 教育与终身教育相互融合起来，创造出一种可持续发展的德国式的 MINT 教育，因此德国政府把如何促进 MINT 教育的发展策略列为其国家教育发展重点目标之一。近年来，STEAM 教育和以学生为中心的教学模式日益扩展，包括应用于机器人的基于项目的学习、STEAM 艺术教育的基于项目的学习、集成科学教育的基于项目的学习、主动

---

① 陈倩茹：《美国学前 STEM 课程的研究及启示——以内布拉斯加州为例》，硕士学位论文，华东师范大学，2019。

学习方法、创客空间等，它们都强调通过质疑和调查来发展思考能力。STEAM 学习将儿童塑造成知识和理论的建设者——他们通过自己提出的问题来指导自己的学习，并找到自己的答案；他们分享和回应所学知识，根据自身发展水平掌握所学知识，从记忆到发明。儿童学习收集、批评、分析和解释信息，创建工作理论，构建新问题，证明证据，并通过探究式学习整合新思想。①

3. 日本学前儿童 STEAM 教育相关研究现状

亚洲国家中，日本向来十分重视对未来人才的培养。在日本，近年来由于在中小学中推行了"宽松教育"（"Yutori Education"）政策，结果不但没有提高日本儿童的生存能力，反而导致了日本儿童学业水平成绩的下滑，使得日本儿童在国际儿童能力测试（PISA 测试）中表现不佳。日本政府将这种后果归结为本国基础教育的薄弱，为了解决这一迫切问题，日本政府由此开始关注美国的 STEAM 教育，以寻求解决途径。在尝试引入 STEAM 教育后，相较于其他国家的发展融合，日本的 STEAM 教育从小学阶段就开始侧重于研究型人才的培养，重点培养儿童对 STEAM 教育相关学科的兴趣和热情。

4. 韩国学前儿童 STEAM 教育相关研究现状

韩国为了增强国家科技竞争力与创新力，提出了整合型人才教育的概念。为提升韩国国家竞争力奠定人才的基础，韩国开始推行 STEAM 教育。2011 年，韩国教育部颁布 STEAM 教育方案，这个方案主要内容为要在韩国实施以数学和科学为中心的、工程、技术与艺术相结合的 STEAM 课程。根据本国的基本发展需求，韩国政府机构归纳出了四套 STEAM 课程实施方案，为全国各中小学实施 STEAM 课程提供了理论指导和实施依据，为推动开展整合型人才教育的学校给予大力的支持与肯定，同时也是政府推动 STEAM 教育的重要举措之一。

5. 澳大利亚学前儿童 STEAM 教育相关研究现状

2013 年开始，澳大利亚政府开始致力于从国家层面制定发展 STEM 教育战略的时代进程。澳大利亚首席科学家办公室在 2013 年发布了《国家利益层面上的科学、技术、工程和数学：战略取向》，详细地制定了各阶段 STEM 教育的

---

① Hasti, H., Amo-Filva, D., Fonseca, D., et al., "Towards closing STEAM diversity gaps: A grey review of existing initiatives," *Applied Sciences*, 2022, 12 (24), p. 12666.

战略发展目标，制定了具体的政策规定：培养更多的 STEM 专业教师，提高儿童的 STEM 学科素养和综合实践创新能力，提高 STEM 教育课程设计的科学性和合理性，加强 STEM 教育与国家课程标准之间的联系，保证澳大利亚 STEM 教育人才培养模式与市场需求相适应相融合相匹配。在 2014 年又颁布了《STEM：澳大利亚的未来》，对 STEM 教育和相关培训做出了更为详细的计划。2015 年，澳大利亚联邦及各州和地区教育部门在"教育委员会"会议上签署了《国家 STEM 学校教育战略 2016—2026》，通过国家宏观调控来促进学校的科学、数学和信息技术等相关领域的教学与学习活动开展，认为 STEM 教育应从学龄前儿童开始贯穿学前和中小学教育。

澳大利亚国家早期教育儿童机构（ANIECE）的专家格瑞姆·巴顿（Graeme Barton）认为，幼儿园是幼儿时期乃至整个一生人格形成的基础和关键时期，STEAM 素质教育应从幼儿时期培养。研究也表明，在高质量的托幼机构中接受过学前教育的儿童，在认知与非认知领域都较其未曾接受过类似学前教育的同伴有更好的表现；STEAM 素质教育和 PLAY 乐趣培养，正是以科学精神为核心来推动自然学科和人文学科的有效结合，同时释放儿童"玩耍"的天性，开发儿童协作、创造思考及表达能力，为儿童下一阶段的成长打好基础。此外，针对 STEM 学校教育面临的学业成就低迷、非专业教师教学与课程体系离散等问题，澳大利亚政府积极推进中小学 STEM 教育变革，拓展学习空间（包括创办 STEM 专业学校、开发非正式 STEM 学习项目、制定动态监控措施等），提高教师素养与推进学科整合（如设计学科关联的 STEM 课程框架等）。[①]

第三节　对中外科学与艺术整合的幼儿学习活动评价的比较述评

由于以帮助幼儿"将想象变为现实"为宗旨的科艺整合学习活动突破了单维学科分化的边界，把儿童的科学与艺术学习的航向驶向了儿童未分化的生活经验的逻辑，从而促使了科学与艺术更深层次的整合，因而，本书主要对当前中外科艺

---

① 马鹏云、贾利帅：《推进 STEM 教育：学校如何改变？——STEM 教育发展报告〈澳大利亚学校中 STEM 学习的挑战〉解析》，载《现代教育技术》，2021，31(2)。

整合课程最突出的代表——近年国际最热门的"STEAM 课程评价"做比较述评。

一、中外科艺整合课程评价的相同点

(一)评价的框架和原则基本相同

通过梳理和分析有关幼儿园教育质量评价、幼儿园区域游戏活动质量评价的文献资料发现,国内外学者对幼儿园教育质量进行评价时,均认为应从价值取向、结构性质量、过程性质量和结果性质量四个方面进行;强调评价指标的可操作性、可行性和有效性;以项目学习为主的 STEAM 课程开展方式,强调学科整合,关注科学核心素养的形成,聚焦创造性。

(二)从关注结构性质量向关注过程性质量转变

过程性指标之所以受到相关国际组织和机构的高度关注,是因为过程性指标既是投入指标充分利用的途径和方式,又是成果指标高质量产出的重要保证。伴随着世界学前教育规模的扩大和质量的提升,这一指标内容将由教育条件保障类的简单比较,过渡到反映教育过程质量的综合评价。

(三)从关注学习结果好坏向关注学习方式变革转变

20 世纪 90 年代以来,世界范围内的课程改革均以学习方式转变为重要内容。例如,欧美倡导的"主题探究活动""设计学习活动",日本课程体系中的"综合学习时间",中国台湾"培养儿童主动探究"的课程目标,中国香港"终身学习、全人发展"的课程理念。从根本上讲,世界各国(地区)的学习方式变革都致力于使儿童"学会学习"这一总目标。学会学习,即掌握认识世界的工具,其中特别重要的是学习兴趣、学习能力的培养,唤起好奇心、求知欲,使儿童乐于理解、认识和发展,体验学习的快乐,更好地了解所处的环境,激发批判精神,学会在独立思考的基础上明辨是非。

如果最初的教育提供了有助于个体在工作之中和工作之外终身学习的动力和基础,那么就可以认为这种教育是成功的。学前教育作为终身教育的开端,可以说是个体学习方式建构的起点,这个阶段的教育很重要的一点就是保持个体对周围世界持续的好奇心与探究意识,使个体形成研究性学习的思维习惯。

(四)从关注学业成就向关注创新能力转变

全世界的 STEAM 课程几乎无一例外关注儿童创新能力的培养。STEAM

课程评价中，儿童创新能力成为结果性评价的重要指标，这和当今世界创新发展的主旋律和激烈的人才竞争密切关联。

STEAM 教育遵循"做中学"理念，重视儿童的直接经验和动手能力，鼓励儿童探索性学习，因此技术与教学环境的设计是活动中的关键一环，以此丰富教学内容，激发儿童的积极性，培养创新性和创造力。

二、中外 STEAM 课程评价的不同点

(一)STEAM 课程实施及评价关注的重点有所不同

1. 国内 STEAM 课程实施及评价关注的重点

国内 STEAM 课程实施及评价关注的重点主要包括创客教育、STEAM 教育、创新教育、互联网＋、人工智能、工程教育、核心素养、教学模式、课程设计、跨学科、创新能力等关键词，见图 2-8。研究主要关注非认知型结果，注重个体的综合素质，科学素养是其中的重要组成部分。

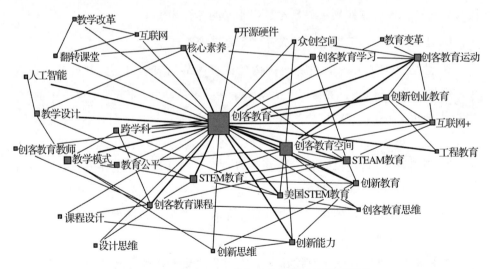

图 2-8　国内 STEAM 教育关键词社会网络图谱①

---

　　① 　张莹：《国内 STEAM 教育研究现状：基于 2000－2020 年 CSSCI 文献社会网络图谱的分析》，载《中小学电教》，2021(11)。

2. 国外的 STEM 课程实施及评价关注的重点

国外 STEAM 课程由 STEM 课程起步，其课程实施及评价关注的重点主要包括 STEM 教育、工程设计、工程教育、学生参与、学习动机、学习成绩、计算思维、高阶思维、STEM 学习持久性、数学核心素养、动手实践能力、创造性等关键词，见图 2-9。显然，该研究同时关注认知型结果和非认知型结果，但偏重认知型结果。21 世纪，技能作为一种综合性的学习结果，对于个体适应社会生活、创造价值具有十分重要的作用，在国外研究中尤其受到关注，相继被纳入经济合作与发展组织和欧盟核心素养框架以及美国的 21 世纪学习框架中，亦成为 STEM 教育价值的讨论焦点。

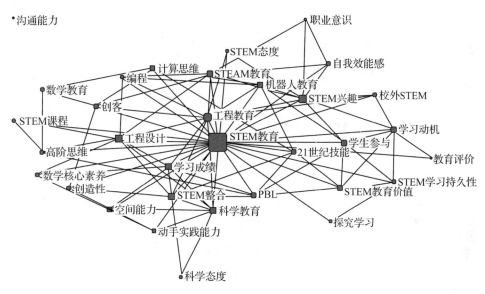

图 2-9　国外 STEM 教育关键词社会网络图谱①

2006 年，来自美国弗吉尼亚理工大学的 G. Yakman 在 STEM 教育的基础之上提出 STEAM 教育，即将艺术（Art）融入 STEM 教育中，强化儿童的艺术熏陶和人文底蕴。西方一些发达国家纷纷效仿。已有多项研究表明，艺术与 STEM 课程的融合能促进儿童创新意识和创新能力的提高。从此，以 STEAM 为主题的教育直击教育热点。STEAM 课程更加基于项目的设计、活动以及问

---

① 龚道玉，占小红：《国内外 STEM 教育的学习结果研究述评——基于热词的可视化分析》，载《基础教育》，2019，16(4)。

题的学习情境，以便于儿童在实践操作中进行产品的研究、设计和开发。[①] 对学前儿童而言，高质量的 STEAM 教育，更意味着要扎根儿童生活的真实现象，基于儿童生活世界中的典型现象，重视探究活动的趣味性以及儿童的感知与操作。[②]

通过比较可以看出，国外 STEAM 课程实施与评价，更加关注从儿童个体身心发展的角度思考问题，聚焦儿童的 STEAM 认知、STEAM 情感和对 STEAM 的价值认同，以及 STEAM 课程对儿童的学习动机、兴趣、深度参与及高阶思维的促进作用，专注细节的同时，又具备系统性。而国内学者大多从国家对创新人才的需求的角度思考问题，更关注个体适应社会发展的需求，虽然宏观，但缺乏系统。

(二)评价机制的建构水平不同

2014 年，美国波特兰大都市区构建出一套完整的 STEM 通用测量系统。[③] 该测量系统从儿童学习、教师实践、专业发展、学校水平四个不同的层面，综合评估 STEM 教育开展情况。萨克斯顿(Saxton)等在文献中详细描述了该测量系统内部各变量的测量工具、各变量之间的相互关系，以及通用测量系统的形成过程，为同类研究提供参考。美国《STEM2026：STEM 教育创新愿景》提出要形成一种既能有助于学习方法的改进，又能调整教学资源和资源分配的创新型学习测评方式。这种评估方式还支持实时的学习措施，通过及时的周期反馈来促进儿童的参与，帮助他们提升理解复杂内容的技能。我国在这方面还几乎处于空白状态。在有关幼儿园教育质量的评价标准与工具的研制方面，相对而言，国外研究的起步时间较早并进行了较为系统的研究。例如，国外对 STEM 学习结果评价主要基于观察记录、量规评价、汇报展示等方式，采用协作学习

---

① 梁芳美、王运武、郑慧茵等：《国外 STEAM 教育现状及其启示》，载《中国教育信息化》，2019(18)。

② 彭杜宏、吴蓓、牟艳杰：《国外面向婴幼儿 STEAM 教育教材的内容分析》，载《苏州科技大学学报(社会科学版)》，2021，38(4)。

③ Saxton E., Burns R., Holveck S., et al., "A Common Measurement System for K-12 STEM education: Adopting an educational evaluation methodology that elevates theoretical foundations and systems thinking," *Studies in Educational Evaluation*, 2014(40), pp. 18-35.

评价量表、问题解决能力评价量表、STEM 作品评价量表等。而我国在制定幼儿园教育质量评价量表和工具方面还处于一个比较薄弱的研究阶段，具体表现在：研制的评价工具的数量不多，大多是在借鉴国外研制评价工具和量表的基础上进行的，并且研制出的评价工具，其可行性和适宜性还有待接受实践的进一步检验。

另外，国外一种基于学生能力模型和问题设计的 STEAM 课程的游戏化评估方式也为我们提供了一定的参考价值。[①] 可见，国外的研究大都集中在STEM 课程评价，尽管如此，由于"STEM"是 STEAM 课程的重要组成部分，这些研究也给我们提供了评价内容和方法上的启示。

三、对科学与艺术整合的幼儿学习活动评价的启示

(一)以生态的视角重视幼儿科艺整合学习活动的过程质量，尤其是师幼互动质量评价

国际社会教育质量评价以过程质量为主，如德国过程性质量评价占 40％，结构质量、取向质量及家庭关系质量分别占 30％、15％、15％，师幼互动质量作为过程质量评价的核心也受到高度重视，而我国传统的学前教育质量评价更关注结构质量。美国心理学教授罗伯特(Robert C. Pianta，2007)认为，师幼互动的质量才是教育过程最关键的要素，而非师幼比例、教师学历、教室设施、幼儿园课程等因素。研究表明，师幼互动的社会和教学性质，是儿童从学前班到中学学业和社会发展的重要预测因素。教师在教学实践和与儿童的互动方面存在很大差异。教学实践很可能会影响儿童的动机和学业成果以及他们的社会情感行为。例如，支持性的师生关系有助于儿童成功的学业成果以及入学前的技能发展，并对儿童后来的学业成就产生长期影响；与教师进行积极互动的儿童和与教师互动较少的儿童相比，更有可能被激励参与学习活动，并表现出更高的任务参与度。2022 年教育部印发的关于《幼儿园保育教育质量评估指南》中也指出"切实扭转'重结果轻过程、重硬件轻内涵、重他评轻自评'等倾向"，强调了教育过程的师幼互动质量评价。因此，幼儿科艺整合学习活动评价也应重

---

① Pavel Boytchev，Svetla Boytcheva，"Gamified Evaluation in STEAM for Higher Education：A Case Study,"*Information*. 2020，11(6)，p. 316.

视师幼互动质量评价，在评价指标体系的权重中，增加师幼互动评价的所占比例。

(二)多渠道收集评价证据，促进评价工具科学化

2018 年 11 月,《中共中央　国务院关于学前教育深化改革规范发展的若干意见》要求注重保教结合，健全质量评估监测体系，完善幼儿园质量评估标准。2022 年 2 月发布的《幼儿园保育教育评估指南》提出坚持科学评估，要完善评估内容，突出评估重点，改进评估方式，注重过程评估，强化自我评估，聚焦班级观察。幼儿科艺整合学习活动评价中，研究者应注重对教师的教学文本、教育笔记、日志、幼儿作品、家长访谈录等档案的收集和整理工作，多采用问卷调研、随机访谈、幼儿行为核查、跟踪随访、观察量表评分等多种评价方法，多渠道收集评价证据，研制或选择科学的评价工具开展评价。

(三)关注幼儿科艺整合学习活动的形成性评价

形成性的幼儿科艺整合学习活动评价应是在幼儿活动过程中，依据严格划分的等级并对照幼儿表现进行打分。以美国康涅狄格科学中心开发的 STEAM 案例为例，其形成性评测量表依照工程过程的识别问题、创建设计(蓝图)、建立模型、检验和收集数据、分析数据和再设计、交流结果(汇报)、交流结果(建议书)7 个步骤，将儿童在每一步骤中所达到的水平分为 5 级，对应分值为 0~4 分，见表 2-10。教师在实施形成性评测过程中，对照量表中的能力要求为幼儿各个步骤的表现评分。

表 2-10　工程过程的形成性评测量表[①]

工程过程步骤	0	1	2	3	4
识别问题	没有识别问题。	问题或挑战没有被清晰理解或准确识别。	问题或挑战的一部分被识别。	问题的两三部分被识别。	问题或挑战的所有部分都被包含或识别，并被清晰理解。

---

① 柏毅、庞谦竺、信疏桐:《STEM 教育评价的内容与策略》,载《中国民族教育》,2018(Z1)。

续表

工程过程 步骤	0	1	2	3	4
创建设计 （蓝图）	没有 设计。	提出的设计（蓝图）没有应对问题，或者没有呈现问题的参数。设计（蓝图）涵盖了以下必要细节中的1个：比例、尺寸、材料、标注。	提出的设计（蓝图）应对了问题，并呈现了问题的参数。设计（蓝图）涵盖了以下必要细节中的2个：比例、尺寸、材料、标注。	提出的设计（蓝图）应对了问题，并呈现了问题的参数。设计（蓝图）涵盖了以下必要细节中的3个：比例、尺寸、材料、标注。	提出的设计（蓝图）应对了问题，并呈现了问题的参数。设计（蓝图）容易理解，并涵盖了以下所有细节：比例、尺寸、材料、标注。
建立模型	没有 模型。	提交的模型没有应对问题或处理任何参数。模型没有依照提交的设计（蓝图）来建立。	提交的模型应对了问题，但只处理了1个参数。模型没有依照设计（蓝图）来建立。	提交的模型应对了问题，但只处理了一半的参数。模型依照了设计（蓝图）来建立。	提交的模型应对了问题，处理了问题的所有参数，并依照了设计（蓝图)来建立。
检验和 收集数据	没有检验或采集数据。	下列标准中的任何1条都没有满足。 1. 检验是以经过深思熟虑和有效的方式开展的。 2. 开展了多次试验。 3. 收集的数据与问题相关，并（或）组织良好。	满足下列标准中的1条。 1. 检验是以经过深思熟虑和有效的方式开展的。 2. 开展了多次试验。 3. 收集的数据与问题相关，并（或）组织良好。	满足下列标准中的2条。 1. 检验是以经过深思熟虑和有效的方式开展的。 2. 开展了多次试验。 3. 收集的数据与问题相关，并（或）组织良好。	满足下列全部标准。 1. 检验是以经过深思熟虑和有效的方式开展的。 2. 开展了多次试验。 3. 收集的数据与问题相关，并（或）组织良好。
分析数据 和再设计	没有分析数据或再设计。	收集到的数据没有被用于对模型的设计（蓝图）做出恰当的修改。	收集到的数据被用于做出恰当的修改，但模型的设计（蓝图）没有同时修改。	收集到的数据被用于对模型与设计（蓝图）做出恰当的修改。不是所有修改都是经仔细思考后呈现的。	收集到的数据被用于对模型与设计（蓝图）做出恰当的修改。所有修改都是经仔细思考后呈现的。

续表

工程过程步骤	0	1	2	3	4
交流结果（汇报）	没有汇报。	汇报只满足了下列标准中的1条。 1. 重申了问题。 2. 展示和（或）讨论了工程过程的步骤以及它们是怎样被使用的。 3. 以一种清晰并恰当的方式呈现了收集到的证据。 4. 小组给予他们收集到的证据论述了最终产品的效果。	汇报只满足了下列标准中的2条。 1. 重申了问题。 2. 展示和（或）讨论了工程过程的步骤以及它们是怎样被使用的。 3. 以一种清晰并恰当的方式呈现了收集到的证据。 4. 小组给予他们收集到的证据论述了最终产品的效果。	汇报只满足了下列标准中的3条。 1. 重申了问题。 2. 展示和（或）讨论了工程过程的步骤以及它们是怎样被使用的。 3. 以一种清晰并恰当的方式呈现了收集到的证据。 4. 小组给予他们收集到的证据论述了最终产品的效果。	汇报满足了下列标准中的全部。 1. 重申了问题。 2. 展示和（或）讨论了工程过程的步骤以及它们是怎样被使用的。 3. 以一种清晰并恰当的方式呈现了收集到的证据。 4. 小组给予他们收集到的证据论述了最终产品的效果。
交流结果（建议书）	没有建议书。	建议书包含了项目清单（建议书应有的内容）中不到一半的素材。	建议书包含了项目清单中大部分素材。	建议书包含了项目清单中的全部素材，但有些素材不完整或无条理。	建议书包含了项目清单中的全部素材，并且所有素材都是有条理和完整的。

　　这种以学习过程的阶段为评价维度，评价儿童在每个学习阶段的不同表现水平，评判儿童学习过程质量的评价内容和策略为我们设计按照幼儿科艺整合学习活动过程阶段评价幼儿的学习表现，提供了思维线索。

　　另外，国外在对幼儿进行能力水平测试时，也关注幼儿之间存在的文化与语言差异。[①]

---

　　① ［美］苏·克拉克·沃瑟姆：《学前教育评价》，159页，向海英译，北京，北京师范大学出版社，2013。

第三章　科学与艺术整合的幼儿学习活动评价的内容

目前，对于幼儿科艺整合学习活动的评价，无论是幼儿科艺整合学习活动方案如何设计才能更好地实施，幼儿科艺整合学习活动的实施质量如何把控，还是幼儿在科艺整合学习活动中获得了哪些经验的增长、何种能力的发展，都缺乏相应的评价工具。为了能科学地评价幼儿科艺整合学习活动开展的质量，本研究从教育活动开展的全过程对幼儿科艺整合学习活动质量进行评价，包括对活动开展前幼儿科艺整合学习活动理念、方案设计的评价，活动开展过程中的环境与材料、师幼互动、幼儿学习过程、幼儿学习关键经验评价，以及活动开展后的幼儿科艺综合素养的评价。这些评价代表着狭义上的幼儿教育机构对幼儿进行科艺整合教育的价值质量、过程质量、成效质量，是衡量幼儿科艺整合学习活动开展及其对幼儿作用水平的重要判断标准。

第一节　科学与艺术整合的幼儿学习活动理念与方案设计评价

一、科学与艺术整合的幼儿学习活动理念评价的指标及水平示例说明

活动理念是活动中蕴含的主导价值观的体现，包含了活动设计的基本理念、核心思想和相应的探究方法。观念指导人的行为，不同的理念体现了不同的儿童观、学习观和教育观，因而活动理念是学前课程发展的指南针，影响着学前课程的根本风貌。[1] 该活动理念质量具有导向性功能，在层级排列时将其放在

---

[1]　虞永平、张辉娟、钱雨等：《幼儿园课程评价》，42页，南京，江苏凤凰教育出版社，2009。

过程质量的前端。

　　幼儿科艺整合学习活动是一种以项目学习、问题解决为导向的课程组织方式，旨在课程开展的过程中，以科学和艺术领域学习内容之间的有机融合来培养幼儿的创新意识和创新能力的活动。科学与艺术整合的幼儿学习活动理念评价实则是对幼儿科艺整合学习活动价值取向的评价，其根据《幼儿园教育指导纲要（试行）》《幼儿园工作规程》《3—6岁儿童学习与发展指南》《幼儿园保育教育质量评估指南》的核心精神，同时体现幼儿科艺整合学习活动帮助幼儿"将想象变为现实"的课程宗旨，以"幼儿为本、情境学习、知识整合、创新创造"为二级指标，体现人本主义和建构主义的价值观倾向。

　　开展幼儿科艺整合学习活动理念评价，旨在通过评价指标确立的方式，指导教师明晰开展幼儿科艺整合学习活动应遵循何种理念；并通过示例说明，指导教师将这些理念渗透到具体的活动过程中，见表3-1。

表3-1　科学与艺术整合的幼儿学习活动理念评价指标及水平示例说明

二级指标	三级指标	高级水平	发展水平	初级水平
幼儿为本	C1 尊重意愿	水平说明		
		教师能够满足幼儿的好奇心，发现幼儿的兴趣、需要，倾听幼儿的想法，尊重他们选择活动内容、游戏伙伴、已有经验和学习方式的意愿。	教师能够以幼儿发展为出发点，根据幼儿的兴趣和发展水平开展活动，支持幼儿选择探究活动。	教师能够顺应幼儿的兴趣，鼓励幼儿选择感兴趣的问题进行探索。
		示例		
		教师及时发现幼儿对快递职业的话题兴趣，倾听幼儿活动的意愿和探究想法，和幼儿一起讨论探索活动过程，给予幼儿充分的空间和时间，鼓励幼儿自主开展"快递公司"活动，并有专门的教师配合幼儿开展游戏。	教师能发现幼儿感兴趣的快递话题，参与幼儿讨论，给予幼儿相应的探索材料和充分的探索时间，支持幼儿开展"快递公司"游戏。	教师能根据快递话题，给予幼儿探索的时间及一定的空间，支持幼儿开展相关活动。
	C2 因人施教	水平说明		
		教师关注幼儿个性特点，充分尊重幼儿已有经验、发展水平、学习方式、能力等方面的差异，引导幼儿按自己喜欢的方式，动手动脑进行学习，努力让每一名幼儿都能获得满足和成功。	教师能关注幼儿个性特点，尊重幼儿已有经验、发展水平、学习方式、能力等方面的差异，引导幼儿按自己的方式，动手动脑进行学习。	教师能关注幼儿个性需要，尊重差异，引导幼儿动手动脑进行学习。

续表

二级指标	三级指标	高级水平	发展水平	初级水平
幼儿为本	C2因人施教	示　例		
		教师及时询问需求并发现每名幼儿的经验不足之处，有针对性地提供种类各异的材料，引导幼儿按照自己喜欢和擅长的方式操作材料；鼓励幼儿迎接挑战，选择适当代替物，完成任务。	教师了解每名幼儿的经验背景，分别提供种类各异的材料，引导幼儿按照自己喜欢和擅长的方式操作材料。	教师根据幼儿的水平，分层设置难易程度不同的材料和操作内容。
	C3自主学习	水平说明		
		教师引导并帮助幼儿自己制订较细致的学习计划。幼儿能够自主决策学习的内容、学习的过程和方法。	教师支持幼儿自己制订粗浅的学习计划，适时介入幼儿的学习。	教师允许幼儿用自己的方式学习。
		示　例		
		在送快递过程中，幼儿出现不认识汉字、找不到班级的情况，导致快递送不出去，开始出现低落的情绪。教师捕捉到不良的情绪，询问幼儿出现的问题，引导幼儿讨论解决的方法，想办法查阅和问询，将不认识的文字，利用做记号的方式辨别与记忆；带领幼儿通过实地勘察、设计路线的方式，探索将快递送达的方法。	幼儿想把快递送到幼儿园资料室，但是不知道资料室在哪里。教师捕捉到幼儿的问题，询问幼儿解决的方式，带领幼儿共同做幼儿园场地图，方便"快递员"快速找到相应的地点。	在送快递过程中，幼儿游戏和固定的生活活动与户外活动时间有冲突。教师和幼儿一起制定送快递的时间表，设计送快递的工作时间。
	C4可持续发展	水平说明		
		教师在幼儿学习过程中注重渗透友爱、尊重等亲社会情感、建立良好伙伴关系、遵守社会规范，发展协商、谈判等交往技能，促进社会性发展。	教师在幼儿学习过程中注重情感态度、伙伴关系、交往方法等社会性方面发展的目标。	教师注重幼儿问题的解决，有幼儿探索后的作品呈现。
		示　例		
		幼儿都想当快递员把快递送到幼儿园各个班级，但是"快递公司"收的快递没有人看管，大家都不愿意做这项工作。教师将问题提出，引发幼儿思考，鼓励幼儿和同伴协商角色和工作的职责，利用表格、值日生等方式，解决出现的问题。	幼儿根据幼儿园的地图，找到相应的位置，把快递快速送达，情绪愉快。教师及时鼓励幼儿的进步，共同总结快速找到地点的方法。	幼儿将快递送到相应班级，站在门口久久不进去，也不说话。教师鼓励幼儿大胆地敲门并表达自己送快递的工作，肯定其大胆与他人交往的进步。

续表

二级指标	三级指标	高级水平	发展水平	初级水平
情境学习	C5 实践挑战性	水平说明		
		教师根据幼儿的问题，和幼儿共同创设相应探究情境，准备相应材料，引导幼儿在操作、体验、调整过程中，完成有一定挑战的任务，建构新的生活经验。	教师根据幼儿的问题创设探究情境，鼓励幼儿在操作和分享中，建构新的生活经验。	教师根据问题创设一定的探究情境，鼓励幼儿在操作中获得经验。
		示 例		
		幼儿开始送快递，手上拿不住，捡起这个快递，走了几步，另一个又掉下来。教师用手机拍下幼儿出现的问题，播放给其他幼儿观看，引导幼儿帮助想办法，解决快递太多拿不住的问题，鼓励幼儿设计、寻找材料和制作，将做快递箱的想法付诸实践，制作出防雨的、拿着方便又结实的快递箱。	幼儿在教师的帮助下选择了一个较大的纸箱，开始制作快递箱。教师看到幼儿选择了材料制作，提出问题：是否可以一起做一个可以手拿，也可以背在身后的快递箱？	幼儿用彩笔装饰教师制作的快递箱，教师引导幼儿在装饰图文时，与他人不同。
	C6 互动合作性	水平说明		
		教师树立合作共赢的理念，采用多样的互动和合作方式（师幼互动、同伴互动、幼儿与环境互动、家园社区合作等），形成学习共同体。	教师采用多样的互动和合作方式（师幼互动、同伴互动、幼儿与环境互动、家园社区合作等），促进幼儿的经验和能力增长。	教师在有需要的时候，进行师幼互动、同伴互动、家园社区合作等，使学习任务顺利完成。
		示 例		
		教师提前根据活动内容的需要，与家长、社区、快递机构、快递员等沟通，拟订计划，给幼儿提供系统的帮助与支持。	幼儿想看看收快递的地方里面什么样。教师及时与家长沟通，带领幼儿到周边快递点或社区中，观察快递员的工作，感受快递工作的内容和辛苦，及时进行经验分享。	幼儿不知道快递是怎么发出去的，教师帮助幼儿寻找网上的图片、视频，积极引导幼儿在活动中分享所见所闻。

续表

二级指标	三级指标	高级水平	发展水平	初级水平
情境学习	C7真实体验性	水平说明		
		教师引导幼儿通过在情境中的动手操作、亲身经历、亲自实践，建构知识、发展能力、产生情感。	教师关注并引导幼儿亲身经历活动的始末，产生感知和体验。	教师有意识地引导幼儿主动参与活动。
		示例		
		幼儿在走廊里开辟的"快递公司"场地上，摆放"办公用品"，标识办公区域。教师询问幼儿"快递公司"的场地布置的位置，辅助幼儿将办公家具一起摆放、布置，使空间更加合理、每个区域工作内容分布清楚，同时引导幼儿表达自己的工作内容，促使游戏顺利开展。	幼儿到各班级送快递，接收快递的教师都积极鼓励。教师针对幼儿获得的成功感，共同分享和交流，一起总结快速准确送快递的经验，支持幼儿分享给其他幼儿。	幼儿制作可以背着的、肩带可以调节的快递箱。教师肯定幼儿的想法和制作的快递箱，一起分享肩带的做法。
知识整合	C8学科知识的跨界整合	水平说明		
		教师使科学和艺术领域知识相互融合、相互渗透，引导幼儿应用跨学科的思维和方法，有效提高幼儿的学习效果。	教师使某两个领域知识之间相互融合、相互渗透，提高幼儿的学习效果。	教师使同一个领域中两个邻近学科知识之间相互关联，提高幼儿的学习效果。
		示例		
		教师引导幼儿设计制作草房子并在草房子里载歌载舞欢迎客人参观。	教师引导幼儿用美术线条的稀疏与紧凑表现音乐节奏的快慢。	教师将唱歌和跳舞结合，将科学与数学结合。
	C9新旧经验的迁移重组	水平说明		
		教师使幼儿原有经验和新经验结合，产生新的创意和新策略，解决新情境中遇到的新问题。	教师使幼儿原有经验和新经验结合，解决新问题。	教师调动幼儿原有经验，用于新知识的学习。
		示例		
		教师和幼儿分享日常送快递时遇到的相同问题，通过寻找视频、现场观察等方式，了解快递员快速送快递的方式，一起到幼儿园的各个地点并详细记录，回班绘制幼儿园平面图，借助认识地图的经验，获得快速寻找地点的新经验。	教师及时鼓励幼儿有问题大胆询问的意识，一起认识快递上的姓名，回忆每位教师所在的班级位置。	在"树叶"剪纸活动中，教师引导幼儿用以前学过的"掏空"剪纸法来剪出树叶中的经脉图案。

续表

二级指标	三级指标	高级水平	发展水平	初级水平
创新创造	C10 想象力丰富	水平说明		
		教师运用多种方式支持幼儿运用联想和想象解决问题，关注幼儿思维的流畅性、新颖性、变通性、独创性，提高幼儿创新意识、创新思维、创造技能。	教师启发幼儿运用联想和想象，关注幼儿思维的新颖性、独创性等创造性思维的养成。	教师必要时启发幼儿展开联想和想象，用以解决问题。
		示 例		
		幼儿想有自己快递公司的商标，教师鼓励幼儿的新想法，引导幼儿了解商标的意义，鼓励幼儿自主设计，并和幼儿共同筛选出大家都认为有创新的一款。	设计商标时，有的幼儿画上了一只小鸟代表"我们的快递送得很快"，有的幼儿画了瓶子代表"我们会很小心地送快递"。教师及时发现每名幼儿设计商标的想法，积极地进行肯定，引导每名幼儿表达。	幼儿想给每位"快递员"记录送快递的数量，自己装订了一个小本子。教师了解幼儿的想法后，给予肯定，并提示幼儿设计记录单要简单快速。
	C11 审美能力提升	水平说明		
		教师注重对幼儿进行美术、音乐、语言等艺术综合素养的培养，有针对审美感知、审美表达、审美想象和创造等方面的评价内容，提高幼儿作品的艺术性和美感。	教师注重对幼儿进行美术、音乐、语言等艺术综合素养的培养，提高幼儿作品的艺术性和美感。	教师注重对幼儿进行美术、音乐、语言等艺术技能的培养，提高幼儿作品的艺术性和美感。
		示 例		
		幼儿为"快递员"设计和制作马甲，在上面贴上设计的商标。教师参与幼儿制作快递员马甲的过程，辅助幼儿测量同伴身体尺寸，裁剪布料，指导幼儿利用毛衣针进行缝纫连接，询问幼儿商标张贴的位置。	幼儿设计的商标是一匹有翅膀的马，为马的翅膀涂上了不同的颜色。教师引导幼儿讲出设计飞马的意义：为什么飞马的翅膀有多种色彩。	幼儿制作的快递箱大小不同，颜色也不同。教师发现不同大小的快递箱，询问理由，引导幼儿大胆表达。

二级指标	三级指标	高级水平	发展水平	初级水平
创新创造	C12 新技术运用	水平说明		
		教师引导幼儿尝试使用简单的编程、三维立体（3D）、虚拟现实（VR）等技术辅助活动。	教师引导幼儿用堆高、架空、投榫、接插、脱坯、烧制等方式设计制造出实物。	教师引导幼儿用折、剪、粘、贴、揉、捏、画、塑等方式设计出拟人或拟物的形象。
		示　例		
		共享活动时，幼儿说："我妈妈寄快递是用手机的，一会儿就有快递员来取东西，这个是怎么弄的呀？"教师了解幼儿的想法后，帮助幼儿寻找小程序下单等现代付款方式的视频，一同感受现代科技的便捷，鼓励幼儿应用到"快递公司"的游戏中。	设计快递公司的办公区域时，幼儿利用小玩具、纸黏土制作立体模型沙盘图。教师和幼儿一起，选择材料，设计和搭建快递公司游戏区，使"公司"内部空间和工作分工更加清晰。	教师提供不同材料引导幼儿按照需要选取材料，支持幼儿动手创意包装物品。

（本评价指标体系由北京市东城区新中街幼儿园穆东燕、王娇、侯睿瑶、曹红敏等团队成员参与研发）

由表 3-1 可知，幼儿科艺整合学习活动理念评价包括"幼儿为本、情境学习、知识整合、创新创造"4 项二级指标。"幼儿为本"包含"尊重意愿、因人施教、自主学习、可持续发展"4 项三级指标，旨在关注幼儿学习主体的能动性、个体差异及其未来发展的方向与社会适应。"情境学习"包含"实践挑战性、互动合作性、真实体验性"3 项三级指标，重点关注的是幼儿在社会情境与文化背景下的社会交互性实践及自身内在的学习体验。"知识整合"包含"学科知识的跨界整合、新旧经验的迁移重组"2 项三级指标，强调的是有助于解决问题的完整知识结构的获取。"创新创造"包含"想象力丰富、审美能力提升、新技术运用"3 项三级指标，以满足当今社会对创新型人才的需求。每项三级指标又细分为 3 个水平。

评价者在对幼儿科艺整合学习活动理念进行评价时，可以按照此评价指标进行打分，给"初级水平""发展水平""高级水平"3 个水平分别赋"1 分""3 分""5 分"，也可对处于"初级水平"和"发展水平"之间的水平给予"2 分"，对处于

"发展水平"和"高级水平"之间的水平给予"4分"，如此，可获得评价数据，并对数据进行相应的量化分析。

二、科学与艺术整合的幼儿学习活动方案设计评价的指标及水平示例说明

科学与艺术整合的幼儿学习活动方案设计评价是指对科学与艺术整合的幼儿学习活动方案的目标设定、内容组织、过程安排等的评价。主要包含目标制定、内容组织、过程实施、成效检验4项二级指标，见表3-2。

表3-2　科学与艺术整合的幼儿学习活动方案设计评价指标及水平示例说明

二级指标	三级指标	高级水平	发展水平	初级水平
目标制定	C1目标的具体完整性	**水平说明**		
		目标涵盖知识和技能、过程与方法、情感态度和价值观三个方面，并关注幼儿在亲身经历、亲自操作、积极探究、合作实践的过程中自主建构学习经验，注重创造性思维与优良品格的养成。	目标涵盖知识和技能、过程与方法、情感态度和价值观三个方面。	目标涵盖知识和技能、过程与方法、情感态度和价值观三个方面中的一到两个方面。
		示例		
		幼儿通过观察、设计和制作帐篷感受帐篷的结构特点，在搭建过程中了解材料的特性，掌握选择适宜的材料搭建稳固帐篷的方法，并感知欣赏帐篷的外形美、色彩美。	幼儿通过观察感受帐篷的结构特点，探索选择适宜的材料搭建帐篷。	幼儿探索用适宜的材料搭建出帐篷。
	C2目标的综合渗透性	**水平说明**		
		目标具有良好的整合性和开放性。突出科学与艺术领域知识的互通与综合。	目标贴近幼儿生活和兴趣需要，具有良好的综合性。	目标设计适合本班幼儿的年龄特点和实际水平。
		示例		
		幼儿能在与同伴协商合作过程中，不断挑战困难，解决问题，搭建出结构合理、稳固的帐篷。	幼儿能与同伴协商合作，在不断探索、尝试中完成帐篷的搭建。	幼儿能在教师引导下与同伴合作，在不断探索和尝试中完成帐篷的搭建。

续表

二级指标	三级指标	高级水平	发展水平	初级水平
目标制定	C3 目标的操作指向性	水平说明		
		目标设计具有系列探索性，指向问题的解决，且有一定的挑战性，能够引发强烈的学习兴趣。	目标设计具有探索性，具体可实施，指向问题的解决。	目标设计具体可实施。
		示　例		
		幼儿能与同伴共同探索，对材料进行测量、裁剪、变形等，组合材料搭建合意的帐篷并欣赏自己和他人制作的帐篷，感受合作成功的自豪感。	幼儿能与同伴共同探索，寻找适宜的材料并对材料进行组合，悦纳自己和他人制作的帐篷。	幼儿能够寻找适宜的材料，在教师的指导下搭建帐篷。
内容组织	C4 内容选择的科学性	水平说明		
		方案内容由大多数幼儿感兴趣的问题引发，且符合幼儿的年龄特点和经验水平，有助于幼儿的认知发展。	方案内容是大多数幼儿感兴趣的问题，符合幼儿的年龄特点和经验水平。	方案内容符合幼儿的年龄特点。
		示　例		
		多数幼儿对帐篷搭建的兴趣很高时，教师分析判断其活动内容背后蕴含的教育价值：此活动不仅可以增长幼儿的科学、技术、工程、数学、艺术领域的知识和技能，还可以培养幼儿的学习计划能力、活动组织策划能力、资源收集能力、动手操作与合作探究能力；也能够萌发他们爱劳动、爱集体的情感。教师由此设计和组织相应的系列活动。	教师发现幼儿对搭帐篷感兴趣，分析其与《3—6岁儿童学习与发展指南》精神相契合的目标，在了解幼儿现有动手能力水平的基础上，设计和组织相应的系列活动。	幼儿对帐篷的兴趣很高时，教师和幼儿一起开展搭帐篷的系列活动。
	C5 内容组织的系统性	水平说明		
		方案计划完整，步骤鲜明，体现科学与艺术领域经验的融合，形成逻辑递进关系的系列活动内容。	方案体现科学与艺术领域经验的整合，但没有事先的系统构架。	方案体现科学与艺术领域的内容。
		示　例		
		"搭帐篷"活动中，首先，教师带领幼儿做好搭建帐篷的计划方案（先做什	教师带领幼儿根据设计的帐篷功用和形状、去	教师让幼儿先画帐篷，画完

二级指标	三级指标	高级水平	发展水平	初级水平
内容组织	C5 内容组织的系统性	么,再做什么,最后做什么),明确搭帐篷所需要的准备、在哪儿搭、何时搭等,让幼儿按计划实施。 其次,教师全面构思活动的具体系列内容。例如,教师根据幼儿所搭帐篷的不同功能,让幼儿自行设计帐篷的不同形状(艺术设计);收集不同材料并认识这些材料的质地、性能(科学探索);测量材料的大小与改组这些材料(数学学习);使用工具组合材料制作模型(技术运用);思考并实践如何让材料的连接更加稳固(工程建造);思考并实践如何使帐篷看上去更加美观(艺术加工);在帐篷里种植菜苗(生产劳动)或载歌载舞,款待弟弟妹妹(音乐舞蹈、礼仪学习)等。	收集材料、选择地点、搭建帐篷,没有事先引导幼儿做计划方案。	后直接选择材料搭建帐篷。
过程实施	C6 创设问题情境	**水平说明**		
		活动来源于幼儿真实的问题,师幼围绕问题开展讨论,共同制定问题解决方案。	教师能够捕捉幼儿提出的问题,与幼儿共同设计探索系列内容。	教师能够根据幼儿提出的问题,设计学习内容。
		示 例		
		天冷了,幼儿园菜地里的青菜快要被冻死了,如何使它们存活下来呢?有幼儿提出给它们搭一个帐篷,就能为它们遮风挡雨、避寒了。	国庆假期,很多家长选择近郊游,幼儿发现了郊外有许许多多的帐篷,于是产生了自己搭建一个帐篷的愿望。	教师能根据幼儿的"小蚂蚁长什么样"的问题,设计出"观察蚂蚁""给蚂蚁喂食"等活动。

续表

二级指标	三级指标	高级水平	发展水平	初级水平
过程实施	C7 提出任务挑战	水平说明		
		教师在关键处悬置问题，引导幼儿自行提出有挑战性的任务。	教师在适当的时候提出有挑战性的任务。	教师提出任务。
		示例		
		教师引导幼儿尝试寻找解决关键问题的方法。 1. 搭什么样的帐篷？ 2. 拿什么搭帐篷？ 3. 帐篷如何搭？ (1)什么样的帐篷更稳固？ (2)怎么让帐篷在地面上立住？ (3)骨架之间怎么连接？ (4)什么样的帐篷更漂亮？ (5)怎么让帐篷能收放方便？	当幼儿想到给蔬菜搭帐篷时，教师通过提问"搭什么样的帐篷？""用什么材料搭帐篷？"暗示幼儿搜寻关于搭帐篷的资料和材料。	教师提问："冬天到了，我们班的蔬菜有可能被冻死，怎么办呢？"
	C8 支持自主学习	水平说明		
		教师放手，为幼儿提供充足的时间和空间，支持幼儿收集和选择多种不同材料，使用不同方式(观察、操作、倾听、讨论、模仿、分工合作、提问质疑、争论辩解、联想想象等)进行探究学习；引导幼儿对探索的结果利用多种方法进行反复验证，积累探索经验。	教师准备各种材料，支持幼儿实践探究，在关键时提醒幼儿探究的注意事项。	教师准备好各种材料，让幼儿进行探究。
		示例		
		教师引导幼儿将自己的想法与设计记录在册，包括如何开展活动，活动中都需要准备什么，每个小组有什么新奇的想法和设想，每组成员的任务分工是什么，帐篷的名字、功能，以及幼儿知道的、想了解的关于帐篷的内容等，为帐篷节的游戏开展共同努力。	教师用提醒、暗示等方法支持幼儿在搭建过程中有目的地选择材料，学习如何支撑骨架，学习用不同方法解决问题，体验挑战自我的乐趣。	教师鼓励幼儿用自主选择材料、寻求帮助等方式，进行探索活动。

续表

二级指标	三级指标	高级水平	发展水平	初级水平
过程实施	C9 信息交流共享	**水平说明**		
		教师组织幼儿对所学的知识、经验，发现的问题及解决问题的方法，成功和失败的经验进行多种方式的交流，互相取长补短。	教师组织幼儿对作品进行评价。	教师组织幼儿观摩作品。
		示　例		
		教师组织幼儿对自己的搭建计划、搭建过程、搭建方法等进行语言、图示、动作示范、角色扮演、戏剧表演等多种方式的交流。	教师组织幼儿对各小组搭建的帐篷进行优劣的评比。	教师组织幼儿参观各组的帐篷。
成效检验	C10 新颖性	**水平说明**		
		活动体现探索过程的创新想法和做法，成果和作品与众不同，成果能够解决幼儿生活和游戏中的关键问题。	有成果和作品展现，成果能够解决幼儿生活和游戏中的问题。	有成果和作品展现。
		示　例		
		教师引导幼儿积极开展"帐篷派对畅想屋"系列活动，引导幼儿在试误中不断探索帐篷稳固搭建，个性化设计和制作的活动，并在幼儿园适宜空间，开展帐篷节，进行帐篷读书日、帐篷物品交换日等活动。	教师引导幼儿选择空间，开展帐篷主题日活动，满足幼儿游戏需要。	教师引导幼儿动手设计和制作帐篷，满足幼儿游戏需要。
	C11 实用性	**水平说明**		
		方案内容能够在教师日常活动中普遍应用，具体可操作，有供教师选择的意义，方案简单可实施，可复制性较强。	方案内容能够在教师日常活动中普遍应用，具有供教师选择的意义。方案比较简单，对其他教师有参考性，但其他教师需要做一些修改才能实施。	方案内容能够在教师日常活动中普遍应用。方案对环境和技术的要求较高，其他教师需要做较大的改动才能实施。
		示　例		
		活动方案凸显探索的系列性和深入性，每一个活动目标清晰、方案具体、指导重点突出。	方案具体，目标清晰，活动多种可选择。	方案目标清晰，活动可操作。

续表

二级指标	三级指标	高级水平	发展水平	初级水平
成效检验	C12 规范性	**水平说明**		
		文本框架设计规范，所有环节设计层层深入，系统探索性强。	文本比较规范，缺少一些设计过程，个别环节上有一些不一致的情况。	文本格式随意，各环节各自独立，不能体现整体性。
		示　例		
		活动既体现幼儿科艺整合学习活动的价值导向，又符合幼儿园一线教师目前熟悉的框架体系，并体现探索的系列性和深入性。	活动体现幼儿科艺整合学习活动的价值导向，同时符合幼儿园一线教师目前熟悉的框架体系；活动来源、总目标、系列活动目标、准备、活动过程等要素齐全。活动体现探索性。	活动来源、总目标、系列活动目标、活动准备、活动过程等方案结构要素相对完整。

（本指标体系由北京市东城区新中街幼儿园穆东燕、王娇、侯睿瑶、曹红敏等团队成员参与研发）

由表 3-2 可知，幼儿科艺整合学习活动方案设计评价的 4 项二级指标："目标制定、内容组织、过程实施、成效检验"，对应了 12 项三级指标。"目标制定"包括了"目标的具体完整性、目标的综合渗透性、目标的操作指向性"；"内容组织"包括了"内容选择的科学性、内容组织的系统性"；"过程实施"包括了"创设问题情境、提出任务挑战、支持自主学习、信息交流共享"；"成效检验"包括了方案设计的"新颖性、实用性、规范性"。它们清晰地指向了幼儿科艺整合学习活动组织的全过程，条理清晰，层次明显。

评价者在对方案设计进行评价时，可以按照此评价指标对活动方案文本进行打分，给"初级水平、发展水平、高级水平"3 个水平分别赋予"1 分、3 分、5 分"，也可对处于"初级水平"和"发展水平"之间的水平给予"2 分"，对处于"发展水平"和"高级水平"之间的水平给予"4 分"，如此，可获得评价数据，并对数据进行相应的量化分析。

第二节　科学与艺术整合的幼儿学习活动环境与材料评价

幼儿园环境作为"无声的老师"，对幼儿起着潜移默化的影响。在科艺整合的教育活动中，环境创设是其中很重要的部分，既可以为幼儿提供科学探究和学习的环境，也可以给予幼儿无声的艺术熏陶。环境创设得好，对幼儿的科艺整合教育会产生一种浸润式的影响，起到润物细无声的作用。

幼儿科艺整合学习活动环境与材料评价是为了完成项目任务，对师生共构的环境和材料的评价。项目组通过文献法对幼儿科艺整合学习活动的特点进行分析，依据实践案例，提炼评价指标的三级体系，并从幼儿的现实需要出发，环境和材料要能够满足幼儿经验与需求的变化，努力找到教育目标与幼儿需要之间的平衡点。

一、科学与艺术整合的幼儿学习活动环境与材料评价的标准、解释及示例说明

幼儿科艺整合学习活动环境与材料评价量表由 3 项一级指标、7 项二级指标、15 项三级指标构成。本量表的结构借鉴了北京师范大学刘焱教授主编的《中国幼儿园教育质量评价量表(城市版)》和《中国幼儿园教师班级保教工作质量评价量表》中的"班级环境创设与利用""游戏活动的支持与引导"制定了"环境创设，材料提供，幼儿与环境、材料的相互作用"3 项一级指标，并结合对实践案例关键词的编码技术制定了二级、三级指标，见表 3-3。

表 3-3　科学与艺术整合的幼儿学习活动环境与材料评价量表

一级指标	二级指标	三级指标	水平等级				
			非常好	比较好	一般	不太好	不好
			5分	4分	3分	2分	1分
环境创设	空间布局	指标 C1 空间合理，场地充足，空间布局符合人体工程学特征。					
		解释 活动空间面积充足，被相对分隔成不同区域(科学数学区、综合艺术区、建构区、益智区等)，并且有明显的、易于被幼儿理解的标记。	备注：				
		例子 幼儿在各区域之间走动自如；活动的区域有足够大的空间。					

续表

一级指标	二级指标		三级指标	水平等级				
				非常好	比较好	一般	不太好	不好
				5分	4分	3分	2分	1分
环境创设	空间布局	指标	C2 区域布局合理，满足需要。	备注：				
		解释	能够考虑不同的材质、视听和触觉感受、光线反射等情况进行布局，满足幼儿项目开展的需要。					
		例子	教师将科学种植养殖区设置在阳光充足的位置；将美工区设置在靠近水源的位置。					
	自由联动	指标	C3 物理环境和精神环境开放自由。	备注：				
		解释	幼儿和教师能够在各个区域间自由移动和游戏。幼儿可以根据活动的进展情况，自主选择能够帮助解决问题的材料和工具。					
		例子	幼儿可以用美工区的工具和材料制作小推车的车身，用科学区的材料制作车灯，用益智区的材料制作小推车的座椅，用美工区的画笔、小装饰品美化小推车。					
		指标	C4 根据活动需要随时变换环境和空间结构。	备注：				
		解释	允许幼儿和教师能够看到任何一个人的兴趣与需要。幼儿视线以及行为开放。能够满足幼儿根据项目的需要选择、利用、扩展、变换空间，对空间进行情境布置。					
		例子	幼儿在美工区制作项目，视线可以看到教师，方便寻求教师的帮助。幼儿可以扩展区域的功能，如在科学区里制造大型空间站等。					
材料提供	材料使用	指标	C5 材料多样且数量适宜。	备注：				
		解释	在项目活动开展过程中，支持幼儿、家长共同收集，提供所需材料。					
		例子	幼儿从家里带来儿童锯子、锤子、针线等工具。幼儿从家里带来未完成的作品，如小房子、小汽车等。					
		指标	C6 材料按照功能或类型分组放置，便于拿取。	备注：				
		解释	项目材料数量丰富，种类多样，包括工具类、真实材料、废旧材料、数学工具、工程工具等，支持当前活动的开展。					
		例子	幼儿将用来固定的材料，如胶带、胶水、乳胶、双面胶放在一起；将用来搭建的材料，如单元积木、拼插积木等放在一起。					

续表

一级指标	二级指标	三级指标	水平等级				
			非常好	比较好	一般	不太好	不好
			5分	4分	3分	2分	1分
材料提供	材料使用	指标 C7 材料的临时更换。					
		解释 在项目活动的推进过程中，支持幼儿自主调整材料，根据遇到的问题，灵活更换材料，不同的问题需要寻找合适的材料来解决。	备注：				
		例子 幼儿做小推车轮子的时候，发现硬纸壳做的轮子容易坏，于是更换成万向轮。 幼儿制作小展台时发现用积木做的"腿"容易倒塌，于是将积木改成了木棍。 幼儿做小布袋时发现双面胶不能粘牢，于是更换成儿童用的针线来缝。					
	发展价值	指标 C8 材料富有趣味性、挑战性、科学性、层次性。					
		解释 更多低结构的材料、生活类的材料、废旧类材料等，能够激起幼儿兴趣，有助于幼儿在动手操作和创造活动中建构科艺综合经验。	备注：				
		例子 教师在美工区摆放各种纸壳、报纸、木棍、松果、叶子；在科学区摆放探索电力、机器人、磁力等材料。					
		指标 C9 材料暗含逻辑和审美功能。					
		解释 在满足"一物多玩"的基础上，材料和材料之间、半成品和成品之间有关联线索，并且材料的外形、色彩、图案等具有美感。	备注：				
		例子 纸壳能够用来制作小推车的车厢、轮子，也能成为测量的工具。彩泥既可以是装饰的材料，也可以是制作的材料。					
幼儿与环境、材料的相互作用	互动支持	指标 C10 具有互动性，搭建便于幼儿交流互动的平台。					
		解释 在环境中展示幼儿项目活动的作品，供幼儿交流。	备注：				
		例子 教师带领幼儿创意展示区；区域游戏后设置分享环节。					
		指标 C11 适当留白，留给幼儿想象的空间。					
		解释 环境展示项目开展的过程和问题，能够满足幼儿的心理、情感等方面的需求，更给想象留有空间。	备注：				
		例子 幼儿用小推车时遇到问题，眼睛转向环境和材料，寻求"解决办法"。教师说："你用其他的材料试一试。"					

续表

一级指标	二级指标		三级指标	水平等级				
				非常好	比较好	一般	不太好	不好
				5分	4分	3分	2分	1分
幼儿与环境、材料的相互作用	开放融合	指标	C12 活动室里的材料都可以使用。					
		解释	班级中所有的材料都向幼儿开放，能够支持幼儿自己收集材料，组合材料，对材料进行改造。	备注：				
		例子	幼儿制作项目时，在美工区拿了胶水，在科学区拿了电线，在拼插区拿了积木。 幼儿用橡皮泥把美工区的冰棍棒和万能工匠的万能点粘在一起。					
		指标	C13 环境、材料中渗透科学、技术、工程、数学和艺术五大领域元素。					
		解释	环境、材料能够支持幼儿开展科学、技术、工程、数学、艺术等领域的综合活动。	备注：				
		例子	幼儿用彩笔给项目画上图画，进行装饰，环境中有工程模型、技术图纸、材料工具、艺术作品等，自然融为一体。					
	交互体验	指标	C14 环境、材料满足幼儿个性化需求，材料与需求的相互变换。					
		解释	材料能够满足幼儿想要制作的具体项目的需要，满足幼儿偶尔"异想天开"的需要，让幼儿能根据这种需要重组、创造材料。	备注：				
		例子	幼儿用水和泥，发现水多泥少，可以创作"泥粉画"；水少泥多，可以创作"半浮雕"造型和立体造型。					
		指标	C15 环境、材料引发幼儿持续性的探索，环境因与学习的交互作用而改变。					
		解释	幼儿在真实的问题情境中通过对环境、材料的探索、发现、发明和创造，解决实际问题，深化思考，引发深度学习，帮助幼儿"将想象变为现实"，促进环境的改变。	备注：				
		例子	幼儿通过对纸箱、木棍、罗盘等美工区和科学区材料的重组与改变，产生了"面包店"里的小推车。幼儿推着自己研发制造的小推车开展外卖活动，改变了区域活动的整体环境和流程。					

（本评价指标体系由北京市西城区棉花胡同幼儿园蒋小燕、李寅、乾芳、李建丽等团队成员参与研发）

由表 3-3 可见，"环境创设"包含了"空间布局、自由联动"2 项二级指标；"材料提供"包含了"材料使用、发展价值"2 项二级指标；"幼儿与环境、材料的相互作用"包含了"互动支持、开放融合、交互体验"3 项二级指标。二级指标和三级指标的设计参考了有关 STEAM 理念下幼儿园活动空间设计①等已有研究成果，日托机构的教育工作必定发生在一个特定的空间场所中，空间场所为保教活动提供了物质基础和保障，被排在第一位。在确定空间设计后，如何灵活地利用物理空间，使其最大限度地满足幼儿发展需要是环境与材料这一质量领域关注的焦点。

本研究在环境创设、材料提供等方面突出体现趣味性、多维性、协作性、项目性、艺术性理念，激发幼儿对空间和材料探索的兴趣，为幼儿创造力的提升奠定基础。与之对应的是教师为幼儿创设科艺整合学习活动的环境与材料支持水平，借鉴李克特的计分方法，分别计：不好（1 分），不太好（2 分），一般（3分），比较好（4 分），非常好（5 分）。分值越高，表明教师为满足幼儿开展科艺整合学习活动而创设的环境与材料的适宜性水平越高。表中的"备注"空白处可以填写计分的理由或特别解释，以体现计分的合理性。

二、科学与艺术整合的幼儿学习活动环境与材料评价量表的研制过程

本研究中的幼儿科艺整合学习活动环境与材料评价标准的制定是由不同主体共同参与的社会性建构过程。

首先，本标准的形成由专家团队和一线教师团队共同打造。专家团队包括高校教师、幼儿园园长等行政管理人员，区级学科带头人，骨干教师等。

其次，教师团队包括幼儿园一线教师等。评价量表的每一次修订，都会听取专家和教师对量表的结构框架、指标设计、等级描述的看法，然后通过指标合理性调查，进行信效度检验，结合具体数据再进行修改与完善。

最后，评价量表采取自评与他评相结合的方法，对不同年龄班的活动实施及游戏环境与材料情况给予评价。评价工作使用规范化量表，采用量化分数作

---

① 刘沙：《基于 STEAM 教育理念下的合肥市幼儿园室内空间设计研究——以新明幼儿园为例》，硕士学位论文，合肥工业大学，2021。

为结果依据，以语言文字解释作为过程性参考材料，结合量化分数与质性描述形成最终结果。

三、科学与艺术整合的幼儿学习活动环境与材料评价的实践运用——以大班"迷宫游戏大会"为例

量表一般性的指标体系构建完成后，为方便教师更好地结合具体的实践案例进行评价设计，接下来，我们以大班"迷宫游戏大会"活动为例进行阐述。

(一)项目背景和主题确定

升入大班，幼儿特别自豪，经常在户外带弟弟妹妹玩。有一天，幼儿听到中班的教师说，中班的弟弟妹妹最近接触到迷宫游戏，非常喜欢。

幼儿很希望能帮助弟弟妹妹设计一个有趣的迷宫游戏。为此，幼儿进行了激烈的讨论。豆豆说："我们得问问弟弟妹妹都喜欢什么样的迷宫，我们多做一些迷宫吧！"很多幼儿都觉得豆豆说的办法很好，七嘴八舌地说道："对，我们多做一些各种各样的迷宫，让弟弟妹妹都能玩上。"这时候多米站起来，说道："我和爸爸妈妈去过那种公园里的迷宫，好多人能一起玩，我们可以做一个大一点儿的迷宫，让更多的弟弟妹妹能够一起玩！"于是，给弟弟妹妹做迷宫的想法初步形成。

(二)预设的结果及关键性表现

目标1：了解迷宫的组成和特点，发现设计迷宫的好方法。

◆关键性表现(方案形成和设计阶段)

(1)幼儿收集迷宫图书，上网收集关于迷宫的游戏。

(2)在区域游戏以及过渡环节，幼儿通过操作各种类型的迷宫，充分感知、了解迷宫。例如，迷宫要有入口和出口；都有通的路和不通的路，可以有一条或者多条通的路；有很多迷惑的路……

目标2：能大胆尝试用多元材料设计和建造不同的迷宫。

◆关键性表现(项目制作阶段)

(1)幼儿利用玩具材料：结构大师、紫霞几何片、数字华容道、积木、磁力棒、橡皮泥等多种材料进行制作。

(2)幼儿利用玩具的特性进行围拢，拼接，变换玩具的角度以及方向形成迷宫的线路以及陷阱。

(3)从平面的设计图转化为立体迷宫，从而进行现实空间的利用和调整的过程，需解决现实空间与平面设计图纸之间的冲突，以及现实空间的利用和测量。

目标3：尝试对场地和空间进行规划，在设计迷宫中对空间关系有初步的感知经验。

◆关键性表现(改进设计和继续实践阶段)

(1)幼儿将设计图转化为立体迷宫。

(2)幼儿发现绘制的设计图比例与现实空间比例不符，对实际迷宫游戏进行调整，并对设计图进行修改和标注。

(3)幼儿利用设计图进行现实拼摆，利用不同长度的大箱子和小箱子进行拼摆，并对设计图进行临时调整，完成现实的迷宫。

目标4：能与同伴协商合作，共同想办法完成设计和制作迷宫的任务。

◆关键性表现(方案形成和设计阶段)

在探究迷宫的过程中，幼儿相互交流、研究迷宫的玩法。例如，可以先确定起点(入口)和终点(出口)的位置，再一段一段地画路；也可以先把正确的路画出来，再补不通的路，画的时候要把路画出来，不能只画线条；迷惑的路要很多、很长，走向要冲着出口方向才能起到迷惑性的作用等。

◆关键性表现(项目制作阶段)

(1)幼儿分成制作迷宫组和场地设计组，分组进行制作。

(2)幼儿在制作的过程中和同伴一起发现问题，不断调整迷宫设计图和制作方法，如一起讨论增加多个具有迷惑性的出口和入口等。

◆关键性表现(作品完成和推广阶段)

(1)邀请弟弟妹妹体验，幼儿分工推广，有的负责介绍，有的负责记录问题，有的负责帮助弟弟妹妹完成游戏。

(2)结合弟弟妹妹的第一次体验，幼儿针对问题进行讨论，提出解决办法。

(三)基于幼儿科艺整合学习活动的环境与材料标准评价"迷宫游戏大会"

"迷宫游戏大会"项目活动在环境与材料上需要具备以下几点。

1. 环境创设

空间充足，场地适宜，教师可利用功能厅大场地供幼儿探索大型迷宫的搭建。

2. 材料筹备

教师要为幼儿提供丰富多样的材料，支持幼儿进行多样迷宫的建造。例如，用拼插玩具创设小球轨道迷宫，用数字华容道玩具创设数字迷宫，用魔法玉米建造楼房立体迷宫，用小木棍创设轨道迷宫，用超轻黏土创设花园迷宫，用大积木建造大家真能走进去玩的实景迷宫。

3. 幼儿与环境、材料的相互作用

(1)材料的联动，幼儿充分使用各个区域中的材料组合完成迷宫作品。

(2)区域之间的联动，幼儿将某几个区域中制作完成的迷宫组合到一起，最终形成"迷宫游戏大会"的整体环境。

(3)在项目进行中，不同人群都进行了多元活动。例如，班级幼儿之间进行充分互动，一起协商、解决问题；班级幼儿与教师之间通过互动不断将探究问题深入；班级幼儿与弟弟妹妹也进行了深入的互动。

（本案例由北京市西城区棉花胡同幼儿园张静宇提供）

第三节　科学与艺术整合的幼儿学习活动中师幼互动的评价

在幼儿园，师幼之间的互动贯穿于一日生活中，幼儿园教育的意义包含在教师与幼儿的互动中。师幼互动作为过程性质量的主体部分，是国际学前教育质量研究的核心指标，也是制约活动质量的核心因素。大量的已有研究证实高质量的师幼互动对学前儿童的语言、认知和社会性发展具有重要意义。因此，深入研究幼儿科艺整合学习活动中的师幼互动情况，不仅有利于提高幼儿园课程的质量，促进幼儿全面发展，也有利于丰富教学过程中师幼互动的相关研究。

国内外的研究者主要从师幼互动的结构、基本特征、类型、内容及影响师幼互动的因素、提高师幼互动质量的策略等方面进行了较为细致的研究，尤其是对幼儿园某一个活动和特定情境中的师幼互动分析研究较多，但对幼儿园一日生活中教学活动、游戏活动和生活活动师幼互动的整体对比分析研究较少。在研究方法选择上，国外学者往往倾向于采用量化的方法对师幼互动进行研究，主要有弗兰德斯互动分析系统、课堂评估编码系统、皮安塔的师生关系量表等。国内学者多采用质性研究方法研究师幼互动，如通过观察法、访谈法对互动主体、互动区域、互动主题、互动性质及互动结果等方面进行分析。

在实际的教育活动过程中，教师充分意识到师幼互动对幼儿科艺整合学习活动开展的重要性，所以积极地调动幼儿的兴趣，引导幼儿自主探究，通过良好的师幼互动来推进活动。但由于缺乏可参考的评价标准，教师对于什么是高水平的师幼互动还没有一个清晰的认识，也引发出一些问题。例如，教师引导不到位，导致幼儿自主性不够；教学模式单一，幼儿参与不够积极等。针对这些实践过程中存在的问题，我们开展本次研究，让教师有一套评价标准来更好地提高师幼互动的水平。

一、科学与艺术整合的幼儿学习活动中师幼互动评价的指标、解释及示例说明

师幼互动是指在教师和幼儿之间发生的各种形式、各种性质和各种程度的相互作用和影响。幼儿科艺整合学习活动中，教师和幼儿双方在互动中是同等重要、互为主体的。互动不是教师对幼儿或幼儿对教师的单向、线性的影响，而是教师与幼儿之间双向、交互的影响；不是一次性的或间断的，而是一个链状、循环的连续过程。教师和幼儿正是在这样一个连续的动态过程中不断交互作用和影响的。

幼儿科艺整合学习活动中的师幼互动评价是指对师幼双方相互作用和影响过程的质量的评价。我们学习和借鉴课堂评估编码系统的框架，主要从"情感氛围营造、活动组织安排、提供学习支持"3项一级指标的角度进行评价，见表3-4。

表3-4　科学与艺术整合的幼儿学习活动中师幼互动评价量表

一级指标	二级指标		三级指标	水平等级				
				非常好	比较好	一般	不太好	不好
				5分	4分	3分	2分	1分
情感氛围营造	营造积极氛围	指标	C1 共创相互支持与爱的氛围。					
		解释	在项目中师幼共创鼓励大胆探索、同伴相互支持的精神环境，形成师幼相互合作、分享、互助与关爱的氛围。	备注：				
		例子	在"制作摘柿子工具"项目中，幼儿可以自己寻找伙伴进行工具的设计。教师允许并鼓励幼儿用自己喜欢的工具摘柿子，每名幼儿都有尝试的机会。					

续表

一级指标	二级指标		三级指标	水平等级				
				非常好	比较好	一般	不太好	不好
				5分	4分	3分	2分	1分
情感氛围营造	营造积极氛围	指标	C2 用积极正面的语言相互激励。					
		解释	教师积极回应幼儿的问题，互相用鼓励的语言、正面的态度进行交流和情感沟通，师幼双方均能在项目中克服困难、持续探索，有成就感。	备注：				
		例子	幼儿第一次尝试摘柿子的时候，发现柿子掉在地上摔坏了，有一些沮丧。这时教师积极鼓励幼儿能够摘下来柿子就是一种成功，并且和幼儿讨论解决问题的办法，双方均获得持续探究的成就感。					
		指标	C3 因教师给予幼儿试误的机会而获得彼此的尊重。					
		解释	教师对幼儿的想法和行为持宽容态度，给予幼儿分享和试误的机会；幼儿和教师在相互协商的过程中获得活动的决策权。	备注：				
		例子	教师允许幼儿尝试自己猜想的摘柿子方法。哪怕是"用水把柿子泼下来"这样的方法，教师也肯定幼儿积极想办法的态度并放手让幼儿去尝试。在此过程中，幼儿的自主决策权得到尊重。					
	保持高敏感性	指标	C4 适时介入。					
		解释	教师能够关注到每名幼儿在活动中表现出来的兴趣、需要，及时意识到幼儿在活动中存在的问题和困难（如在幼儿遇到困难停滞不前、兴趣转移、发现问题时介入，避免打扰幼儿的专注与投入）；及时发现幼儿的优势和长处，能一对一倾听并真实记录幼儿的想法和体验。	备注：				
		例子	在制作兜子时，幼儿不会制作抽拉装置，教师观察到之后及时介入，采取用自己帽子的抽拉绳进行示范的方式让幼儿明白抽拉装置的特点。之后幼儿进行制作，教师又变成观察者，不去打扰幼儿。					
		指标	C5 个性化引导。					
		解释	教师针对个别幼儿的兴趣、需要提供及时、有效的个性化引导。	备注：				
		例子	有一名幼儿说出要设计一个"摘柿子工具"，其他幼儿没有前期经验，并未提出这个设计，教师也满足这名幼儿的设计愿望，为他提供滑轮等工具。					

一级指标	二级指标	三级指标		水平等级				
				非常好	比较好	一般	不太好	不好
				5分	4分	3分	2分	1分
情感氛围营造	保持高敏感性	指标	C6 适度生成。					
		解释	师幼共同根据项目中出现的情况，通过商讨判断项目设计、实施是否合适，必要时调整项目难度和方向。	备注：				
		例子	教师设想的是设计"爪子"样式的摘柿子工具，也提供了相应的材料，但是发现在实施过程中，幼儿根据已有经验设计了用绳子收口的网兜，教师依然赞赏。					
活动组织安排	提高活动效率	指标	C7 活动形式多样。					
		解释	幼儿根据活动内容，可自选小组、集体、个别等多种活动组织形式。	备注：				
		例子	幼儿在设计、制作环节自选了小组活动的形式，建议教师在进行总结提升时采用集体的形式。					
		指标	C8 真实具体、富有挑战性的活动情境设计。					
		解释	师生根据周围生活中真实的环境因素或教师创设具有挑战性的情境，设置学习任务，或幼儿自行设想一个任务方案，师生共同搜寻材料与资源，为完成任务而努力。	备注：				
		例子	幼儿发现幼儿园柿子树上的柿子成熟了，想要把柿子摘下来吃。如何把高高的树上的柿子摘下来呢？任务随即生成了。					
	提升活动质量	指标	C9 及时发现问题。					
		解释	教师和幼儿双方均秉持严谨认真的态度，在活动中及时发现问题，共同设想和寻找解决问题的办法。	备注：				
		例子	幼儿需要用到剪刀、锤子这些较危险的工具时，教师应提前提醒安全使用剪刀、锤子的技能和方法。幼儿也应主动练习，并提醒同伴注意安全。					
		指标	C10 通过语言提供问题解决的线索。					
		解释	教师的指导语准确有效，能够多渠道、多方式给幼儿提供信息，帮助幼儿理解项目任务、找到解决问题的线索，给予幼儿启发和进行经验总结。	备注：				
		例子	第一次幼儿尝试摘柿子后，教师让幼儿观看果农摘柿子的视频，让幼儿了解果农摘柿子的方式，并进行细致的介绍和有针对性的提问。					

续表

一级指标	二级指标		三级指标	水平等级				
				非常好	比较好	一般	不太好	不好
				5分	4分	3分	2分	1分
提供学习支持	认知策略支持	指标	C11 引导幼儿采用多种学习策略。					
		解释	教师对幼儿的学习行为进行观察和记录，引导幼儿根据问题进行猜想、假设和讨论，并鼓励他们运用多种学习方法，如比较、实验、经验迁移等方式验证自己的猜想。	备注：				
		例子	教师提问幼儿可以怎样摘柿子，幼儿回答可以用水泼，摇晃柿子树等。教师让提出猜想的幼儿去验证，得出结论：这样的方法能不能摘到柿子。					
		指标	C12 引导幼儿制订计划。					
		解释	教师引导幼儿根据自己的意愿和设想制订活动计划，进行决策。	备注：				
		例子	幼儿在设计环节不理解需要设计什么，教师通过设计表呈现，引导幼儿需要设计：小组人员都有谁，工具是什么样子的，要用到什么材料制作工具。					
		指标	C13 有效促进知识整合。					
		解释	教师能够调动幼儿在科学、技术、工程、数学和艺术五大领域的知识经验，支持他们完成项目。	备注：				
		例子	在进行摘柿子工具制作的环节，教师会有针对性地提问：杆子有多长？（数学）怎么进行连接？（技术）等问题，调动幼儿经验。					
		指标	C14 引导形成判断。					
		解释	教师引导幼儿通过活动结果形成基本事实判断，并支持和拓展每一名幼儿的学习。	备注：				
		例子	通过观察柿子和工具之间的关系，幼儿发现由于摘柿子工具的构造缺陷而导致摘下来的柿子掉地上摔烂了。教师引导幼儿得出要想柿子不被摔烂，摘柿子工具的顶端需要制作一个网兜的结论。					

一级指标	二级指标		三级指标	水平等级				
				非常好	比较好	一般	不太好	不好
				5分	4分	3分	2分	1分
提供学习支持	认知策略支持	指标	C15 激发想象和创造。					
		解释	教师提供开放性问题，激发幼儿想象力和创造力发展；鼓励幼儿通过集思广益，头脑风暴等方式想出别人没想出来的办法，进行方案的多种设计。	备注：				
		例子	设计摘柿子工具时，教师会问"还有其他设计吗？"，鼓励幼儿多思多想，互相启发；柿子不能掉入兜子里，教师会提问"为什么呀？怎么办呢？"，启发幼儿解决问题。					
	提升反馈质量	指标	C16 启发回顾与反思，生成新问题。					
		解释	教师帮助幼儿对问题解决情况进行回顾、反思和调整，并引导幼儿发现和生成新问题，培养幼儿批判性思维。	备注：				
		例子	每次摘完柿子，教师用问题引发幼儿进行观察和反思，找到工具的问题和调整的方式。固定的滑轮不能转动，教师和幼儿一起通过查找资料，帮助幼儿认识到什么样的滑轮是可以转动的。					
		指标	C17 支持多元表达。					
		解释	教师赞赏与鼓励幼儿用语言、动作、身体姿态、图形等多种方式阐述与表现自己的思考结果和发现。	备注：				
		例子	项目总结分享时，教师回放幼儿摘柿子的视频，提出问题"你发现了什么？你学会了什么？"，鼓励幼儿发表自己的看法；同时用角色扮演、戏剧表演等形式表达自己的结论和见解。					

由表 3-4 可知，"情感氛围营造"包含了"营造积极氛围、保持高敏感性"2 项二级指标；"活动组织安排"包含了"提高活动效率、提升活动质量"2 项二级指标；"提供学习支持"包含了"认知策略支持、提升反馈质量"2 项二级指标。表中的"备注"空白处可以填写计分的理由或特别解释，以体现计分的合理性。

"情感氛围营造"中的"营造积极氛围"是指建立自由探索的氛围和平等的关系，师幼双方能够以积极的情感态度交流，尊重彼此的想法和做法；"保持高敏感性"是指关注幼儿的情感与需求，并能够做出反应，关注过程中出现的问题。

　　"活动组织安排"中的"提高活动效率"是指保障幼儿活动的时间、空间，灵活安排活动形式，使活动学习内容与真实生活相联系；"提升活动质量"是指有效介入幼儿活动，支持幼儿问题解决。

　　"提供学习支持"中的"认知策略支持"是指引导幼儿进行分析和推理，激发幼儿创造力，帮助幼儿完成经验的连接和转化；"提升反馈质量"是指教师提供信息，通过幼儿的反馈促进幼儿进一步思考。

　　各二级指标下分别设有 2～5 项三级指标。这些指标内容的确定均通过对教学案例、实录、视频中师幼互动的观察记录的分析提炼，并经过德尔菲法审定。

二、科学与艺术整合的幼儿学习活动中师幼互动评价的实践运用——以儿童动画制作"好玩的皮影戏——小红伞"活动及评价为例

　　皮影戏是我国民间优秀的传统艺术表演形式，集绘画、雕刻、音乐、美术、歌唱、灯光、表演、造型为一体，通过中国画的散点透视原理，把立体的、动感的、鲜明的、复杂的自然物象巧妙地结合在一个平面上，具有良好的透明度和斑斓的色彩，造型较为优美巧妙，对比强烈，立体感强。皮影戏活动的开展不仅可以丰富幼儿的艺术内涵，提高幼儿的艺术修养，还能帮助幼儿了解更多的民间艺术形式及其文化内涵，激发幼儿对民间艺术的兴趣，培养民族自豪感。

　　班级内为幼儿创设了不同的探索区域，供幼儿选择和探索喜欢的内容。幼儿每天在表演区操作皮影，讲述故事，感受传统技艺的同时，也萌发了自己制作皮影的愿望："皮影是怎么做的？""我们能做成皮影吗？""我想用我自己做成的皮影讲故事。"幼儿对制作皮影、用皮影表演和在动画工作坊制作自己的动画，产生了浓厚的探索愿望。

(一)活动预设的结果

　　第一，选择适宜的艺术表现方式，通过制作场景角色、动画拍摄、配音、配乐，形成动画片。

　　第二，在探索中，感受每个故事情节场景与角色的空间位置动态的组合方法。

　　第三，在相互协商和帮助过程中，不断融洽伙伴关系。

(二)幼儿关键性表现

　　在拍摄过程中，教师引导幼儿收集和筛选场景角色的适宜材料，根据故事

情节发展，不断调整拍摄素材间的空间位置，解决情节不连贯、跳跃等问题，最终完成创编的故事动画。普通班和实验班活动方案设计的不同见表 3-5。

表 3-5 "好玩的皮影戏——小红伞"活动方案设计对比表

项目	普通班设计	实验班设计	区别
活动来源	皮影戏是我国的传统文化之一，幼儿在日常生活中接触较少。教师开展传统教育活动，丰富幼儿对传统文化的了解，使幼儿在玩玩、做做的游戏中，了解皮影戏，提高对民间传统艺术的兴趣。	活动的生成源于幼儿的民间博物馆之旅。皮影戏艺人的表演吸引了幼儿的注意，现场的动手表演更加使幼儿对皮影艺术产生了好奇心。教师通过讨论，提出问题，逐渐形成了"有趣的皮影"活动。活动中，教师通过观看演出、调查与访问、交流与讨论、共同制作、合作表演等多种活动形式，引导幼儿在与同伴、教师、家人和民间艺人的互动中，不断建构丰富的知识、经验，获得丰富的审美体验，促进幼儿语言表达能力、创造能力、探究能力、思维能力、合作能力的发展，培养幼儿自主、独立、勇于挑战困难的精神。	实验班更关注幼儿生活情境中发现的问题，梳理问题，预设核心发展目标和因素。
目标设计	1. 了解皮影戏的造型和表演特点，知道皮影戏是中国传统文化之一。 2. 发现光和影之间的变化，初步了解影子形成的原因。 3. 提高对民间传统艺术的兴趣。	1. 通过小组合作完成皮影戏的编剧、制作、搭建表演台、表演等，培养动手操作的能力，体验解决困难的乐趣。 2. 能够自主建构光与影之间的关系，了解皮影戏的表演原理。 3. 对中国非遗文化产生兴趣。	实验班强调幼儿的全面发展、个性和创造性；强调跨学科知识整合和系统性的思维方式。
活动实施	第一阶段：观看皮影戏 第二阶段：制作皮影人物 第三阶段：表演皮影戏	第一阶段：问题聚焦"皮影知多少" 第二阶段：调查与研究"皮影的秘密" 第三阶段：设计与制作"皮影设计师" 第四阶段：动画拍摄"小红伞"	1. 尊重幼儿对活动全过程的设计和想法。 2. 根据评价项目，有相应的活动设计框架，系列活动突出理念。 3. 更加注重作品产出的过程中，幼儿的思维方式分析、信息收集、论点提出、论证过程、知识整合等一系列的努力，以及这一过程中培养出来的学习力、创造力。

(三)实验班活动过程

活动中，我们利用表现性评价，与幼儿的生活经验相结合，观察幼儿在真实情境中理解、运用知识的能力，从而分析幼儿的能力差异，为教师促进幼儿的发展和进步实施有效的策略提供帮助。

第一阶段

问题聚焦：皮影知多少

幼儿每次在表演区表演皮影戏之后，都想留下所讲的故事内容并长期保存下来。有的幼儿自然地想把故事拍摄成动画，这也是幼儿的挑战之一。幼儿对皮影戏的道具制作与演出完全没有经验，教师有意识地将项目学习任务转化成了情境性的挑战，引导幼儿自己制作皮影戏道具，拍摄成动画，为全园的小朋友播放。

接下来，教师引导性地提出问题：为完成这个任务，你认为我们需要知道什么？需要做哪些方面的准备？

每个小组进行了讨论并记录下了讨论内容。

1. 皮影戏是怎样进行表演的？

2. 我们将会用到哪些工具？

3. 皮影戏演出的原理是什么？

4. 我们需要一个合适的故事！

5. 我们也许需要家长的帮助。

…………

第二阶段

调查与研究：皮影的秘密

接下来，教师开始带领幼儿进行初步的认识皮影活动。幼儿和家长在网上寻找了有关皮影戏的不同形式的介绍，如视频、简报等形式，由幼儿带到班中与同伴共享。通过资料的收集，幼儿对探索皮影的兴趣更高涨了。活动中幼儿带着充满好奇的心，欣赏着一张张精美的图片和皮影戏表演，嘴里不时地发出"哇"的惊叹声，感叹着皮影戏所带来的奇妙："原来一个完整的皮影人需要7个步骤来制作呀""皮影戏还有两个好听的名字：灯影戏和影子戏""原来表演皮影戏需要一边操纵皮影人，一边讲述故事"。那么幼儿会创造出怎样的皮影故事呢？怎么就能拍摄成皮影动画呢？我们一起期待着……

第三阶段

设计与制作：皮影设计师

活动开始后，幼儿自己已经结好了小组，这次是 5 人一组。在所有的活动中，教师都有意识地强调幼儿之间合作的重要性。以及个人在小组中的作用。在每一次结伴活动前，教师都要询问以下问题。

1. 我今天做什么？

2. 我可以帮助小伙伴做什么事？

3. 我希望小伙伴帮助我什么？

这些问题让幼儿在活动前做好活动计划，了解自己在小组中的位置和作用，明确分工合作的重要性。这对于设计与制作这个阶段非常重要。在上一个阶段，幼儿弄明白了皮影戏的基本内容。这个阶段的重点是剧本的选择、场景的设计、道具的制作。大班的幼儿要完成这些任务，需要教师的帮助。幼儿将教师纳入小组活动中，一起制作皮影戏道具，创编和改编成适合演出的剧本，分配好角色，设计好形象，动手制作。

活动 1：选纸画稿

幼儿协商在美工区开始试着学习画稿。这对幼儿来说没有什么难度，幼儿拿起笔便开始了创作。每名幼儿都有不同的想法："我要给我的皮影人画一件漂亮的裙子，上面还有很多的花纹。""你们女生就喜欢漂亮的裙子。我可不喜欢。我要给我的皮影人加一个帅气的领结，这样才帅！"幼儿边说着想法，边在纸张区开始选择自己认为适宜的纸张。有的幼儿选择了卡纸，有的幼儿选择了比较薄的宣纸，还有的幼儿选择了海绵纸，在不同的纸张上绘画想要的人物。

活动 2：连接皮影人

这次活动对幼儿来说是一次很大的挑战，教师在区域中投放了新的材料——毛根和锥子。第一次见到锥子，幼儿谁都不选择，迟迟不敢下手。这时教师告诉了幼儿安全使用锥子的方法，幼儿不再害怕，开始尝试。活动中的难题再次抛向幼儿，皮影人到底该怎样连接呢？幼儿求助教师，在网上寻找皮影人的制作步骤。看着步骤图，幼儿逐渐了解到皮影人相邻的部件要通过打孔后的骨眼进行连接固定。幼儿拿过锥子便开始了自己的探索之路，他们从来没有想过这一次的困难居然有这么大，一次又一次失败，一次又一次地不断尝试。

幼儿在游戏中从未放弃，坚持尝试，在失败中找到了方法，并且相互帮助。就这样，幼儿发明了 3 种不同的连接方法，打孔穿线、分叉针、毛根连接。

活动 3：固定皮影人

连接好了皮影人，幼儿开始找材料固定皮影人的把手。他们在熟悉的区域中开始寻找吸管、筷子、木棍、纸盒子、废弃的水彩笔……幼儿纷纷讨论着："我们要固定小猴子用的操纵杆，这些材料可不可以呢？""我们可以试试。""这么多，我们用哪个呢？""是呀，我们又固定在哪里呢？"带着这些疑惑，幼儿开始尝试。活动中，幼儿说吸管就是皮影人的操纵杆，可是至于要怎样固定、固定多少，他们就不知道了。教师把这个问题抛给了幼儿，希望他们通过细心观察和实际操作找到答案。幼儿不断观察着皮影人的图片以及皮影工艺品，很快就找到了固定的方法。虽然他们的方法和皮影工艺品固定的方法还有些不同，但他们一直在探索……

活动 4：皮影故事表演

皮影故事表演是幼儿最期待的环节，所有的角色都做好了，有的幼儿提示："还记得第一次老师在活动中说过，皮影戏表演不光是皮影人的舞动，还需要配有一定的语言。"这可是幼儿和他们的皮影人第一次上台呀。带着开心和紧张，几名幼儿开始编故事以及故事中的对话，并开始了他们的表演。虽然幼儿的表演不是那么完美，但他们表现得非常开心，都相互鼓励着。也正是有了这样的不完美，他们才要携手去创造更多的"完美"。

还记得幼儿在网上得知，制作皮影人需要 7 个步骤时，教师都不敢相信他们能够学会。而今天，幼儿却可以大声地告诉所有人："我们可以很好地完成。"幼儿的作品虽然看起来并不是那么精美，虽然制作的过程不是那么顺利，虽然表演还不是那么成熟，虽然……但是每一次的制作，幼儿都是用心的。

第四阶段

动画拍摄：小红伞

幼儿对动画拍摄情有独钟，总要把自己的新发现利用动画的形式进行记录和分享。在本次探索活动中，幼儿有很多的新经验、新发现，要以动画的方式记录下来。"我们想把皮影人的制作方法告诉更多的小朋友，用制作的皮影人拍摄个动画。""咱们的皮影人可以有动作，就像我们看的猪八戒吃西瓜一样。"

幼儿运用了表演皮影戏的经验，新的想法产生了。幼儿的游戏又有了新的主题，拍摄小组开始工作。幼儿拍摄的动画虽然时长很短，但是他们将制作皮影人的过程也拍进去了，让更多的小朋友学习用皮影人拍摄动画的方法。

此次活动中，幼儿自主分成了改编故事组、巧手制作组、配音组、拍摄组，借助以前拍摄动画的经验，选择纸黏土这种易造型、易变化的材料，共同制作各个故事情节拍摄所需的情境与角色；合作拍摄故事情节后，在教师的帮助下，将角色对话的录音、选择的音乐插入动画中，最终形成完整的动画作品，供同伴欣赏。这一过程中，教师以幼儿为本，引发幼儿在真实的情境中学习，融合多领域的目标，支持幼儿综合利用经验，在与同伴共同发现问题、解决困难过程中，产生可以供大家欣赏的动画作品。

(四)反思及评价

活动后，教师开展"小小评论家"的活动，引导幼儿发现、总结自己的经验，展示与评价活动的过程和作品。"好玩的皮影戏——小红伞"活动的展示是一个既单纯又复杂的环节，单纯是因为目标非常单一、具体，每个参与其中的人对目标都是非常明确的；复杂是因为展示环节是一个综合任务，要考虑、关注、准备的东西有很多，而且是多人合作的过程，这无疑给幼儿带来了新的挑战。教师在整个项目实施过程中一直在强调幼儿合作的作用，一直在为最后的展示做准备，每个人都在为这个任务而努力。所以在展示环节，教师引导幼儿关注参与过程中自己的付出，引导幼儿反思与归纳自己在这个过程中的收获。

(五)幼儿学习水平的表现性评价标准(见表3-6)

表3-6　幼儿学习水平的表现性评价标准

评价内容	初级水平	发展水平	高级水平
发现并讨论	能与同伴一起讨论感兴趣的皮影话题，说出自己的已有经验和想法。	能从同伴的话题中，发现共识的问题，倾听同伴交谈内容，对感兴趣的部分提出自己的问题。	能发现问题，带领同伴进行讨论，有解决问题的意识，讨论中有自己的见解，并愿意倾听和接受他人的意见。

评价内容	初级水平	发展水平	高级水平
过程与调整	能在成人的指导下，和同伴一起设计制作皮影人。	能与同伴一起设计、制作皮影人，能够将设计想法付诸行动；能够选择适宜的材料制作皮影人，克服困难努力完成。	能将设计的想法付诸行动，利用筛选出的材料，通过扎、接、绑等方法，固定材料，将皮影人制作完成。
分享再发现	能较为清楚地讲出设计和制作皮影人的想法。	能清楚地讲出制作皮影人过程中的新发现和新想法。	能分享设计的想法，说出选择材料的原因、制作的方法；愿意倾听同伴提出的建议，能够针对问题想出解决的方法。

(六)幼儿动画制作设计的表现性评价标准(见表3-7)

表3-7　幼儿动画制作设计的表现性评价标准

评价内容	初级水平	发展水平	高级水平
创编脚本	能与同伴一起讨论所拍摄故事的情节内容。	能与同伴一起创编故事脚本，清楚地说出自己的想法。	能带领同伴一起创编故事脚本，将故事内容和情节进行记录。
素材制作	能跟随小伙伴一起选材和制作。	能与同伴一起，选择制作动画素材的材料，一起制作拍摄动画的场景、角色。	1. 能和同伴协商选择适宜的表现方式（剪纸、泥塑、乐高、纸工、玩具等），选择和筛选材料，进行拍摄素材的收集和制作。2. 能根据故事情节，制作不同的场景或角色动态。
动画拍摄	在拍摄过程中，在同伴和教师的帮助下，能完成自己负责的任务。	1. 能根据故事情节发展，变换场景和角色动作，和同伴一起坚持将故事动画拍摄完整。2. 在教师的帮助和小朋友的合作下，一起给角色配音。	1. 能根据故事情节发展，变换场景和角色动作，带领同伴一起坚持将故事动画拍摄完整。2. 在教师的帮助和小朋友的配合下，一起给角色配音。3. 尝试选择计算机素材库的音乐，求助他人，插入音乐和配音。

133

约翰·哈蒂(John Hattie)向教师提出两大基本原则：一是教师要将自己的角色定位于干预者，干预提高儿童的高阶思维比例，因而要先关注学生是如何思考的。二是学习是合作性的，且需要对话。^① 所谓高阶思维是指发生在较高认知水平层次上的心智活动或认知能力，具体表现为分析、综合、评价和创造。合作性学习使幼儿能够相互讨论、质疑，对别人的观点进行评判、分析，或综合别人的观点以改进自己的观点，并生成新的思路和方法，促进了高阶思维的发展。

本活动中，幼儿的自主设计、实施和总结，培养了幼儿的科学思维方法和严谨的科学态度，提高了幼儿运用科学知识解决问题的意识和能力，提高了幼儿获取信息、整理信息的能力。更重要的是在开放的实践活动中，幼儿学会了在生活中学习，提高了观察周围事物的敏感度，关注身边的生活世界，关注社会生活问题，幼儿的科学素养得到提高。

(七)依照"活动理念"的评价指标对本活动进行打分(见表 3-8)

表 3-8 "好玩的皮影戏——小红伞"活动理念评价得分表

二级指标	三级指标	好(5 分)百分率	较好(3 分)百分率	一般(1 分)百分率
幼儿为本	尊重意愿	80%	15%	5%
	因人施教	70%	25%	5%
	自主学习	90%	10%	0
	可持续发展	80%	15%	5%
情境学习	实践挑战性	90%	5%	5%
	互动合作性	75%	20%	5%
	真实体验性	95%	5%	0
知识整合	学科知识的跨界整合	90%	5%	5%
	新旧经验的迁移重组	70%	25%	5%
创新创造	想象力丰富	85%	10%	5%
	审美能力提升	80%	15%	5%
	新技术运用	80%	10%	10%

---

① ［新西兰］哈蒂(Hattie, J.)：《可见的学习：最大程度地促进学习：教师版》，41 页，金莺莲、洪超、裴新宁译，北京，教育科学出版社，2015。

(八)运用"活动方案设计"的评价指标对本活动方案的打分(见表 3-9)

表 3-9　"好玩的皮影戏——小红伞"活动方案设计评价得分表

二级指标	三级指标	好(5分)百分率	较好(3分)百分率	一般(1分)百分率
目标制定	目标的具体完整性	70%	20%	10%
	目标的综合渗透性	80%	10%	10%
	目标的操作指向性	75%	10%	15%
内容组织	内容选择的科学性	90%	10%	0
	内容组织的系统性	90%	10%	0
过程实施	创设问题情境	85%	10%	5%
	提出挑战任务	70%	20%	10%
	支持自主学习	75%	15%	10%
	信息交流共享	65%	20%	15%
成效检验	新颖性	80%	10%	10%
	实用性	90%	5%	5%
	规范性	85%	10%	5%

由于活动开展前期,教师根据需求,参照课程理念评价和方案设计评价量表中的项目和标准设计活动思路,为参与和支持幼儿的活动做好了思想铺垫,由上表可见,活动获得了较高的评价。

(本案例由北京市东城区新中街幼儿园侯睿瑶、穆东燕等提供)

三、科学与艺术整合的幼儿学习活动中师幼互动评价的实践运用的注意事项

(一)建立动态角色意识,支持幼儿可持续发展

项目活动的起点往往是真实的生活情境任务或问题,教学或学习都围绕着问题或任务的解决展开。教师需要动态转化自己的角色,引导幼儿分析问题、解析任务,和幼儿一起提出问题或任务的解决方案。这样的活动过程并不是围绕着某一学科领域的知识体系开展的,而是围绕问题解决中如何应用学科知识而进行的。因此,各领域的学科知识体系,以及领域间的关联都是教师和幼儿需要了解和考虑的。这就需要教师有动态转化角色的能力,观察分析幼儿的学习发展需求,促进幼儿学习和掌握跨学科综合解决问题的能力,使得他们能够

获得可持续发展的机会。

(二)转变传统师幼互动模式，形成学习合作团队

在传统的传授式教学中，教师往往是独立开展教学的。教师就是课堂的主人，从教学内容到活动过程，再到幼儿什么时候听讲、什么时候学，都在教师的安排下进行。项目活动的体验性和真实性等特点要求教师更加关注幼儿在活动过程中的学习、理解和运用过程。而且项目活动需要教师设计出与任务解决相关联的一系列实践活动，使幼儿经历有目的、有意义、能解决实际问题的学习过程。这些实践活动涉及一个或多个学科，需要教师掌握多领域知识，并且班级教师间要组成教学团队，相互配合，保证幼儿在活动过程中都能得到专业的指导和帮助。另外，项目活动的开放性使幼儿和教师成为一个共同体，师幼之间需要相互支持、相互帮助，为共同完成一个目标而努力。因此，在项目活动中教师不再以独立个体开展教学，而是与幼儿、教职工团队合作。

（本节师幼互动评价指标体系由北京市朝阳区康泉新城幼儿园孟娜、唐燕，北京市朝阳区丽景幼儿园李佳景、蒋华青、李俊盛、朝琪等团队成员参与研发）

第四节 科学与艺术整合的幼儿学习过程评价

教师"教"的质量，终究需要幼儿"学"的过程来体现，本节将从幼儿"学"的角度来评价幼儿科艺整合学习活动的过程质量。

一、科学与艺术整合的幼儿学习过程评价指标及示例

科学与艺术整合的幼儿学习过程体现在基于"学习兴趣""学习方式"两个核心要素基础上的科艺整合的"融入审美感觉的问题提出""贯通审美知觉的推测猜想""渗透审美想象的行动验证""汇集审美创造的方案达成及评议"四个阶段。[①]

这四个阶段的产生基于约翰·彼格斯和凯文·科利斯教授以皮亚杰的发展阶段论为基础建立起来的"可观察的学习成果结构"（Structure of the Observed Learning Outcome，SOLO）说，他们认为尽管很难根据皮亚杰的分类法认定学生处于哪一个发展阶段，但却可以判断学生在回答或解决某一具体问题时的思

[①] 陈晓芳：《科艺整合学习活动的过程及其对儿童创造性思维的促进》，载《学前教育研究》，2019(12)。

维结构处于哪一层次。① 学生在回应或解决某个问题时，事实上，从运用具体思维模式中的关联结构回应迈向运用抽象扩展结构回应的这一步，也是向一个新的思维操作模式迈进的一步。从具体思维模式进入抽象思维模式的转变中最重要的一点可能是：个体第一次从对当前环境的完全依赖中解放出来，并且能处理抽象的假说和定理，个体将数据和信息资料看作可以用来检验结论可能性的一些相关信息，而不是为它们所束缚。这表示个体在思维过程的有效性方面和所做判断的连贯性方面都有巨大提升。而科艺整合学习的"融入审美感觉的问题提出""贯通审美知觉的推测猜想""渗透审美想象的行动验证""汇集审美创造的方案达成及评议"四个阶段的有机递进给幼儿提供了由具体思维模式向抽象思维模式迈进，并促进这两种思维模式相互转化的时机。因而，科学与艺术整合的幼儿学习过程评价即对幼儿经历这四个阶段的学习表现的评价，见表 3-10。

表 3-10　科学与艺术整合的幼儿学习过程评价量表

一级指标	二级指标		三级指标	水平等级				
				非常好	比较好	一般	不太好	不好
				5分	4分	3分	2分	1分
融入审美感觉的问题提出	基于感知的问题提出	指标	C1 善于在真实的情境中发现问题。					
		解释	幼儿由于天生的好奇心和求知欲，喜欢积极主动地探索周围的环境和事物，在真实的生活中发现问题。	备注：				
		例子	幼儿在"蛋糕房"游戏中，看到自己制作的精美蛋糕，想外卖给其他班的弟弟妹妹吃，发现没有可以送外卖的工具。					
		指标	C2 结合已有经验和外界信息，提出问题。					
		解释	幼儿提取对有关事物的感觉表象信息和记忆，结合已有经验，提出问题。	备注：				
		例子	超市里有各种各样的小推车，它们大小不同，形状不一。幼儿问："我们是否可以制造一个能送外卖的小推车呢？"					

---

① ［澳］彼格斯（Biggs, J. B.）、［澳］科利斯（Collis, K. F.）：《学习质量评价：SOLO 分类理论（可观察的学习成果结构）》，2 页，高凌飚、张洪岩主译，北京，人民教育出版社，2010。

续表

一级指标	二级指标	三级指标	水平等级				
			非常好 5分	比较好 4分	一般 3分	不太好 2分	不好 1分
融入审美感觉的问题提出	源于实证的问题定义	指标 C3 提出可检验的假设的证据。					
		解释 幼儿提出通过实证的科学的问题。	备注:				
		例子 幼儿问:"超市里的小推车都是什么材料做的?都有什么特点和功能?"					
		指标 C4 根据证据重新定义问题和形成线索。					
		解释 幼儿对问题的定义更加具体,形成有线索性的问题。					
		例子 幼儿问:"什么样的小推车适合送外卖蛋糕呢?"					
贯通审美知觉的推测猜想	计划和构想方案	指标 C5 结合任务做出粗浅的整体计划。					
		解释 幼儿与同伴协商、讨论,结合方案需求收集与项目相关的资料,形成具体、可操作的方案和计划思路。	备注:				
		例子 幼儿描述自己喜欢的小推车的外形特征,如要能推动,还要好看;材料要结实,不容易坏掉;要有车厢,能放东西;还要有可以推的把手等。					
		指标 C6 构想并选择最优方案,推测结果。					
		解释 幼儿运用联想、想象、推理等方法,进一步构想方案,推测结果,为活动的深入开展做准备。	备注:				
		例子 幼儿构想如何制作小推车:"先做车的身子,再做车的把手。""轮子必须是可以转动的,要有窗户。"					
	设计与绘制图像	指标 C7 通过绘图等方式设计项目图纸。					
		解释 幼儿根据自己设想的方案画出图纸,图纸上包括要用的工具、制作的步骤、最终的成品图。	备注:				
		例子 根据小推车的作用,幼儿绘制了适合送外卖的设计图。					
		指标 C8 方案设计中包含制作的初步计划,有制作步骤或分阶段的设计。					
		解释 在设计图上,幼儿需要有比较明确的思路、步骤。	备注:				
		例子 幼儿在设计小推车的时候,先设计车的身子,再设计车的把手,最后是各个连接的部分。					

续表

一级指标	二级指标		三级指标	水平等级				
				非常好	比较好	一般	不太好	不好
				5分	4分	3分	2分	1分
渗透审美想象的行动验证	开发和使用模型	指标	C9 选择适合的材料，开发设计模型。					
		解释	幼儿与同伴合作、协商、讨论，根据设计图纸，选择合适的小型材料，制作模型。	备注：				
		例子	幼儿用小纸盒、雪糕棒、瓶盖、游戏棒等小型材料设计制作小推车的模型。					
		指标	C10 尝试使用模型。					
		解释	幼儿尝试各种材料组合的方式，使模型的结构更加牢固。	备注：				
		例子	幼儿发现展示台需要用胶枪固定，才会更牢固。					
	基于想象和证据的行动验证	指标	C11 运用数学概念、数学方法。					
		解释	幼儿在材料的选择与裁剪中，用到数量、加减法、图形及图形组合、集合、部分与整体等数学概念；使用计算、测量等数学方法。	备注：				
		例子	小推车的车厢有六个正方形的面，面与面之间相互垂直。幼儿测量正方形的每条边，发现每条边一样长。					
		指标	C12 运用数学思维。					
		解释	幼儿运用比较、分类、类推、等量变换等数学思维解决问题。	备注：				
		例子	幼儿按照做上层车厢的尺寸和制作方法做下层车厢。					
		指标	C13 探索实践。					
		解释	幼儿运用生活材料建造产品，在改进的过程中不断调整、完善设计方案，以支持下一步制作。	备注：				
		例子	幼儿用硬纸板制作完小推车的身体；选择更适宜的圆木棍等材料做小推车的"腿"和"手"等。					
		指标	C14 拓宽思路。					
		解释	幼儿在相互讨论、思想碰撞、实践行动中"异想天开"地探索新思路、新方法。	备注：				
		例子	幼儿边制作小推车边讨论："这个小木棍太长了，可以用锯子让它变短一点儿。""可以用玩具飞机的万向轮做小推车的轮子。""可以做双层带挂钩的，这样可以多装东西。"					

续表

一级指标	二级指标	三级指标	水平等级				
			非常好	比较好	一般	不太好	不好
			5分	4分	3分	2分	1分
汇集审美创造的方案达成及评议	产品使用和交流评鉴	指标 C15 产品实用性。					
		解释 产品能够支持幼儿的真实游戏、生活需求，能够实际运用，解决实际生活和游戏中的问题。	备注：				
		例子 小推车能够帮助幼儿送外卖，解决幼儿问题，丰富幼儿游戏的内容。					
		指标 C16 产品艺术性。					
		解释 项目作品在视觉上美观、整洁，受幼儿喜欢，并符合大众审美。	备注：				
		例子 幼儿装饰小推车的车厢，安上小铃铛，一推小推车就发出叮叮咚咚的好听的声音。					
		指标 C17 产品创新性。					
		解释 作品能够体现幼儿的真实想法，有新意，有创造。	备注：				
		例子 幼儿对小推车的把手根据游戏中的需要做了改造与创新。					
	产品完善与推广	指标 C18 在使用中继续完善。					
		解释 幼儿在实际使用产品中，不断地发现问题，进一步改进。	备注：				
		例子 幼儿用小推车送外卖时，发现要用很大的力气才能推动。"怎么才能更省力"成为幼儿进一步探索的问题，小推车的轮子经历了从纸筒到万向轮的调整。					
		指标 C19 多方式推介自己的产品。					
		解释 幼儿用多种方式（表演展示、网络宣传等）主动、自信地向同伴介绍作品及使用方法，体验成功带来的快乐。	备注：				
		例子 幼儿在区域游戏中展示自己做的小推车；把小推车拍成照片，向家长介绍。					

（本评价指标体系由北京市西城区棉花胡同幼儿园蒋小燕、李寅、乾芳等参与研发）

由表 3-10 可知,科学与艺术整合的幼儿学习过程评价量表的结构,包括 4 项一级指标、8 项二级指标、19 项三级指标。量表的内容是根据幼儿科艺整合学习的四阶段的共性过程来制定的。其中"融入审美感觉的问题提出"包含"基于感知的问题提出、源于实证的问题定义"2 项二级指标;"贯通审美知觉的推测猜想"包含"计划和构想方案、设计与绘制图像"2 项二级指标;"渗透审美想象的行动验证"包含"开发和使用模型、基于想象和证据的行动验证"2 项二级指标;"汇集审美创造的方案达成及评议"包含"产品使用和交流评鉴、产品完善与推广"2 项二级指标。19 项三级指标由幼儿科艺整合学习活动的关键步骤和节点组成,反映了幼儿科艺整合学习活动的价值导向、重点难点。幼儿经过这些关键步骤和节点的学习,使得感性与理性结合起来,内在的思维和外在的行动结合起来,智慧与情感挂钩,提高了学习兴趣,改善了学习方式,促进了幼儿解决问题能力和创造性的发展。[①]

本量表亦是借鉴李克特的计分方法,分别计:不好(1 分),不太好(2 分),一般(3 分),比较好(4 分),非常好(5 分)。分值越高,表明教师支持幼儿经历科艺整合学习活动的过程质量水平越高。表中的"备注"空白处可填计分的理由或特别解释,以体现计分的合理性。

二、科学与艺术整合的幼儿学习过程评价的实践运用的注意事项

第一,在项目活动开展之初,提高教师支持幼儿制订初步计划的能力,有安排活动步骤的意识。

第二,在操作及改进环节,教师要鼓励幼儿在改进的过程中不断调整、完善设计方案,以支持下一步制作。

第三,在作品完成和推广环节,提高幼儿艺术素养和幼儿审美能力,支持幼儿利用多种方式宣传展示。

[①] 陈晓芳:《科艺整合学习活动的过程及其对儿童创造性思维的促进》,载《学前教育研究》,2019(12)。

第五节　科学与艺术整合的幼儿学习关键经验评价

关键经验的概念初见于 20 世纪 70 年代后期美国高瞻课程（High/Scope），最初是用来描述学前儿童在社会、认知、身体和情感等方面的发展状况，历经发展与修改，其对幼儿学习与发展的重要经验进行了梳理，形成关键经验，表现为一系列可观察的行为和经历。[①] 它是高瞻课程组织教育教学的框架与线索，也是高瞻课程评价教育教学质量的重要指标。

目前，国内外学者对关键经验的内涵还没有形成标准化定义。幼儿经验获得的过程就是学习与发展的过程，而关键经验是从一般经验中择出的重要的经验，对幼儿的学习与发展至关重要。朱家雄认为幼儿接触到的经验太多太杂，有些经验对幼儿具有重大价值，有些经验对幼儿的价值有限，甚至有些经验可能会阻碍幼儿的发展，课程编制者精心地筛选并提取适合幼儿年龄特点的、最值得幼儿学习的内容就成了所谓的关键经验。[②] 因此，关键经验具有基础性、生成性、连续性、教育价值性，并且强调主动性，是幼儿发展过程中必不可少的要素。

从学科的视角，科学、技术、工程、数学领域各有其知识系统，但在生活中，有关科学、技术、工程、数学领域的知识，经常又是被人们整合在一起使用的，它们之间紧密联合。科学的知识经验和神秘感为激发幼儿的探究热情提供了先决条件，从科学现象或问题出发能使幼儿快速投入学习活动；技术是人类在利用和改造世界的过程中积累起来的经验、知识、操作方法和技巧。幼儿通过学习和使用技术来完成工程设计流程，在不断尝试、操作的过程中逐渐实现目标、完成作品。工程是幼儿对习得的数学与科学知识的运用，借助知识与经验的作用，通过项目的方式产生物化成果。[③] 如此，幼儿通过回忆生活经验、动手操作、观察实物、想象、描述、联想、模拟、分析和推理，通过合作与实践完成项目任务，解决生活中遇到的难题。

---

① 张玉晴：《大班幼儿建构区关键经验的表现性评价》，硕士学位论文，西南大学，2018。

② 朱家雄：《幼儿园课程中的关键经验与关键概念——玩与教的两难（十）》，载《幼儿教育》，2014(34)。

③ 陈晓芳等：《学前儿童 STEAM 学习活动案例及评析》，8 页，北京，北京师范大学出版社，2022。

本节将分别从学科视角和生活视角对幼儿科学领域（包括科学、技术、工程、数学 4 个领域内容）、艺术领域和科艺整合跨领域学习关键经验的评价进行说明。

一、幼儿科学领域学习关键经验评价的指标

对于幼儿而言，科学就是运用各种感官去观察和感知世界的过程。幼儿尝试通过各种科学的方法和过程，包括使用工具和适宜的技术，去理解周围的自然物和物质世界、生命世界的现象、运作方式和本质，促进幼儿科学思维和科学情感、态度价值观建立的过程。

由于科学与艺术整合学习的宗旨是帮助幼儿"将想象变为现实"，所以幼儿的科学幻想或理想最终要在现实中，通过技术运用得以实物（工程或产品）的物质形态呈现出来，过程中亦少不了技术、工程、数学领域知识和经验的参与。据此逻辑，本书的幼儿科学领域学习关键经验评价量表结构见表 3-11。

表 3-11　幼儿科学领域学习关键经验评价量表

领域	一级指标	二级指标	三级指标	水平等级				
				非常好	比较好	一般	不太好	不好
				5分	4分	3分	2分	1分
科学	科学知识和经验	对科学现象的感性认识	C1 能够关注并描述科学现象。					
			C2 能发现科学现象的特征，如沙、石、水、土、阳光、空气、云、雷、电、风、霜、雨、雪等自然现象及不同节气的典型特征。					
			C3 能了解不同材料的特性，以及不同材料和整体结构的关系。					
			C4 能分辨动植物的外形、气味、触觉及其生长变化的过程。					
		获得简单的科学知识和概念	C5 物质科学：能发现常见的物理现象和自然现象的科学原理、产生条件或影响因素，如时间，空间，变化，力与运动及其相互作用，能量守恒与能量传递等。					
			C6 生命科学：如生物演化与相互适应，改变与变化，生物的统一性与多样性。					
			C7 地球与空间科学：如地球在宇宙中的位置，地球环境与人类的活动。					

续表

领域	一级指标	二级指标	三级指标	水平等级				
				非常好	比较好	一般	不太好	不好
				5分	4分	3分	2分	1分
科学	科学过程与方法	科学探究的过程	C8 能发现并确定问题或目标，并能独立解决问题或及时调整解决方法。					
			C9 能够推理和预测出具有一定合理性的结果。					
			C10 能设计并产生较合理的解决方案。					
			C11 能自主展开实验验证，记录有关信息，根据实际使用情况调整和改善方案，如运用实验等来寻找能量守恒与能量传递的证据。					
		科学探究的能力方法	C12 能通过观察发现不同物体的特征或事物前后的变化。					
			C13 能通过资料收集、参观等途径知道现象或事物的多样性，获取、筛选有效信息。					
			C14 能借助多种工具材料进行多种方式的操作。					
			C15 能用词语、图表、符号、照片、视频、录音等形式进行观察记录。					
		科学的思维方式	C16 能通过比较事物的异同进行分析和概括、自由联想与想象。					
			C17 能进行比较符合逻辑的因果联想。					
			C18 能进行准确有效的比较、选择、判断、决策。					
	科学情感与态度	科学情感	C19 能保持好奇心和探究热情，并坚持完成探究直至获取结果。					
			C20 能科学合理地制定方案、实施行动，并表达爱护环境的情感，积极表达爱好和平、尊重生命的愿望。					
		科学精神	C21 能积极运用已有的认知、信息、技能和方法，提出新方法、新发现。					
			C22 能根据已有经验合理推断，认同经过证实的客观事实，尊重事实。					
			C23 客观公正，有主动承担、贡献自己的力量的意愿。					

续表

领域	一级指标	二级指标	三级指标	水平等级				
				非常好	比较好	一般	不太好	不好
				5分	4分	3分	2分	1分
技术	材料与工具使用	材料选择与使用	C24 能熟练根据材料性质利用连接、镶嵌、拼插等技能完成简单的造型拼装。					
			C25 能运用围合、垒高、斜拉、架空、捏、折、捻、穿等技能完成作品的制作。					
		工具选择与使用	C26 能根据需求选择最适宜的工具，并熟练运用工具、利用工具。					
			C27 能在利用工具时做到拉锯、钻孔、旋钮、裁剪、粘贴、挖铲、栽种、嫁接等精细动作。					
	信息技术运用	信息技术产品使用	C28 了解电子产品的常用功能，愿意尝试运用电子产品。					
			C29 熟练掌握电子产品的软件功能，如录音、录像、拍照、计算、平台登录、网络浏览等。					
		使用信息技术进行探究	C30 能用多种形式收集项目中所需的资料，按照类别等进行分类整理，保存资料。					
			C31 能利用电子产品尝试进行游戏编程、视频或动画制作等。					
工程	工程设计与规划	工程设计	C32 能够设计出工程的基本结构。					
			C33 能够根据问题或需求产生某项亟待解决的工程问题的愿望。					
			C34 能根据设计查阅资料，收集信息。					
			C35 在工程设计中的众多不同想法中能够挑选出最优方案。					
		工程规划	C36 可以利用模型和模拟实验来分析现有系统，确认项目中各种设计的优势和缺陷。					
			C37 能确保任务是否安全、合法，具有技术可行性。					
			C38 能够凸显并提升项目工程的功能性。					
	工程建造与完善	工程实施	C39 能够根据计划施工，探求各种使工程稳固的方法。					
			C40 能够运用现有知识、经验或技术解决实际问题，不断试错，修改。					
		质量评估	C41 材料丰富、适宜，结构稳固，适用性强。					
			C42 工程的外形美观、大方，功能全面。					

续表

领域	一级指标	二级指标	三级指标	水平等级				
				非常好	比较好	一般	不太好	不好
				5分	4分	3分	2分	1分
数学	数学知识与经验	数量概念	C43 能准确数出物体总数，知道数和量的关系。					
			C44 能根据活动需要准确判断所需要材料的数量。					
			C45 能熟练使用数字标记完成活动。					
		部分、整体与集合	C46 能准确感知物体的整体与部分。					
			C47 有集合的概念。					
		形体与空间关系	C48 能感知不同材料所呈现的几何形状，能拼搭长方形、椭圆形、圆形、正方形、三角形。					
			C49 能根据活动需要分辨以参照物为中心的前后、上下、左右、里外的位置关系。					
	数学过程与方法	数学学习的方法	C50 能根据活动需求有目的地借助数学经验与技术进行数学操作（如排序、搭建）。					
			C51 能用准确的数学语言、图表、符号等记录操作步骤。					
			C52 能熟练运用自然物、替代物、尺子等工具进行自然测量。					
		数学的思维方式	C53 能进行简单的分析、综合与归纳。					
			C54 能寻找规律，进行简单推理。					

（本评价指标体系由北京市东城区明城幼儿园邢燕虹、袁晓渝、张辰、张娇蕾、盛璇、郑悦、王宇、于晓婷等团队成员参与研发）

由表 3-11 可知，科学领域学习关键经验包含了"科学知识和经验、科学过程与方法、科学情感与态度"3 项一级指标。其中，"科学知识和经验"包含了"对科学现象的感性认识、获得简单的科学知识和概念"2 项二级指标。"科学过程与方法"包含了"科学探究的过程、科学探究的能力方法、科学的思维方式"3 项二级指标。"科学情感与态度"包含了"科学情感、科学精神"2 项二级指标。

技术领域学习关键经验包含了"材料与工具使用、信息技术运用"2 项一级指标。其中，"材料与工具使用"包含了"材料选择与使用、工具选择与使用"2 项二级指标；"信息技术运用"包含了"信息技术产品使用、使用信息技术进行探究"2 项二级指标。

工程领域学习关键经验包含了"工程设计与规划、工程建造与完善"2项一级指标。其中，"工程设计与规划"包含了"工程设计、工程规划"2项二级指标。"工程建造与完善"包含了"工程实施、质量评估"2项二级指标。54项三级指标是从多个活动案例、文献的编码分析所得，然后经过层层归类，形成的如上所述的二级指标和一级指标。

数学领域学习关键经验包含了"数学知识与经验、数学过程与方法"2项一级指标。其中，"数学知识与经验"包含了"数量概念，部分、整体与集合，形体与空间关系"3项二级指标；"数学过程与方法"包含了"数学学习的方法、数学的思维方式"2项二级指标。

本表借鉴李克特的计分方法，达成指标的等级分别计：不好(1分)，不太好(2分)，一般(3分)，比较好(4分)，非常好(5分)。评价者可根据现场观察或录像观察，记录评价对象的得分情况以获取评价数据。

二、幼儿艺术领域学习关键经验评价的指标

艺术给幼儿提供了另一种更令他们欣喜和愉悦的表达方式。幼儿艺术领域学习的过程即幼儿审美感受与欣赏、审美表达和创造的过程。因而，艺术领域学习关键经验评价包含了"感受与欣赏、表达与创造"2项一级指标，见表3-12。

表3-12 幼儿艺术领域学习关键经验评价量表

领域	一级指标	二级指标	三级指标	水平等级				
				非常好	比较好	一般	不太好	不好
				5分	4分	3分	2分	1分
艺术	感受与欣赏	审美感受	C55 认识自然界及视觉艺术中事物的声音、形状、色彩、线条。					
			C56 感受到视觉艺术的造型、结构和音乐节奏、音色、旋律的规律及变化。					
		审美欣赏	C57 能通过声音、形象等展现的过程，发现艺术作品细节之间的联系以及所表现的事物和主题的含义，理解艺术所要表达的思想情感内容。					
			C58 能够理解视觉艺术中的作品形象以及音乐与生活和劳动的联系。					
			C59 能运用视觉艺术中线条、冷暖色调对比及音色、旋律对比，表达对应的情感，并产生相应的联想。					

领域	一级指标	二级指标	三级指标	水平等级				
				非常好	比较好	一般	不太好	不好
				5分	4分	3分	2分	1分
艺术	表达与创造	审美表达	C60 能选择适合的艺术形式，如文学、音乐、绘画、装饰、雕塑等，或综合运用舞蹈动作、戏剧创作、角色扮演等方式，结合生活经验和想象，来表达自己的对周围世界的感受、看法或想象。					
		审美创造	C61 能创造有很多细节的复杂表征，并解释是如何用某种艺术元素（如色彩、线条、质地、形状），来达到特定效果的。					
			C62 能运用新的艺术表现手法创造出与众不同的既美观又有实用性的艺术作品，美化生活，并从中获得愉悦的情感，享受到成功的喜悦。					

由表 3-12 可知，本书依据《3—6 岁儿童学习与发展指南》的精神，幼儿艺术领域学习关键经验包含了"感受与欣赏、表达与创造"2 项一级指标。下设"审美感受、审美欣赏、审美表达、审美创造"4 项二级指标，8 项三级指标由对众多案例、文献中"意义单元"的编码分析，经由多轮专家审定所得。

三、幼儿科艺整合跨领域学习关键经验评价的指标及示例

"跨领域学习关键经验"一词由"跨学科概念"迁移转化而来，在本书中是指对幼儿解决问题有益的关键经验，这些经验超越了领域、学科范畴，也指幼儿从事科艺整合学习时运用的普遍性经验。它包括信息处理、沟通交流、探究发现、想象与创造方面的关键经验，见表 3-13。

表 3-13 幼儿科艺整合跨领域学习关键经验评价量表

领域	一级指标	二级指标		三级指标(典型表现)	非常好 5分	比较好 4分	一般 3分	不太好 2分	不好 1分
科艺整合跨领域	信息处理	信息收集	指标	C1 利用观察、倾听、记录、阅读、查找、收集等方式收集信息。					
			示例	在前期收集滑轮喂鸟器的信息时,行行说道:"我看到图书区有一本关于鸟类的图书。我们可以看一看,看看鸟儿们都喜欢吃些什么。"于是幼儿通过阅读图画书、听新闻播报等,收集到了关于树木环境、天气状况、鸟儿的种类和数量的资料,并用表格进行了记录。	备注:				
			指标	C2 对收集到的信息线索进行简单分类和关联,调动自己的已有经验进行整合。					
			示例	在收集滑轮信息的过程中,豪豪说:"我看过一本书叫《了不起的滑轮》。我们可以从里面收集滑轮的信息。这本书里面说动滑轮和定滑轮都可以让我们更轻松地提起重物,两个滑轮也有不一样的地方。我们得亲自动手试一试。"(幼儿在收集到的滑轮信息中发现动滑轮和定滑轮的特点)	备注:				
		信息筛选	指标	C3 利用比较、选择、判断、决策等方法,通过对信息的对比,思考信息之间的不同,筛选出最优信息。					
			示例	在选择滑轮制作滑轮喂鸟器的过程中,豪豪发现:"用定滑轮时,我们在下面拉绳子,国旗就会上升了。用动滑轮得爬上去才行。"通过对比试验及教师引导,幼儿了解到了定滑轮可以改变力的方向这个原理。条条说:"喂鸟器就可以用定滑轮,我们在下面拉绳子,它就可以下来随时添加食物了。"(在比较动滑轮、定滑轮的优缺点后,幼儿选择了可以改变力的方向的定滑轮)	备注:				
			指标	C4 能够在项目活动需要时迁移运用有效信息,帮助完成项目任务。					
			示例	在设计制作前,幼儿发现了问题,竹竹说:"喂鸟器在树上,我们怎么添加食物?"行行说:"我可以爬上树去添加。"小贾说:"那太危险了,我们还是想办法让喂鸟器降下来吧。"条条说:"旗杆不就可以让国旗升上去、降下来吗?我们先去看看旗杆是怎么做的。"幼儿仔细观看了国旗升降的详细视频并实际操作,发现需要一个装置通过移动绳子升降。在教师的引导下,幼儿知道了旗杆上的装置叫定滑轮。(幼儿在观察和实地考察升国旗的基础上提出自己的疑问,并能通过旗杆联想到滑轮)	备注:				

领域	一级指标	二级指标		三级指标（典型表现）	非常好 5分	比较好 4分	一般 3分	不太好 2分	不好 1分
科艺整合跨领域	沟通交流	倾听理解	指标	C5 能够认真倾听他人对活动相关的设想、做法等表达。					
			示例	在讨论制作过程中，条条说："我们还得去量一量喂鸟器要放在多高的地方，定滑轮需要多长的线才行。我们用什么工具测量呢？"小白说："我们可以用建筑区的积木测量。"童童赞同地说道："我们也可以用卷尺。我在家就用它量身高。"小鱼说："可是，如果卷尺不够长的话怎么办？"童童说："我们可以用很长的绳子先量距离并做好标记，再量绳子的长度就可以了。"	备注：				
			指标	C6 能够将别人的表达和自己要完成的任务进行关联，理解他人表达与项目活动之间的因果关系。					
			示例	在喂鸟器的制作过程中，条条说："我们可以用一个大塑料瓶在中间挖一个洞。"豪豪提议："那我们用剪子或者小刀试一试。"在尝试制作后，航航发现了问题说道："塑料瓶太硬了，剪不动，我们得用一些更锋利的工具。"卷卷听到了他的想法说道："我们可以去木工坊啊，那里有很多工具，还有电动的，一定可以打个洞。"	备注：				
		表达反馈	指标	C7 能够对他人清晰表达自己对项目方案所需工具、材料使用、方法运用各个环节的设想。					
			示例	希希对于初次投放的喂鸟器中食物并未减少提出疑问："鸟儿是不喜欢吃喂鸟器里的食物吗？我们是不是可以再加几种食物，鸟儿就可以选择自己喜欢的食物吃了？"幼儿对鸟类的进食习惯又进行了调查了解，对喂鸟器中食物的种类和数量进行调整。由于天气变化导致降水，喂鸟器平台上有积水，不方便鸟儿停留进食。晶晶说："我们把台子往下斜一点儿，有积水就流下来了。"	备注：				
			指标	C8 在理解他人设想的基础上结合自己的经验提出自己的看法和建议。					
			示例	在讨论喂鸟器中食物并未减少如何解决时，行行听到了璐璐关于更换平台材料的想法，说道："要不我们不要这个平台了？小鸟有爪子，平时也站在树枝上，我们可以直接在喂鸟器上放一根树枝或者木棍，也不会积水。小鸟也可以站在上面吃食。"大家都同意了行行的看法，对喂鸟器进行了改造，将平台改为了便于小鸟停留的木棍、木杆。（幼儿完善成品后，再次将滑轮喂鸟器投入使用）	备注：				

续表

领域	一级指标	二级指标		三级指标（典型表现）	非常好 5分	比较好 4分	一般 3分	不太好 2分	不好 1分
科艺整合跨领域	沟通交流	反思改进	指标	C9 能够在交流中联系、思考、质疑自己的想法。					
			示例	在讨论搭建水道的过程中，磊磊说："我刚才发现水流到最后就剩下一点儿了，就把架高的桶里加满了水，但还是运不过去。"月月说："我把低处的竹片放在前一个竹片下面，竹片重叠，水就都流过去了。"磊磊说："我也把竹片连接在了一起，原来要重叠在一起才可以。"	备注：				
			指标	C10 在思考中修改丰富自己的想法，形成新设想并付诸行动。					
			示例	选择灌溉方式时，苗苗说："公园里有喷水的设施。"珍珍说："但是那个喷水的面积太大了，而且那个喷出来是圆形的，我们的种植箱是长方形的，没有那么大，水会喷出来，太浪费水了。"月月说："那我们找一找有没有合适的管道吧。"	备注：				
	探究发现	探究技能	指标	C11 发现问题，提出假设、解决问题的程序和方法。					
			示例	幼儿在搭建花箱灌溉系统时发现在管道分支处连接的是四通，水流大部分都直接顺着出口流走了，并没有拐弯流到两边去。月月说："苗苗，你堵住前面的出水孔。我们再试一试。"发现水流分叉后，苗苗说："我们把前面的四通管道换成三通管道吧。减少出口，就能有更多的水流到两边了。"	备注：				
			指标	C12 根据原因和结果，得出基于证据的结论。					
			示例	活动前幼儿探讨能用什么材料做再生纸。乐乐说："我觉得用卡纸做不出再生纸，因为卡纸又厚又硬，也不爱吸水，水都泡不软它。所以我觉得用卡纸没法成功。"	备注：				
		分工合作	指标	C13 结合自己意愿，分担项目活动工作的一部分，并且能完成任务。					
			示例	在实验开始前，稳稳对同组的幼儿说道："一会儿我来剪纸片吧。我剪得更小一些。"	备注：				
			指标	C14（小组探究活动或大型艺术创作中团队合作的技能和方法）在分担项目的过程中，会互相协商，选择更优化的方法，尝试解决问题，共同完成任务。					
			示例	幼儿因为纸片和水没搅拌成纸浆进行了讨论，稳稳说："我觉得咱们用手撕的纸片和剪子剪的纸片还是不够小，所以不容易变成纸浆。"丞丞说："我知道了，我们家有捣蒜的机器，用那个肯定能把纸片弄成蒜末那么小。"斐斐说："不，用破壁机。我妈妈总用破壁机做玉米汁，用破壁机肯定能做出纸浆。"	备注：				

续表

领域	一级指标	二级指标		三级指标(典型表现)	非常好 5分	比较好 4分	一般 3分	不太好 2分	不好 1分
科艺整合跨领域	探究发现	知识整合	指标	C15 能用艺术的手段(文学、语言、绘画、音乐、舞蹈、戏剧、影视等)表现自己所观察到、所感受到、所喜欢的外界事物的形象、状态、变化过程及其周围环境的关系,以及对某一事物的感觉或理解,并迁移、拓展到生活经验中,创造出自己独特的表达方式,可以是抽象或者具象的。					
			示例	1. 彤彤在做纸桥实验,用形状和数字记录纸桥的承重,"折成梯形的纸桥最结实!"她边说边演示。 2. 峰峰:"行星是围着太阳转的。"说着,他围着赫赫开始转圈。	备注:				
			指标	C16 知觉到事物的外形、特性、功能、变化、数量、顺序、排列与艺术美的关系,整合多种知识和经验,制订出可以实施的计划。					
			示例	1. 美美学习了磁悬浮的原理之后,绘制出了一个悬浮的牙刷,开始想选择的材料和工具。 2. 小孔了解了风车原理和固定方法,找出了纸杯、棉签,并制订出制作计划。	备注:				
			指标	C17 发现事物简单的排列规律,并尝试创造新的排列规律;了解力与运动和事物变化的周期美、顺序美、循环美的关联。					
			示例	幼儿通过创编不同方位(上下或左右等)对称的舞蹈动作以及舞蹈动作的反复,关联对空间方位和事物变化的周期、顺序、循环的认知。	备注:				
			指标	C18 了解人们的生活与自然环境以及人与人之间的密切关系,运用对材料质地的认识,创造性地用某些有特点的材料拼成抽象或写实的图案,供同伴或他人欣赏。					
			示例	幼儿运用视觉想象、空间推理,探讨对称的概念,创造几何图形;利用不同的自然物品,创造性地使用材料,精心安排和设计美化环境。	备注:				

续表

领域	一级指标	二级指标		三级指标（典型表现）	非常好 5分	比较好 4分	一般 3分	不太好 2分	不好 1分
科艺整合跨领域	想象与创造	联想与想象	指标	C19 过程中能产生与众不同的想法，同时又具有一定的现实性。					
			示例	1."怎样浇花能节约时间呢?"谦谦用软管加滴管接上水龙头做出了新型浇花器，不用小朋友每天去浇花了。 2. 轩轩觉得被褥太重了，想起了动滑轮的原理，到科学区尝试制作动滑轮运输器。	备注：				
			指标	C20 能有天马行空的想象，不受类别、时间以及空间的限制。					
			示例	在城市建设项目中，萌萌和东东带来了小汽车玩具。东东说:"我们能让汽车飞起来吗?"萌萌说:"我们可以试试能不能在磁悬浮的磁力下，让汽车飞起来。"	备注：				
		创造性呈现	指标	C21 通过联想以及不断尝试操作，发现并总结出比之前更好的方法。					
			示例	琪琪正在制作浇花器的连通装置，可是管道材料太短，也不能拐弯。琪琪联想到生活中观察过水管连接点，发现使用两通管道或者三通管道更加好用、方便。	备注：				
			指标	C22 探索中大胆尝试使用新技术。					
			示例	大东制作了机器人，想让机器人飞起来，他用网络查阅相关资料，找到利用磁悬浮将机器人悬浮起来的方法。	备注：				
			指标	C23 把设想变为现实，创造并呈现新事物:努力把自己创造性的想法通过思考、动手操作真正做出来，呈现出新的事物。					
			示例	在磁悬浮探索项目中，幼儿通过讨论了解磁悬浮列车的原理，"我也想让东西悬浮起来，像魔术师一样!"萌生了自己设计制作的想法后，幼儿开始绘制设计图，寻找材料动手制作。小恬设想把自己最喜欢的玩偶悬浮起来，通过绘制设计图，寻找材料，初步尝试制作，二次修改探索制作，最终完成了悬浮玩偶的作品，将自己的设想通过真正动手制作呈现了出来。	备注：				

（本评价指标体系由北京市东城区明城幼儿园邢燕虹、袁晓渝、张辰、张娇蕾、盛璇、郑悦、王宇、于晓婷等团队成员参与研发）

由表 3-13 可知，"信息处理"包含了"信息采集、信息筛选"2 项二级指标；"沟通交流"包含了"倾听理解、表达反馈、反思改进"3 项二级指标；"探究发现"包含了"探究技能、分工合作、知识整合"3 项二级指标；"想象与创造"包含了"联想与想象、创造性呈现"2 项二级指标。其下设的 23 项三级指标均由对众多幼儿科艺整合学习活动的案例及文献当中的"意义单元"的编码分析，并通过专家多次审定修改而成。

第六节　科学与艺术整合的幼儿综合素养评价

科学与艺术整合的幼儿学习活动开展的成效最终体现在幼儿科艺综合素养是否得到显著提高上，本节重点论述科学与艺术整合的幼儿综合素养评价的指标拟定的依据、结构及实践运用。

一、科学与艺术整合的幼儿综合素养评价指标拟定的理论依据

关于科学素养评价的相关研究，英国在教育和科学部咨询文件《全国性课程（5—16 岁）》中提出培养儿童的科学素养，包含科学知识与能力、科学观点与态度、科学技术等。美国《新一代科学教育标准》提出了在科学兴趣、对科学原理的理解与应用、科学概念、科学态度、科学价值判断、科学思维习惯等方面培养儿童的科学素养。我国教育部在《义务教育初中科学课程标准(2011 年版)》中提出，科学素养包含科学探究，科学知识与技能，科学态度、情感与价值观，科学、技术、社会、环境。王厚红根据这些维度，研究制定了包含观察感知、持续专注、好奇好问、思考猜测、表达交流等指标的幼儿科学素养框架体系。根据以上研究，科学与艺术整合的幼儿综合素养评价量表中设立了"好奇心"的评价指标。赵金萍根据自己的教学实践将幼儿综合素养分为"自主学习能力、沟通协作能力和学习品质"三个维度。根据该研究，科学与艺术整合的幼儿综合素养评价量表中设立了"社会能力"的评价指标。穆罕默德(Mohammad)等根据问题解决指标将问题解决能力分为理解问题能力、陈述问题能力、计划能力、执行计划能力、确定计划能力、回顾计划能力。根据该研究，科学与艺术整合的幼儿综合素养评价量表中设立了"执行力"的评价指标。

关于幼儿科艺整合学习活动中幼儿创造力发展的相关研究，黄海涛基于一

个 2000 余名幼儿样本的研究发现，实施了科艺整合学习活动项目的实验班幼儿，在创造力发展水平方面显著优于非实验班。根据该研究，科学与艺术整合的幼儿综合素养评价量表中设立了"创造性思维"的评价指标。

高瞻课程基于"主动学习"这一核心理念，编制了适用于 2.5 岁至 6 岁的儿童观察记录表(Child Observation Record)，评价指标包括对儿童的主动性、社会关系、创造性表现、运动和音乐、语言和读写以及数学和科学发展水平的评价。儿童观察记录表践行着在真实自然的情境中持续的过程性评价，它与教师日常的教学过程是相结合的。基于儿童观察记录表"主动学习"的核心理念，科学与艺术整合的幼儿综合素养评价量表中设立了"学习力"的评价指标。

此外，创造性思维和想象之间的关系非常密切。林崇德指出，创造力是思维与想象的有机统一体，思维与想象是创造的两个支柱。陈帼眉指出，对于幼儿来说，创造性思维的核心和主要成分就是想象。董奇在论述幼儿创造力的特点时也指出，创造性想象在儿童的创造活动中占主要地位，几乎所有的创造活动都缺不了创造性想象。蒋冬红和鲁忠义在研究幼儿创造性人格时发现，幼儿初步显示出了创造性的人格特征：有强烈的好奇心，有丰富的想象力，表现出率真与顽皮，具有幽默感。基于以上研究，科学与艺术整合的幼儿综合素养评价量表中设立了"想象力"的评价指标。

在构建量表的相关评价指标时，尽可能采用多维度评价，评价指标涵盖幼儿科艺综合素养的各方面，评价内容能关注到幼儿兴趣，创造性思维，探索问题、解决问题的能力，学习的能力，社会性发展，品德与个性等，以期整理出较为详尽的评价参考模型，并为后期深入开展实践奠定基础。

二、科学与艺术整合的幼儿综合素养评价的指标及示例

基于研究的基本要求，科学与艺术整合的幼儿综合素养评价依据以上有关理论，采用文献法、内容分析法、行动研究法、教育实验法，同时结合专家意见和建议形成了"好奇心、想象力、执行力、学习力、社会能力、创造性思维、品德与个性"7 项二级指标，见表 3-14。

表 3-14　科学与艺术整合的幼儿综合素养评价量表

二级指标	三级指标	水平等级		
		高级水平(5分)	发展水平(3分)	初级水平(1分)
好奇心	C1 反应灵敏	水平说明		
		幼儿对周围环境和信息变化、未知事物有高度的敏感性。	幼儿对周围环境和信息变化有较强的敏感性。	幼儿对周围环境变化有一定的敏感性。
		示例		
		琪琪观看皮影戏之后，能观察到皮影人动起来很有趣，也能察觉皮影人动起来的关键在于关节和后面操控的小棍。	可欣观看皮影戏之后，能观察到皮影人动起来很有趣，能察觉皮影人动起来的关键在于关节或后面操控的小棍。	果果观看皮影戏之后，能观察到皮影人动起来很有趣，但是不能察觉皮影人动起来的关键在于关节和后面操控的小棍。
	C2 主动参与	水平说明		
		幼儿经常主动提问、追问，喜欢探索新事物，思维活跃，能对新事物提出相关问题，发表观点和看法。	幼儿喜欢接触日常生活或学习中的新鲜事物，能对新事物提出相关问题，发表观点和看法。	幼儿愿意接触日常生活或学习中的新鲜事物，很少对新事物提出相关问题，发表观点和看法。
		示例		
		在"给小鸭泳池运水"活动中，浩浩尝试用各种工具运水，清晰地知道每种工具的运水量，总结出管道运输既省力又轻松，而且可以长时间运水。	在"运被子"活动中，佳彤愿意参加"运被子"活动，偶尔能提出运被子的好方法，可以背着下楼、拉着下楼等。	在"运被子"活动中，西西愿意参加"运被子"活动，但是不能提出运被子的好方法。
	C3 持久专注	水平说明		
		幼儿在面对自己感兴趣的事物时，特别专注，持续时长为10分钟以上，即便旁边有干扰，也能继续完成。	幼儿在面对自己感兴趣的事物时，相当专注，持续时长为5~10分钟。	在成人的引导下，幼儿能对某件事物专注持续地探索，持续时长为5分钟左右。
		示例		
		在制作动起来的皮影人时，云汐能不断地尝试制作，即便环境有些吵闹，依旧心无旁骛地操作着，直到皮影人成功动起来为止。	班里组织磁铁小游戏时，一鸣对磁铁吸引金属的特性非常感兴趣，自己拿着小磁铁，探究班里哪些物品能被吸住，哪些不能被吸住，持续了8分钟。	在教师的积极引导下，看看谁能最快地让皮影人动起来，俊俊表现出持续5分钟左右的尝试、探索制作。

二级指标	三级指标	水平等级		
		高级水平(5分)	发展水平(3分)	初级水平(1分)
好奇心	C4 好奇体验	水平说明		
		幼儿对以前未曾见识过的事物表现出强烈的情绪体验，甚至会惊讶和感叹，结束后还会表现出恋恋不舍的样子。	幼儿对以前未曾见识过的事物表现出的情绪状态较为兴奋，会提出相应的问题，注意力比较集中。	幼儿对以前未曾见识过的事物没有表现出明显的情绪变化，没有过多的问题，注意力较为分散。
		示　例		
		在"制作磁力车"的活动中，凡凡看到已制作完成、跑起来的磁力车，情绪超级兴奋，有疑问"为什么小车能跑起来"，会感叹小车跑起来太酷了，很想去尝试，观看完之后还会期待教师第二次示范，想要亲自操作。	在"制作磁力车"的活动中，轩宇看到已制作完成、跑起来的磁力车，情绪较为兴奋，会有疑问"为什么小车能跑起来"，眼睛和脑筋能够一直跟着教师的操作和引导。	在"制作磁力车"的活动中，然然看到已制作完成、跑起来的磁力车，情绪不兴奋，没有疑问"为什么小车能跑起来"，反而对窗外的树叶产生兴趣。
想象力	C5 远距离联想	水平说明		
		看到一个事物时，幼儿能想到与这个事物不同类别、不同时空的事物。	看一个事物时，幼儿能联想到与这个事物不同类别的事物。	看一个事物时，幼儿能联想到与这个事物同一类别的其他事物。
		示　例		
		在"制作木棒弹射器"活动中，教师呈现镶嵌在一起的齿轮组合，向幼儿提问"这个看起来像什么"时，奕奕回答道："这像是古代抛石头机里的一个部件，我在电视上看到过，在军事博物馆里也见过。"	在"制作木棒弹射器"活动中，教师呈现镶嵌在一起的齿轮组合，向幼儿提问"这个看起来像什么"时，果果回答道："这个有点儿像转动的水车。"	在"制作木棒弹射器"活动中，教师呈现镶嵌在一起的齿轮组合，向幼儿提问"这个看起来像什么"时，球球回答道："这像是玩具车上的齿轮，我在我的校车玩具上见过。"
	C6 创造性想象	水平说明		
		幼儿能按照一定的目的、任务，通过自己的努力，对以往的经验进行重组和迁移，从而形成新的形象，并且通过自己动手操作，顺利地创作出这个新形象。	幼儿能按照一定的目的、任务，通过自己的努力，利用以往经验在头脑中形成新的形象，并且通过教师引导动手操作，顺利地创造出这个新形象。	幼儿能按照一定的目的、任务，利用以往经验，在头脑中形成一个新的形象。

157

二级指标	三级指标	水平等级		
		高级水平(5分)	发展水平(3分)	初级水平(1分)
想象力	C6 创造性想象	示 例		
		从没有见过滴水浇花器的可可,根据自己在家用剪刀给塑料瓶打孔打不了的经验,结合自己在图书、网站等渠道收集到的信息,在头脑里创造出用易拉罐做成的滴水浇花器的形象。他准备好改锥和易拉罐,用改锥给易拉罐扎出很多小孔,完成"易拉罐"滴水浇花器的制作,整个过程完成得很顺利。	从没有见过滴水浇花器的心心,根据自己在家给花浇水的经验,在头脑里创造出用塑料瓶做成的滴水浇花器的形象。他准备好塑料瓶和牙签等工具,给塑料瓶底扎孔,自制出"塑料瓶"滴水浇花器,整个过程完成得很顺利。	从没有见过滴水浇花器的明明,根据自己在家给花浇水的经验,在头脑里创造出用塑料瓶做成的滴水浇花器的形象,能说出来,但不知道如何做出来。
执行力	C7 提出问题的能力	水平说明		
		幼儿面对感兴趣的话题或事物时,能够提出推动活动发展的问题,并且能够结合问题进行分析或推断。	幼儿面对感兴趣的话题或事物时,能够提出自己的问题,并且提出的问题是能够推动活动发展的。	幼儿能够在成人的引导下,根据感兴趣的话题或事物,提出问题。
		示 例		
		小实在"搭大棚"的活动中,设计大棚时,提出问题:"我们应该设计什么样子的大棚?"他继续分析道:"如果设计一个圆形的大棚,我们没有适合的支撑架子,可以搭一个像帐篷一样的大棚。"	安吉在"搭大棚"的活动中,在需要对木棍进行固定的时候,提出:"我们应该用什么材料固定?"	在"搭大棚"的活动中,幼儿提出想要给植物搭大棚的时候,糯米有点儿迷茫。这时教师对糯米说:"如果你想搭大棚,第一步需要干什么?"糯米恍然大悟,问道:"我们要搭建什么样的大棚?需要哪些材料?"

续表

二级指标	三级指标	水平等级		
		高级水平(5分)	发展水平(3分)	初级水平(1分)
执行力	C8 做出假设的能力	水平说明		
		幼儿能够有根据地提出猜想,并根据内容提出有因果关系的假设。	幼儿能够有根据地提出猜想,并根据内容提出假设。	幼儿能够进行大胆的猜想。
		示例		
		在"自制浇花器"的活动中,有饮水机浇花器、吊瓶浇花器、电动抽水浇花器等,多米认为吊瓶浇花器的花长势会最好的。他说:"因为吊瓶浇花器出水量均匀,最适合植物生长,而且水瓶里的水也足够多。"为了验证他的猜想,他提出要用同类的植物进行测试。	在"自制浇花器"的活动中,昊昊制作了吊瓶浇花器。他觉得在医院的时候打吊瓶能够持续4~5小时,如果他的浇花器用大可乐瓶子,会持续更长的时间,能够维持3~4天。	在"自制浇花器"的活动中,安安制作了一个饮水机浇花器。他认为他的浇花器可以一直不停地给花浇水。
	C9 制订计划的能力	水平说明		
		幼儿能够独立制订有目的的计划。	幼儿能够独立制订简单的计划。	幼儿能够在成人的引导下制订计划。
		示例		
		在"搭大棚"的活动中,牛牛自己制订了以下计划: (1)设计能够防风防雨的大棚; (2)寻找能够保暖的材料; (3)分工搭建大棚; (4)进行测试。	在"搭大棚"的活动中,果果自己制订了搭建计划: (1)设计大棚的样子; (2)寻找搭建大棚的材料; (3)搭建大棚。	在"搭大棚"的活动中,甜甜对于搭大棚需要做什么感到迷茫,通过教师的提问,做出了对于搭大棚的步骤计划: (1)设计大棚的样子; (2)寻找搭建大棚的材料; (3)搭建大棚。

二级指标	三级指标	水平等级		
		高级水平(5分)	发展水平(3分)	初级水平(1分)
执行力	C10 实施计划的能力	水平说明		
		幼儿能够运用各种各样的策略及与他人合作完成较复杂的计划。	幼儿能够自己独立完成较简单的计划。	幼儿能够在他人的引导和帮助下基本完成计划。
		示例		
		在"搭大棚"的活动中,安安和佳晨通过商讨合作完成了大棚的搭建,搭建的大棚结构完善,并且牢固,符合最初设计的目的。	在"搭大棚"的活动中,安安简单地完成了每项计划,完成了基础的搭建,但步骤少,并且搭建的结构较为简单。	在"搭大棚"的活动中,高高面对计划显得手足无措,不知道从哪里下手。教师说:"你的计划是先寻找适合搭大棚的材料。你是不是应该先去找一找什么样的材料适合搭大棚呢?"高高开始寻找。
	C11 得出结论的能力	水平说明		
		幼儿能够通过过程现象,独自得出结论,并分析其原因及关系;运用拼图、对比和对照、估算等方法,发现空间模式,关注到事实间的关系和条理;能用联想和想象使抽象的问题具体化或概念化。	幼儿能够通过过程现象,得出正确结论,但需要通过成人引导理解其原因。	幼儿能够通过成人引导,得出正确的结论。
		示例		
		在"自制浇花器"的活动中,有饮水机浇花器、吊瓶浇花器、电动抽水浇花器等,跳跳通过观察记录发现吊瓶浇花器组的植物长势最好,他分析因为吊瓶浇花器的出水量最适合该植物的生长。	在"轨道小球"的活动中,球球发现轨道拐弯越少小球滚得越快,可是不知道为什么。教师引导道:"小球拐弯的时候发生了什么?"球球说:"拐弯的时候小球碰到了墙壁,会变慢。"在教师的引导下,球球了解了小球滚动速度变化的原因。	在"制作皮影人"的活动中,总结结论时,毛毛不说话。教师提问道:"为什么能够从幕布后面看到皮影人?"毛毛说:"因为皮影人挡住了后面手电筒的光。"在教师的追问下,毛毛知道了皮影戏的表演原理。

续表

二级指标	三级指标	水平等级		
		高级水平(5分)	发展水平(3分)	初级水平(1分)
执行力	C12 表达交流的能力	**水平说明**		
		幼儿能够通过请教、协商、争辩等方法与他人用条理清晰的语言交流,沟通有重点,意图明确,有可能借助工具沟通。	幼儿能够通过请教、协商、争辩等方法与他人用完整清晰的语言交流。	幼儿能够用简单的语言较完整地与他人进行交流分享。
		示 例		
		在搭大棚的过程中,思思与涛涛在选择连接工具时产生了不同的意见。思思说:"我们可以用毛线进行连接,这样我可以系个扣儿。"涛涛说:"毛线不可以,因为会松下来,之前我们在给西红柿做架子的时候就不行。我们应该用更硬一点儿的材料。"笑笑听见后说道:"毛根也不行,你们看。"笑笑进行了演示,毛根太容易变形,无法将竹竿固定。笑笑继续说道:"我们可以用很硬的铁丝,就是保安爷爷绑树屋的那种。它连树屋都能固定,一定很结实,但我们可能需要钳子来帮忙了。"	在设计搭大棚的外形时,琪琪想设计方形的结构,西西反驳道:"之前我们用纸箱没有成功,主要是因为纸箱是纸的,中间的地方塌下去了。如果还是方形的,中间还是容易塌下去,我们不能让中间积水。"琪琪说:"可是方形的很容易搭建出来。"西西说:"可是这样并不能保护植物,我们还是搭一个帐篷形状的吧。"	乐乐在搭建完大棚后与同伴分享,介绍道:"这是我们小组搭建的大棚。我们用了塑料膜和竹竿进行搭建。通过努力,我们终于成功了。"
学习力	C13 学习理解力	**水平说明**		
		在遇到完全不同的情境时,幼儿能将原有经验进行再现。	在遇到相似的情境时,幼儿能将原有经验进行再现。	在遇到相同的情境时,幼儿能将原有经验进行再现。
		示 例		
		丽丽有了为兔宝宝做房子时用三角形去掉一个角形成屋顶的形状(梯形)的经验之后,在收纳七巧板时先将两块中等的三角形放进正方形的收纳板中,形成了一个大三角形;然后用两个小三角形、一个正方形和一个平行四边形拼出一个梯形;最后将一块小三角形放在梯形上面形成了正方形收纳板上的另外一半大三角形。	朵朵在为兔宝宝做房子的时候用三角形去掉一个角,形成屋顶的形状(梯形)。在为小鸟制作鸟窝时,她自主用同样的方法来制作鸟窝的窝顶。	佳佳在为兔宝宝做房子的时候,在教师的引导下用三角形去掉一个角,形成了屋顶的形状(梯形)。在做另一半屋顶时,她依然用三角形剪掉一个角形成的形状来充当。

二级指标	三级指标	水平等级		
		高级水平(5分)	发展水平(3分)	初级水平(1分)
学习力	C14 学习应用力	**水平说明**		
		幼儿将已有的经验进行改装重组,顺利解决了在新的情境中遇到的问题。	在新的情境中遇到问题时,在没有教师指导的情况下,幼儿自主多次尝试,成功地运用已有的经验解决了当下的问题。	在新的情境中遇到问题时,在教师的指导下,幼儿成功地运用已有的经验解决了当下的问题。
		示　例		
		在推小车比赛中,东东了解到地面平整光滑,推车速度更快,方向更准。在打保龄球比赛中,东东不仅将保龄球轨道加大了坡度,还将垫子斜坡改为木板斜坡以再次增加保龄球的速度和准度。	西西在玩轨道小球玩具时发现小球下降速度很慢,加大了轨道的坡度,小球下降速度加快。有了轨道小球玩具经验之后,西西在操场上玩打保龄球的游戏,自主将保龄球轨道加大了坡度,以增加保龄球的冲击力。	小北在玩轨道小球玩具时发现小球下降速度很慢,加大了轨道的坡度,小球下降速度加快。在沙水游戏中,水在沙渠中的流动速度慢。在教师引导下,小北加大了沙渠坡度,水流速度加快。
社会能力	C15 争论与质疑	**水平说明**		
		幼儿能够在自身与他人产生分歧或他人与他人产生分歧时,提出有效的解决方法使双方愉悦地解决分歧。	幼儿能够在自身与他人产生分歧或他人与他人产生分歧时,提出有效的解决方法成功解决问题,但分歧双方并未都有愉悦的情感。	幼儿在自身与他人产生分歧或他人与他人产生分歧时,虽提出解决方法,但并未解决分歧。
		示　例		
		在做皮影人的过程中,乐乐发现耳朵做得太小,打洞后纸张损坏,不能使用。东东认为是打洞的位置问题,与耳朵大小没有关系,最终两人达成一致,重新制作大一点儿的耳朵解决了问题。	在做皮影人的过程中,乐乐发现耳朵做得太小,打洞后纸张损坏,不能使用。明明认为是打洞的位置问题,与耳朵大小没有关系。最终乐乐以重新制作大一点儿的耳朵解决了问题,但明明依然坚持自己的观点。	在做皮影人的过程中,小北发现耳朵做得太小,打洞后纸张损坏,不能使用。朵朵则觉得只要能连接就可以,有部分损坏也没关系,两人并未达成一致。

二级指标	三级指标	水平等级		
		高级水平(5分)	发展水平(3分)	初级水平(1分)
社会能力	C16 调解与协商	**水平说明**		
		幼儿主动与同伴相互交流信息，相互阐述观点、意图和需要，协商后最终达成一致意见，且双方心情愉悦。	幼儿主动与同伴相互交流信息，相互阐述观点、意图和需要，最终达成一致意见，但双方并未都有愉悦的体验。	在教师的帮助下，幼儿与同伴相互交流信息，相互阐述观点、意图和需要，但最终并未达成一致意见。
		示 例		
		幼儿在与同伴协商想要搭建的车。乐乐想搭跑车，因为这是他喜欢的车型。东东想搭公共汽车，因为这样大家能一起在里面玩，最终两人同意搭个跑车的车头，公共汽车的车身。两名幼儿能够积极地参与游戏。	幼儿在与同伴协商想要搭建的车。乐乐想搭跑车，因为这是他喜欢的车型。明明想搭公交汽车，因为这样大家能一起在里面玩。最终明明妥协同意搭跑车，但过程中积极性不高。	幼儿在与同伴协商想要搭建的车。乐乐想搭跑车，因为这是他喜欢的车型。朵朵想搭公共汽车，因为这样大家能一起在里面玩。两名幼儿并未达成一致的搭建需求。
	C17 分工与合作	**水平说明**		
		幼儿能够主动与他人分工、合作，且通过分工、合作最终实现活动目标。	幼儿能够主动与他人分工、合作，但最终并未实现活动目标。	幼儿愿意接受同伴发起的分工、合作。
		示 例		
		在制作皮影人的过程中，乐乐与东东自由组合为一组，两人顺利完成。	在制作皮影人的过程中，乐乐与明明自由组合为一组，但明明中途并未积极地配合游戏，没有顺利完成。	在制作皮影人的过程中，小北请朵朵帮忙剪轮廓，朵朵愿意协助。
	C18 反思与分享	**水平说明**		
		幼儿能够主动与他人分享材料或工具，并且能够准确、详细地分享自己的成果。	幼儿在"能够主动与他人分享材料或工具"以及"能够准确、详细地分享自己的成果"中能做到其中一项。	幼儿不愿主动与他人分享材料或工具，并且不能准确、详细地分享自己的成果。

二级指标	三级指标	水平等级		
		高级水平(5分)	发展水平(3分)	初级水平(1分)
社会能力	C18 反思与分享	示 例		
		乐乐发现了打孔器一次成功打孔的秘密，并把这个方法分享给同伴，很多幼儿都学习到了这个本领。	西西发现了打孔器一次成功打孔的秘密，能帮别人打孔，但表述不清。	明明发现了打孔器一次成功打孔的秘密，但并未与同伴分享这一发现。
创造性思维	C19 流畅性	水平说明		
		在遇到问题与解决问题时，幼儿想法多，反应快，能够在较短的时间内表达出很多的想法并能佐证自己的想法。	在遇到问题时，幼儿能够独立进行思考，反应速度较快，并有较多自己的想法。	在遇到问题时，幼儿可以在成人的引导下进行思考，反应速度一般，想法较少。
		示 例		
		童童在一定时间内回答面粉可以做什么。她说："面粉可以做面包、面条、饺子、馒头、烧饼，还可以和鸡蛋做鸡蛋饼、和南瓜做南瓜饼等。"答案的种类很多。	果果在一定时间内回答面粉可以做什么，可以独立思考回答。她说："面粉可以做面包、面条、饺子、汉堡包等。"答案的种类较多。	乐乐在一定时间内需要教师引导回答面粉可以做什么，如面粉可以做面包、面条、饺子。
	C20 精进性	水平说明		
		考虑问题时，幼儿能自主从更精致、更细密的角度考虑问题不同的方面，在同伴或成人的帮助下，找到问题的关键。	考虑问题时，幼儿能主动全面思考，做到基本不遗漏问题。	考虑问题时，幼儿需要成人的引导才能不遗漏问题。
		示 例		
		同样情境下，萱萱能独立想到需要的水量问题和小朋友的力气问题，还可以考虑到合作问题或使用其他更能提高效率的工具，如向后勤叔叔借小推车等(省时又省力)。	同样情境下，欣欣能独立找到尽可能多装水，又确保自己拿得动的方法(省时又省力)。	明明在给小鸭子运水时，只考虑自己拿得动的问题，不考虑多装水等其他问题，在教师的引导下才会考虑如何才能尽可能地多装水，又能确保自己拿得动。

续表

二级指标	三级指标	水平等级		
		高级水平(5分)	发展水平(3分)	初级水平(1分)
创造性思维	C21独创性	水平说明		
		在遇到问题时，幼儿能够提出一些不同的想法。这些想法还是在自己过去的经验基础上，有理有据，并且能通过自己的行动去实现的。	在遇到问题时，幼儿不仅能够提出一些不同的想法，还能通过自己的行动去实现。	在遇到问题时，幼儿能够提出一些不同的想法。
		示　例		
		同样的情境下，艺艺提出："我们可以在一张软一点儿的纸上面画一个跟车轮同样大小的圆，用我们之前剪窗花的方式，将这张纸对折三次，剪掉中间的花心，再把它打开平铺在新车轮上，圆心就找到了。"	同样情境下，小缘提出："我们可以找到刚才我们用来画圆的桶盖，上面把手的地方应该就是圆心。"	在给小汽车的新车轮(硬纸板)找圆心时，大家都表示靠近中间的位置都可以，但是晨晨提出可以用一些工具来找到圆心的位置。
	C22变通性	水平说明		
		在自己原本的方法行不通时，幼儿能主动思考，并且能想出多种不同类型的解决办法。	在自己原本的方法行不通时，幼儿能主动思考别的解决办法。	用自己原本的方法行不通时，幼儿需要他人的提示或引导才能思考别的解决办法。
		示　例		
		同样的情境下，依依不仅可以想到用其他材料代替挡板，还可以想到改变轨道的原有形状，尽量不设置那么多的弯道等，从问题的不同角度进行思考。	同样的情境下，乐乐能自主寻找弯道挡板或其他代替挡板的材料，并积极尝试，最终解决问题。	针对小球不能顺利通过弯道的情况，小莘在教师或其他幼儿的提示或引导下选择使用弯道挡板来解决问题。
品德与个性	C23品德	水平说明		
		幼儿了解自己在自然生态和宇宙中的位置，懂得人类与地球其他物种相偎相依、唇齿与共的相互关系，力求实事求是、客观公正地看待周围的人和事物，树立生态平衡观念，爱护自然，热爱与尊重生命。	幼儿了解自己在自然生态和宇宙中的位置，懂得人类与地球其他物种相偎相依、唇齿与共的相互关系，懂得爱护自然，热爱与尊重生命。	幼儿在成人提醒下能爱护周围的花草树木，爱护小动物。

续表

二级指标	三级指标	水平等级		
		高级水平(5分)	发展水平(3分)	初级水平(1分)
品德与个性	C23品德	示 例		
		幼儿了解地球是人类生存的家园，地球围绕太阳转，太阳系是宇宙星系中的小小一员；人是靠阳光、土地、水而活着的；理解"温室效应"对地球造成的灾害，知道火灾、洪水、地震、战争等对人类毁灭性的影响。	幼儿了解地球是人类生存的家园，地球围绕太阳转，太阳系是宇宙星系中的小小一员；人是靠阳光、土地、水而活着的。	幼儿懂得爱护周围的小动物和自然界的花草树木，理解人与它们之间的关系。
	C24个性	水平说明		
		幼儿理解心灵美、语言美、行为美也是美的一种表现；懂得白与黑、好与坏、美与丑等在一定条件下可以互换；性格具有初步辩证思维；活泼开朗，积极向上，敢于质疑与迎接挑战，具有冒险精神。	幼儿理解白与黑、好与坏、美与丑等在一定条件下可以互换；性格活泼开朗，积极向上。	幼儿懂得评判好与坏、美与丑的一些标准；性格活泼开朗。
		示 例		
		幼儿对人真诚坦率、谦和有礼，懂得同情和帮助弱小，对乐于助人的同伴表示赞赏；理解有时候"白"也代表光明，"黑"也代表黑暗；知道一些让自己变得更好的方法。	幼儿懂得团结、合作、分享是行为美的一种表现，同情和帮助弱小是好的行为；对乐于助人的同伴表示赞赏。	幼儿知道和同伴要友好相处。

（本评价指标体系由北京市昌平区机关幼儿园巩爱弟、王先妹、刘迎润、王昕平、史美玉、王寅平、李佳馨、刘淑新等团队成员参与研发）

由表3-14可知，"好奇心"包含了"反应灵敏、主动参与、持久专注、好奇体验"4项三级指标；是个体遇到新奇事物或处在新的外界条件下所产生的注意、操作、提问的心理倾向；是个体学习的内在动机之一、个体寻求知识的动力，是创造性人才的重要特征。"想象力"是幼儿对头脑中已有的表象进行加工改造，建立新形象的能力，包含了"远距离联想、创造性想象"2项三级指标。

"执行力"包含了"提出问题的能力、做出假设的能力、制订计划的能力、实施计划的能力、得出结论的能力、表达交流的能力"6项三级指标。"学习力"是指知识获得和行为改变的能力。学习能力的高低，决定一个人的未来走向。其包含了"学习理解力、学习应用力"2项三级指标。"社会能力"是指幼儿从一个自然人到逐步掌握社会的道德行为规范和社会行为技能，成长为一个社会人的能力。其包含了"争论与质疑、调解与协商、分工与合作、反思与分享"4项三级指标。"创造性思维"依据托兰斯创造性思维测验（TTCT 理论），包含了"流畅性、精进性、独创性、变通性"4项三级指标。幼儿科艺整合学习活动最终的价值是促进幼儿"品德与个性"的发展，使其成为一个对社会有用的人，必须符合国家、社会对人才的普遍要求。

　　根据幼儿的反应敏感性的不同程度，课题组将幼儿的表现分为"高级水平""发展水平""初级水平"3个不同的层次，分别赋予"5分""3分""1分"。教师在使用量表的过程中，发现幼儿的行为有时会出现介于两者之间的情况，因此也会根据实际情况出现"2分""4分"。对于量表中比较难以理解的内容，又附加了具体示例，帮助一线教师更好地判定幼儿表现，给予相应的分值。

第四章 科学与艺术整合的幼儿学习活动评价的过程与方法

第一节 科学与艺术整合的幼儿学习活动评价量表的研发过程

科学的幼儿科艺整合学习活动评价内容和指标的诞生依赖于规范严谨的研发过程和方法。本章将对此进行具体说明。

一、科学与艺术整合的幼儿学习活动评价量表研制的基本过程

首先，课题组广泛阅读教育评价以及与科艺整合课程相关的书籍，完成了研制幼儿科艺整合学习活动评价体系的理论准备。基于前人的理论研究，课题组设计了幼儿科艺整合学习活动评价体系的研究框架，并进行评价指标体系的设计，初步形成了幼儿科艺整合学习活动评价系统的系列量表。初版评价量表形成后，课题组邀请专家对评价量表进行了评审，提出评审意见。

其次，课题组广泛收集了幼儿科艺整合学习活动的案例，基于扎根理论，运用 Nvivo 软件对这些案例进行质性分析，提取在各幼儿园实施的幼儿科艺整合学习活动的过程中各个环节出现的高频词，进行三级编码，结合前人的研究及实施课程的一线教师的教学经验，对初稿进行了大幅修改，并基于课题组成员的广泛讨论设计出了幼儿科艺整合学习活动各个实施环节的评价指标，涵盖活动的诊断性评价、形成性评价、终结性评价及活动设计、活动过程和活动结果的全过程，共计 9 个评价量表，构建了针对幼儿科艺整合学习活动较为完整详细的评价体系。

第二版幼儿科艺整合学习活动评价指标体系形成后，课题组邀请了学前教

育、心理测评领域的专家，对评价体系的评价指标设计的合理性和可行性进行指导。根据专家的意见，课题组对评价指标体系进行了第三次修订，形成第三版评价量表。接下来，课题组将第三版评价量表的指标体系的结构和指标做成问卷，面向一线教师、骨干教师、教研干部、学前教育专家发放问卷，共计发放 500 余份，调查不同层次的学前教育工作者对量表设计合理性和可行性的意见，以判断课题组所设计的指标的合理性。从调查结果来看，第三版评价指标体系获得了学前教育工作者的广泛认可，调查对项目合理性的打分从"不合理"到"完全合理"分为 5 个等级，9 个评价量表的绝大部分评价指标的得分都在 4 分以上，说明各级评价指标在合理性上都获得了专家和教师的广泛认可，达到比较理想的水平。对于极少数分数稍低的评价指标，课题组进行了原因分析，并做了相应的修改，形成第四版幼儿科艺整合学习活动评价指标体系。

课题组将获得专家和教师广泛认可的第四版幼儿科艺整合学习活动评价系列量表在幼儿科艺整合学习活动的全过程中进行广泛施测，并通过施测数据对量表进行项目区分度分析及信效度检验，验证量表的有效性和可靠性，对量表的项目做进一步校正。数据结果表明幼儿科艺整合学习活动各评价量表的信效度指标达标，项目区分度较强，能可靠而有效地评价幼儿科艺整合学习活动质量。

基于实证数据，课题组验证幼儿科艺整合学习活动的评价系列量表的有效性和可靠性后，将评价系列量表运用于幼儿科艺整合学习活动的教育实践中，在 5 所幼儿园中开展实验，分别设定实验班和非实验班，从活动设计到活动过程，再到活动结果运用量表对参加和未参加幼儿科艺整合学习活动的班级进行施测，检验量表是否能鉴别出二者的差异，从而鉴别量表的有效性。另外，课题组还运用基于量表的评价指标进行表现性评价任务的设计与评价，通过量表促进幼儿科艺整合学习活动的质量提升。

那么，幼儿科艺整合学习活动的评价体系具体包括哪些量表？每个量表的设计、验证和运用过程如何？下面将进行一一陈述。

二、科学与艺术整合的幼儿学习活动评价量表体系的基本结构

幼儿科艺整合学习活动评价是对幼儿科艺整合学习活动的合理性、科学性以及课程实施条件和实施效果进行价值判断，同时对课程质量持续完善的活动。

其对象包括幼儿科艺整合学习活动的计划、实施、结果等诸种要素。评价的内容既包括课程计划和实施过程本身，也包括参与课程实施的教师、幼儿、幼儿园的发展情况。量表体系的设计采用定性和定量相结合的方法，对幼儿科艺整合学习活动实施前、实施过程中和实施后的结果进行评价，促进课程、幼儿、教师、幼儿园的共同发展。

幼儿科艺整合学习活动实施前的评价是指在幼儿科艺整合学习活动开始前，对活动理念进行评价。活动理念是学前课程开发的指南针，体现了课程设计者的儿童观、学习观和教育观，影响着具体学习活动的设计思路、教育目标和幼儿的发展目标，对幼儿科艺整合学习活动的实施过程和结果有着前瞻性的重大意义。

幼儿科艺整合学习活动过程中的评价是指在学习活动过程中为了解幼儿的学习情况，及时发现活动中的问题而进行的评价。本研究通过在活动过程中评估环境与材料的创设以及活动实施的具体过程考察活动设计的实施质量，通过评估活动过程中师幼互动的质量考察教师具体的教育艺术，通过评估幼儿在科学、艺术以及科艺整合跨领域学习关键经验的增长考察幼儿的学习状况。对幼儿科艺整合学习活动过程的评价是希望通过评价获得教师教育和幼儿学习过程中的连续反馈，为教师随时调整活动计划、改进活动方法提供参考。通过对幼儿在科艺整合学习活动中的学习全过程的持续观察、记录、反思而做出的发展性评价，通过激励幼儿学习，帮助幼儿有效调控自己的学习过程，使幼儿获得成就感，增强自信心，培养合作精神。

幼儿科艺整合学习活动实施后的评价是对幼儿科艺整合学习活动最终效果的检验，评价在幼儿科艺整合学习活动结束后，幼儿获得了什么样的发展。本研究中幼儿科艺整合学习活动实施后的评价是对幼儿综合运用科学、艺术及科艺整合经验解决问题的能力、学习方式综合运用、社会性发展、创造性思维等方面开展评价。

根据本研究建构的科学与艺术整合的幼儿学习活动评价的理论框架，对幼儿科艺整合学习活动评价量表系统(包括活动理念评价量表、方案设计评价量表、环境与材料评价量表、师幼互动评价量表、幼儿学习过程评价量表、幼儿学习关键经验评价量表、幼儿科艺综合素养评价量表)进行合理性检验、项目分析及信效度检验，以验证量表的科学性。

三、科学与艺术整合的幼儿学习活动评价量表体系的项目合理性检验

本研究量表的研发采用了三角互证的研究方法，从理论、实践和专家意见三个角度收集相关信息，印证构建量表的合理性。三角互证法是指从多个角度收集对于某一现象的解释，并将它们进行比较，使三角互证法中的每一方都可以获得更加充足的资料修正有关该现象的观点。三角互证法可以提高研究结论的可信度，因为，当研究者运用从多个角度收集到的信息来检验或构建理论时，如果不同角度的信息能推演出相同的科学结论，那么该结论就更有说服力。

科学与艺术整合的幼儿学习活动评价体系各量表理论构建完成后，课题组基于前人的理论研究初步编制了量表的指标体系。接着，课题组通过对幼儿科艺整合学习活动案例进行质性分析，运用从实践中获得的大量幼儿科艺整合学习活动的高频词和关键词，结合前人的理论研究和一线教师的实践经验校正和完善了各维度的一、二、三级评价指标，完成了三角互证法中实践角度的信息收集和量表验证工作。

此外，课题组还从专家和教师的角度收集信息，验证量表的合理性。课题组邀请了学前教育和心理测量的知名专家，前后进行了三轮专家论证和专家评审，根据专家的意见对量表进行了进一步修订。同时，课题组广发问卷，调查了一线教师、教研干部、学前教育理论研究者对所编制量表指标合理性的评分，问卷采取李克特五级量表形式，分为"不合理""不太合理""一般""合理"和"完全合理"5 个选项，借助量化分析的方法，从实证数据的角度验证所编制量表的合理性。以下是各量表指标合理性问卷调查结果。

（一）科学与艺术整合的幼儿学习活动理念与方案设计评价量表的项目合理性检验

经过初步三角互证法校正的幼儿科艺整合学习活动理念与方案设计评价量表由三级评价指标构成，活动理念和方案设计是一级指标。在活动理念下设立了幼儿为本、情境学习、知识整合、创新创造 4 项二级指标，下设 12 项三级指标；在方案设计方面，设立了目标制定、内容组织、过程实施和成效检验 4 项二级指标，下设 12 项三级指标。基于目前的量表结构，课题组编制量表指标合理性调查问卷进行项目设置的合理性调查。

1. 科学与艺术整合的幼儿学习活动理念与方案设计评价量表项目合理性调查群体基本情况

课题组将自编的《科学与艺术整合的幼儿学习活动理念与方案设计指标合理性调查问卷》面向专家和教师两个群体发放，征求专家和教师对量表指标合理性的意见。发放问卷245份，实际回收有效问卷226份，完成问卷的专家和教师的学历、工作年限、工作岗位、职称、称号涵盖层次非常广泛，能代表大多数学前教育工作者的群体，保证了所收集意见的客观性。从学历上看，博士研究生学历1人，占0.44%；硕士研究生学历4人，占1.77%；本科学历176人，占77.88%；大专学历45人，占19.91%。从教龄上看，工作10年以上的56人，占24.78%；工作7～10年的60人，占26.55%；工作4～6年的76人，占33.63%；工作1～3年的34人，占15.04%。从工作岗位上看，大学教师和研究员8人，占3.54%；教研员4人，占1.77%；幼儿园教师214人，占94.69%。从职称上看，正高级职称11人，占4.87%；副高级职称25人，占11.06%；一级及以下教师190人，占84.07%。从称号上看，特级教师23人，占10.18%；市级学科带头人和区级学科带头人7人，占3.10%；市级骨干和区级骨干94人，占41.59%；无称号教师102人，占45.13%。

从上述数据看，调查的专家和教师团队既有扎实的理论基础，又有丰富的一线教学经验，为开展研究奠定了坚实的基础。

2. 科学与艺术整合的幼儿学习活动理念评价量表项目合理性调查结果

由回收上来的专家问卷可知，100%的专家认为量表整体具有合理性，其中95.57%～97.79%的专家认为"合理"或"完全合理"。对于二级指标，100%的专家认为该量表整体具有合理性，其中96.02%～97.79%的专家认为"合理"或"完全合理"，见表4-1。

表4-1　科学与艺术整合的幼儿学习活动理念评价量表二级指标合理性分析($N=226$)

二级指标	不合理	不太合理	一般	合理	完全合理	平均值±标准差
幼儿为本	0	0	3.10%	18.14%	78.76%	4.76±0.5
情境学习	0	0	3.98%	24.34%	71.68%	4.68±0.55
知识整合	0	0	3.54%	24.34%	72.12%	4.69±0.54
创新创造	0	0	2.21%	25.67%	72.12%	4.7±0.51

课题组将幼儿科艺整合学习活动理念评价量表的三级指标依次编码为"C1，C2，C3，…，C12"，结合教师问卷对其进行指标合理性分析。分析结果表明，对于所有的三级指标项目，100％的专家和教师认为量表整体具有合理性，其中91.15％～98.23％的专家和教师认为"合理"或"完全合理"，平均值±标准差为4.58±0.69～4.8±0.46，说明绝大部分专家和教师认为量表的测试项目的合理程度非常高。

3.科学与艺术整合的幼儿学习活动方案评价量表项目合理性调查结果

由回收上来的专家问卷可知，对于科学与艺术整合的幼儿学习活动方案设计评价量表的二级指标，100％的专家认为量表整体具有合理性，其中97.35％～98.67％的专家认为"合理"或"完全合理"，见表4-2。

表 4-2　科学与艺术整合的幼儿学习活动方案设计评价量表二级指标合理性分析($N = 226$)

二级指标	不合理	不太合理	一般	合理	完全合理	平均值±标准差
目标制定	0	0	2.65％	21.24％	76.11％	4.73±0.5
内容组织	0	0	2.21％	25.22％	72.57％	4.7±0.5
过程实施	0	0	2.21％	22.12％	75.67％	4.73±0.49
成效检验	0	0	1.33％	20.35％	78.32％	4.77±0.45

课题组将幼儿科艺整合学习活动方案设计评价量表的三级指标依次编码为"C1，C2，C3，…，C12"，结合教师问卷对其进行指标合理性分析。分析结果表明，对于所有的三级指标项目，100％的专家和教师认为量表整体具有合理性，其中94.25％～98.67％的专家和教师认为合理或完全合理，平均值±标准差为4.64±0.6～4.79±0.6，说明绝大部分专家和教师认为量表的测试项目的合理程度非常高。

（二）科学与艺术整合的幼儿学习活动环境与材料评价量表的项目合理性检验

经过初步三角互证法校正的科学与艺术整合的幼儿学习活动环境与材料评价量表由三级评价指标构成，"环境创设，材料提供，幼儿与环境、材料的相互作用"是一级指标，其下设立了7项二级指标，15项三级指标。基于目前的量表结构，课题组编制量表指标合理性调查问卷进行项目设置的合理性调查。

1. 科学与艺术整合的幼儿学习活动环境与材料评价量表项目合理性调查群体基本情况

本研究运用问卷法检验评价量表项目设置的合理性，采用自编的《科学与艺术整合的幼儿学习活动环境与材料评价量表项目合理性调查问卷》面向专家（以大学教师为主）和幼儿园教师两个群体发放。其中，面向专家主要征求其对一级指标到三级指标完整评价体系的意见。面向幼儿园教师主要征求其对三级指标的意见。最终，实际回收 103 份问卷，把作答中有 99% 以上为相同数字选项的问卷作为无效问卷剔除，经统计，剩余有效问卷 77 份，有效回收率达 75%。数据显示，参与者以二级教师及以下的职称居多，其次为一级教师，高级教师占比较少，正高级教师有 2 人。从学历上看，拥有本科及以上学历的教师占79.2%，硕、博研究生占 16.9%，大专学历的教师数量较少，可见本次调查的教师学历较高；从教龄上看，工作 6～15 年的教师占一半以上，工作 25 年以上的教师共 9 人，可见本次调查的大部分教师教学经验比较丰富。此外，调查的专家，即大学教师共 12 人，幼儿园教师 65 人，其中有区级及以上荣誉称号的教师占 29.9%。

2. 科学与艺术整合的幼儿学习活动环境与材料评价量表项目合理性调查结果

数据显示，有超过七成的调查对象认为"环境创设，材料提供，幼儿与环境、材料的相互作用"3 项一级指标为"完全合理"，见表 4-3。总体来看，一级指标合理性总体得分较高，均达到理想水平。

表 4-3　科学与艺术整合的幼儿学习活动环境与材料评价量表一级指标合理性分析（N＝103）

一级指标	不合理	不太合理	一般	合理	完全合理	平均值±标准差
环境创设	0	0	0	25.0%	75.0%	4.750±0.452
材料提供	0	0	0	25.0%	75.0%	4.750±0.452
幼儿与环境、材料的相互作用	0	0	0	25.0%	75.0%	4.750±0.452

数据显示，各项二级指标的样本中均有超过五成的样本认为"完全合理"，特别是"材料使用""交互体验"的合理程度较高，指标设置理想；"发展价值"的合理程度相对较弱，见表 4-4。但总体来看，各项二级指标的合理程度均达到理想水平。

表 4-4　科学与艺术整合的幼儿学习活动环境与材料评价量表二级指标合理性分析（N＝103）

二级指标	不合理	不太合理	一般	合理	完全合理	平均值±标准差
空间布局	0	0	0	33.3%	66.7%	4.667±0.492
自由联动	0	0	8.3%	16.7%	75.0%	4.667±0.651
材料使用	0	0	0	16.7%	83.3%	4.833±0.389
发展价值	0	0	8.3%	33.3%	58.4%	4.500±0.674
互动支持	0	0	0	33.3%	66.7%	4.667±0.492
开放融合	0	0	0	25.0%	75.0%	4.750±0.452
交互体验	0	0	0	16.7%	83.3%	4.833±0.389

课题组将幼儿科艺整合学习活动环境与材料评价量表的三级指标依次编码为"C1，C2，C3，…，C15"，结合教师问卷对其进行指标合理性的分析。分析结果表明，C2 的合理性相对较弱。但总体来看，其他指标平均值都在 4.2 以上，幼儿科艺整合学习活动环境与材料评价量表中的三级指标合理性均比较理想。

结合问卷中教师和专家对量表的具体意见进一步优化评价量表的结构与内容，专家指出"空间布局的 1 项三级指标表述层次不明显"。因此，课题组将 C1 指标修改为"空间合理，场地充足，空间布局符合人体工程学特性"。

（三）科学与艺术整合的幼儿学习活动中师幼互动评价量表的项目合理性检验

由前文表 3-4 可知，经过初步三角互证法校正的幼儿科艺整合学习活动中的师幼互动评价量表由三级评价指标构成，一级指标为"情感氛围营造、活动组织安排、提供学习支持"3 项内容，每项一级指标下各 2 项二级指标，并在此基础上确定 17 项三级指标。基于目前的量表结构，课题组编制量表指标合理性调查问卷进行了项目设置的合理性调查。

1. 科学与艺术整合的幼儿学习活动中师幼互动评价量表项目合理性调查群体基本情况

课题组自编《科学与艺术整合的幼儿学习活动中师幼互动评价量表指标合理性调查问卷》面向教师群体发放，征求他们的意见。发放问卷 74 份，实际回收有效问卷 74 份。数据结果表明，调查的教师中，学历上以本科为主，占 100%；工作岗位上以幼儿园管理者或教师为主，占 86%；职称上以高级职称和中级职称居多，共占98%。

2. 科学与艺术整合的幼儿学习活动中师幼互动的评价量表项目合理性调查结果

由回收上来的专家问卷可知，一级指标的平均值为4.40～4.42，90%以上的专家认为一级指标的设计"合理"或"完全合理"，达到比较理想的水平，见表4-5。

表4-5　科学与艺术整合的幼儿学习活动中师幼互动评价量表一级指标合理性分析($N=74$)

一级指标	不合理	不太合理	一般	合理	完全合理	平均值±标准差
情感氛围营造	0	0.23%	5.68%	49.04%	45.05%	4.41±0.570
活动组织安排	0	0.90%	4.28%	49.10%	45.72%	4.40±0.616
提供学习支持	0	0.12%	5.60%	45.82%	48.46%	4.42±0.612

由回收上来的专家问卷可知，"情感氛围营造、活动组织安排、提供学习支持"3项一级指标下的二级指标均值均达到4.35以上，达到"合理"水平；二级指标更多集中在"合理"及以上水平，结果比较理想，见表4-6。

表4-6　科学与艺术整合的幼儿学习活动中师幼互动评价量表二级指标合理性分析($N=74$)

二级指标	不合理	不太合理	一般	合理	完全合理	平均值±标准差
营造积极氛围	0	0.45%	4.50%	51.80%	43.25%	4.38±0.595
保持高敏感性	0	0	2.70%	50.45%	46.85%	4.44±0.559
提高活动效率	0	0	6.75%	52.03%	41.22%	4.35±0.604
提升活动质量	0	1.35%	3.04%	47.64%	47.97%	4.42±0.604
认知策略支持	0	0	6.01%	46.40%	47.59%	4.42±0.790
提升反馈质量	0	0.45%	6.04%	43.24%	50.27%	4.43±0.605

课题组将幼儿科艺整合学习活动中师幼互动评价量表的三级指标依次编码为"C1，C2，C3，…，C17"，结合教师问卷对其进行指标合理性分析。分析结果表明，除C1、C10、C11、C12均有教师认为该项指标不合理外，其余各项指标合理程度均在"一般"以上。从平均值来看，C8平均值最低，为4.31；C9平均值最高，为4.49，各题项的合理性得分均较高。总体来看，幼儿科艺整合学习活动中师幼互动评价量表的三级指标中，征询教师意见得出的合理性总体得分较高，

均达到理想水平。

(四)科学与艺术整合的幼儿学习过程评价量表的项目合理性检验

由前文表 3-10 可知，经过初步三角互证法校正的科学与艺术整合的幼儿学习程评价量表由三级评价指标构成，一级指标为"融入审美感觉的问题提出、贯通审美知觉的推测猜想、渗透审美想象的行动验证、汇集审美创造的方案达成及评议"，其下有 8 项二级指标和 19 项三级指标。基于目前的量表结构，课题组编制量表指标合理性调查问卷进行项目设置的合理性调查。

1. 科学与艺术整合的幼儿学习过程评价量表项目合理性调查群体基本情况

科艺整合学习过程评价量表的项目合理性调查群体与环境、材料评价量表的相同。

2. 科学与艺术整合的幼儿学习过程评价量表项目合理性调查结果

由回收上来的专家问卷可知，从"融入审美感觉的问题提出"来看，有超过六成的样本为"完全合理"；从"贯通审美知觉的推测猜想"来看，样本中 75.0% 选择了"完全合理"；从"渗透审美想象的行动验证"来看，大部分样本为"完全合理"，比例是 58.4%；从"汇集审美创造的方案达成及评议"来看，样本中 75.0% 选择了"完全合理"，见表 4-7。可见，大部分专家针对一级指标的合理性表示认可，4 项一级指标均达到理想水平。

表 4-7 科学与艺术整合的幼儿学习过程评价量表一级指标合理性分析($N=77$)

一级指标	不合理	不太合理	一般	合理	完全合理	平均值±标准差
融入审美感觉的问题提出	0	0	0	33.3%	66.7%	4.667 ± 0.492
贯通审美知觉的推测猜想	0	0	8.3%	16.7%	75.0%	4.667 ± 0.651
渗透审美想象的行动验证	0	0	8.3%	33.3%	58.4%	4.500 ± 0.674
汇集审美创造的方案达成及评议	0	0	8.3%	16.7%	75.0%	4.667 ± 0.651

数据显示，二级指标中"计划和构想方案"指标设置的合理性较好，样本中 66.7% 选择了"完全合理"；"源于实证的问题定义"与"产品完善与推广"的合理性较弱，这和幼儿的思维水平和实践能力较弱有关，还有待进一步修改和完善，见表 4-8。从平均值来看，二级指标总体达到理想水平。

表4-8　科学与艺术整合的幼儿学习过程评价量表二级指标合理性分析($N=77$)

二级指标	不合理	不太合理	一般	合理	完全合理	平均值±标准差
基于感知的问题提出	0	0	8.3%	41.7%	50.0%	4.417±0.669
源于实证的问题定义	0	0	16.7%	33.3%	50.0%	4.333±0.778
计划和构想方案	0	0	0	33.3%	66.7%	4.667±0.492
设计与绘制图像	0	0	0	50.0%	50.0%	4.500±0.522
开发和使用模型	0	0	0	50.0%	50.0%	4.500±0.522
基于想象和证据的行动验证	0	0	0	50.0%	50.0%	4.500±0.522
产品使用和交流评鉴	0	0	0	50.0%	50.0%	4.500±0.522
产品完善与推广	0	0	16.7%	33.3%	50.0%	4.333±0.778

课题组将科学与艺术整合的幼儿学习过程评价量表的三级指标依次编码为"C1，C2，C3，…，C19"，结合教师问卷对其进行指标合理性的分析。分析结果表明，C4项、C5项的合理性较弱，C5项平均值最低。后经调查发现这可能和大部分被问教师认为幼儿的逻辑思维和系统思维缺乏有关。但总体来看，各项指标的平均值均在4以上，比较理想。

(五)科学与艺术整合的幼儿学习关键经验评价量表的项目合理性检验

经过初步三角互证法校正的科学与艺术整合的幼儿学习关键经验评价量表由三级评价指标构成。这里分别从幼儿科学领域学习关键经验、幼儿艺术领域学习关键经验、幼儿科艺整合跨领域学习关键经验三个方面进行说明。由前文表3-11可知，幼儿科学领域学习关键经验的一级指标为"科学知识和经验、科学过程与方法、科学情感与态度、材料与工具使用、信息技术运用、工程设计与规划、工程建造与完善、数学知识与经验、数学过程与方法"，其下有20项二级指标和54项三级指标。由前文表3-12可知，幼儿艺术领域学习关键经验的一级指标为"感受与欣赏、表达与创造"，其下有4项二级指标和8项三级指标。由前文表3-13可知，幼儿科艺整合跨领域学习关键经验的一级指标是"信息处理、沟通交流、探究发现、想象与创造"，其下有10项二级指标和23项三级指标。

基于目前的量表结构，课题组编制量表指标合理性调查问卷进行项目设置的合理性调查。

1. 科学与艺术整合的幼儿学习关键经验评价量表项目合理性调查群体基本情况

课题组自编《科学与艺术整合的幼儿学习关键经验评价量表适宜性调查问卷》面向专家和教师两个群体发放，征求专家和教师对这些指标的意见。发放问卷 101 份，实际回收有效问卷 101 份。调查数据显示，调查的专家和教师从职称上看，二级教师居多，其次为一级教师，高级以上职称的教师较少；从学历上看，拥有本科及以上学历的教师近 90%，大专学历的教师较少，本次调查的教师学历水平较高；从教龄上看，15 年以上教龄的教师占比近一半，其中 25 年以上教龄的教师共 15 人。可见本次调查的大部分教师教学经验比较丰富。

2. 科学与艺术整合的幼儿科学和艺术领域学习关键经验评价量表项目合理性调查结果

(1)幼儿科学和艺术领域学习关键经验评价量表一级指标合理性调查

由回收上来的专家问卷可知，幼儿科学和艺术领域学习关键经验的一级指标设计，专家选择"合理"以上的比例接近 90%，见表 4-9(A)。可见大部分专家对一级指标的适宜度表示认可。平均值大部分高于 4.3，总体来看，一级指标达到理想水平。

表 4-9(A)　幼儿科学和艺术领域学习关键经验评价量表
一级指标合理性分析($N=101$)

一级指标	不合理	不太合理	一般	合理	完全合理	平均值±标准差
科学知识和经验	0	0	6.93%	49.51%	43.56%	4.366±0.609
科学过程与方法	0.99%	0	3.97%	48.51%	46.53%	4.396±0.661
科学情感与态度	0	0	4.95%	45.54%	49.51%	4.446±0.588
材料与工具使用	0	0	9.90%	46.53%	43.57%	4.337±0.649
信息技术运用	0	0	8.91%	50.50%	40.59%	4.317±0.628
工程设计与规划	0.99%	0	11.88%	49.51%	37.62%	4.228±0.730
工程建造与完善	0.99%	0	9.90%	52.48%	36.63%	4.238±0.706
数学知识与经验	0	0	8.91%	43.56%	47.53%	4.386±0.644
数学过程与方法	0.99%	0	2.97%	46.54%	49.50%	4.436±0.651
感受与欣赏	0.99%	0	8.91%	43.57%	46.53%	4.347±0.724
表达与创造	0	0	6.93%	47.52%	45.55%	4.386±0.613

(2)幼儿科学和艺术领域学习关键经验量表二级指标合理性调查

由回收上来的专家问卷可知,除一名专家认为大部分指标"不合理"和"不太合理"外,其余各项合理程度均在"一般"及以上,见表 4-9(B)。从平均值看,二级指标总体达到理想水平。

表 4-9(B) 幼儿科学和艺术领域学习关键经验评价量表
二级指标合理性分析($N=101$)

二级指标	不合理	不太合理	一般	合理	完全合理	平均值±标准差
对科学现象的感性认识	0	0	9.90%	47.53%	42.57%	4.327±0.647
获得简单的科学知识和概念	0	0	7.92%	52.48%	39.60%	4.317±0.612
科学探究的过程	0	0.99%	5.94%	48.52%	44.55%	4.366±0.641
科学探究的能力方法	0.99%	0	4.95%	52.48%	41.58%	4.337±0.664
科学的思维方式	0	0.99%	9.90%	41.58%	47.53%	4.356±0.698
科学情感	0	0	7.92%	45.54%	46.54%	4.386±0.629
科学精神	0	0.99%	8.91%	47.53%	42.57%	4.317±0.674
材料选择与使用	0	0	9.90%	42.57%	47.53%	4.736±0.658
工具选择与使用	0	0	8.91%	48.51%	42.58%	4.337±0.634
信息技术产品使用	0	0	12.87%	43.56%	43.57%	4.307±0.686
使用信息技术进行探究	0	0	12.87%	47.52%	39.61%	4.267±0.673
工程设计	0.99%	0	5.94%	49.51%	43.56%	4.347±0.681
工程规划	0.99%	0	13.86%	42.57%	42.58%	4.257±0.766
工程实施	0.99%	0	10.89%	49.51%	38.61%	4.248±0.723
质量评估	0.99%	0	12.87%	52.48%	33.66%	4.178±0.723
数量概念	0	0	4.95%	46.53%	48.52%	4.436±0.587
部分、整体与集合	0	0	5.94%	44.55%	49.51%	4.436±0.604
形体与空间关系	0	0	9.90%	45.54%	44.56%	4.347±0.652
数学学习的方法	0.99%	0	8.91%	44.56%	45.54%	4.337±0.721
数学的思维方式	0.99%	0	7.92%	43.56%	47.53%	4.366±0.714
审美感受	0.99%	0	8.91%	43.56%	46.54%	4.347±0.724
审美欣赏	0	0	6.93%	45.54%	47.53%	4.406±0.616
审美表达	0	0	8.91%	43.56%	47.53%	4.386±0.644
审美创造	0.99%	0	5.94%	42.57%	50.50%	4.416±0.693

课题组将幼儿科学领域学习关键经验评价量表的三级指标依次编码为"C1，C2，C3，…，C54"，将幼儿艺术领域学习关键经验评价量表的三级指标依次编码为"C55，C56，C57，…，C62"，结合教师问卷对其进行指标合理性分析。分析结果表明，对于幼儿科学领域学习关键经验评价量表的三级指标而言，100%的专家和教师认为量表整体具有合理性，其中85.15%～95.05%的专家和教师认为"合理"或"完全合理"，平均值±标准差为4.18±0.7～4.44±0.6，说明绝大部分专家和教师认为量表的测试项目的合理程度非常高。

对于幼儿艺术领域学习关键经验评价量表的三级指标而言，100%的专家和教师认为量表整体具有合理性，其中90.10%～93.07%的专家和教师认为"合理"或"完全合理"，平均值±标准差为4.35±0.7～4.42±0.7，说明绝大部分专家和教师认为量表的测试项目的合理程度非常高。从平均值来看，三级指标达到理想水平。

3. 幼儿科艺整合跨领域学习关键经验指标合理性调查结果

(1)幼儿科艺整合跨领域学习关键经验评价量表一级指标合理性调查

由回收上来的专家问卷可知，幼儿科艺整合跨领域学习关键经验的一级指标设计，专家选择"合理"以上的比例在90%以上，见表4-10(A)。可见大部分专家对一级指标的合理性表示认可。平均值大部分高于4.2，总体来看，一级指标达到理想水平。

表 4-10(A)　幼儿科艺整合跨领域学习关键经验评价量表一级指标合理性分析($N=101$)

一级指标	不合理	不太合理	一般	合理	完全合理	平均值±标准差
信息处理	0	0	8.91%	54.46%	36.63%	4.277±0.615
沟通交流	0	0	5.94%	46.53%	47.53%	4.416±0.601
探究发现	0	0	7.92%	41.58%	50.50%	4.426±0.635
想象与创造	0	0	8.92%	45.54%	45.54%	4.366±0.641

(2)幼儿科艺整合跨领域学习关键经验评价量表二级指标合理性调查

由回收上来的专家问卷可知，各二级指标的合理性均在"一般"及以上，见表4-10(B)。从平均值看，二级指标总体达到理想水平。

表 4-10(B)　幼儿科艺整合跨领域学习关键经验评价量表二级指标合理性分析($N=101$)

二级指标	不合理	不太合理	一般	合理	完全合理	平均值±标准差
信息收集	0	0	10.89%	44.55%	44.56%	4.337±0.664
信息筛选	0	0	7.92%	45.54%	46.54%	4.386±0.629
倾听理解	0	0	6.93%	42.57%	50.50%	4.436±0.620
表达反馈	0	0	2.97%	54.46%	42.57%	4.396±0.546
反思改进	0	0	12.87%	37.62%	49.51%	4.366±0.700
探究技能	0	0	7.92%	44.55%	47.53%	4.396±0.631
分工合作	0	0	5.94%	46.53%	47.53%	4.416±0.601
知识整合	0	0	6.93%	42.57%	50.50%	4.436±0.620
联想与想象	0	0	6.93%	45.54%	47.53%	4.406±0.616
创造性呈现	0	0	6.93%	42.57%	50.50%	4.436±0.620

　　课题组将幼儿科艺整合跨领域学习关键经验评价量表的三级指标依次编码为"C1，C2，C3，…，C23"，结合问卷对其进行指标合理性分析，由回收上来的专家和教师问卷可知，选择"合理"以上的比例接近 90%。可见大部分专家和教师对三级指标的合理性比较认可。从平均值来看，三级指标达到理想水平。

(六)科学与艺术整合的幼儿综合素养评价量表的项目合理性检验

　　经过初步三角互证法校正的科学与艺术整合的幼儿综合素养评价量表由三级评价指标构成，二级指标为"好奇心、想象力、执行力、学习力、社会能力、创造性思维、品德与个性"7 项内容，并在此基础上确定了 24 项三级指标。基于目前的量表结构，课题组编制量表指标合理性调查问卷进行项目设置的合理性调查。

　　1. 科学与艺术整合的幼儿综合素养评价量表项目合理性调查群体基本情况

　　课题组自编《科学与艺术整合的幼儿综合素养评价量表指标合理性调查问卷》面向教师群体发放，征求他们的意见。发放问卷 100 份，实际回收有效问卷 100份。调查数据显示，调查的教师中，在学历上，以本科为主，占 82%；在教龄上，工作 6～15 年的成熟型教师占主体，为 51%，教龄在 25 年以下的教师占95%，人数较多；在工作岗位上，以一线教师为主，占 98%；在职称上，以初级职称和中级职称居多，共占 94%的比例。

2. 科学与艺术整合的幼儿综合素养评价量表项目合理性调查结果

由回收上来的教师问卷可知，在"好奇心、想象力、执行力、学习力、社会能力、创造性思维、品德与个性"这些二级指标上，都有85％以上的教师认为其"合理"或者"完全合理"，见表4-11。可见，大部分教师对二级指标的合理性表示认可。

表 4-11　科学与艺术整合的幼儿综合素养评价量表二级指标合理性分析($N=100$)

二级指标	不合理	不太合理	一般	合理	完全合理	平均值±标准差
好奇心	0	0	14.00％	16.00％	70.00％	4.560±0.729
想象力	0	0	12.00％	17.00％	71.00％	4.590±0.698
执行力	0	0	15.00％	17.00％	68.00％	4.530±0.745
学习力	0	0	13.00％	17.00％	70.00％	4.570±0.714
社会能力	0	0	13.00％	19.00％	68.00％	4.550±0.716
创造性思维	0	0	12.00％	19.00％	69.00％	4.570±0.692
品德与个性	0	0	10.00％	12.00％	78.00％	4.590±0.700

数据显示，平均值都在4.5左右，高于4。说明从总体来看，7项二级指标均达到理想水平。

课题组将科学与艺术整合的幼儿综合素养评价量表的三级指标依次编码为"C1，C2，C3，…，C24"。结合教师问卷对其进行指标合理性分析。分析结果显示，100％的教师对所有的三级指标都表示了"一般"及更高程度的认可，其中认为合理性达到"合理"以上的占比为84％～94％，认为合理性达到"完全合理"的占比为63％～71％。由此可见，教师对这些指标的合理性表示高度的认可。同时，所有三级指标的平均值均在4以上，说明这些指标都达到了较理想的水平。由于研究过程中的一些无关干扰因素影响，本评价量表是从二级指标拟定开始的，读者也可以根据自己的研究倾向，从这7项二级指标中归纳出相应的一级指标，如个人品性（包含品德与个性）、学习与能力（包含学习力、执行力、社会能力）、创造性人格与思维（包含好奇心、想象力、创造性思维）。

四、科学与艺术整合的幼儿学习活动评价量表项目分析及信效度检验

问卷调查后，首先，课题组将经过专家和教师评估过的认为合理的评价量表施测于目标被试，进行初步施测，并运用施测所得数据对量表进行项目分析，基于数据从实证的角度进一步校正量表项目。项目分析主要是考量题目的区分度，即对不同评价对象的评价结果差异如何。在本研究中，课题组主要运用临界比率值法来做项目分析，作为个别题项筛选或修改的依据，改进测验评价。

其次，课题组基于这些施测数据进行量表信效度检验，考察量表的可靠性和有效性。信度是指测验结果的稳定性和可靠性，一般以内部一致性系数来表示，信度系数越高，说明该评价量表所测结果越可靠。效度是指测验的有效程度，即测验量表能测出其所要测量特质的程度，即测验有用有效。衡量测验有效的方法可以是内容效度，也可以是结构效度，内容效度一般用专家对量表的内容合理性评估来表示该量表内容能有效测量目标特质，结构效度一般使用因素分析法考察量表的实际测量维度与理论测量维度是否一致，以此来判断测量结果是否反映了所要测量的特质的程度。

(一)科学与艺术整合的幼儿学习活动理念与方案设计评价量表项目分析及信效度检验

课题组将已经编制好的活动理念和方案设计评价量表运用于幼儿科艺整合学习活动方案的评定，邀请了 20 名教师利用科学与艺术整合的幼儿学习活动理念评价量表、科学与艺术整合的幼儿学习活动方案评价量表针对 6 个完整的幼儿动画课程活动进行评价，得出每个活动方案的分数。20 名教师对 6 个课程方案进行评定，3 份方案为科艺整合课程方案，3 份方案为非科艺整合课程方案，共计产生 120 条数据。课题组通过此数据对评价量表进行项目区分度分析及信效度检验。

1. 科学与艺术整合的幼儿学习活动理念评价量表

(1)科学与艺术整合的幼儿学习活动理念评价量表的项目分析

课题组将科学与艺术整合的幼儿学习活动理念评价量表施测数据所得的每个项目的评价分数从高到低排列，取前 27％和后 27％的分数的被试作为高分组和低分组，对两组被试得分进行度量样本 t 检验。检验结果表明，除了题项一

（幼儿为本）外，其余各项目 p 值均达到显著水平，小于 0.05，说明科学与艺术整合的幼儿学习活动理念评价量表中所有的项目能够鉴别不同课程方案在科艺整合课程理念水平上的优劣，具有鉴别力。

题项一差异不显著原因分析：幼儿园不断学习《3－6岁儿童学习与发展指南》精神，活动的开展、内容的选择都是从幼儿的兴趣和需要出发，尊重幼儿活动意愿，都是以"幼儿为本"开展学习活动的，从数据结果比较，其差异并不明显。

（2）科学与艺术整合的幼儿学习活动理念评价量表的信度检验

分析结果显示，该量表二级指标"幼儿为本、情境学习、知识整合、创新创造"4 项内容的 Cronbach's alpha 系数（以下简称 α 系数）分别为 0.174、0.213、0.451、0.226，见表 4-12。由于二级指标的项目数较少，α 系数不够理想，但是总量表的 α 系数达到 0.679，说明量表内部一致信度较高。

表 4-12　科学与艺术整合的幼儿学习活动理念评价量表信度检验（$N=226$）

二级指标	项数	内在一致性 α 系数
幼儿为本	4	0.174
情境学习	3	0.213
知识整合	2	0.451
创新创造	3	0.226
总量表	12	0.679

（3）科学与艺术整合的幼儿学习活动理念评价量表的效度检验

由于数据量不够大，此次量表效度检验以专家对量表的合理性的评定数据结果作为内容效度指标来说明科学与艺术整合的幼儿学习活动理念评价量表在评价内容上是有效的。根据前文表 4-1 的数据结果显示，在量表的 4 项二级指标上，100％的专家认为量表整体具有合理性，其中 96.02％～97.79％的专家认为"合理"或"完全合理"。高达 95％以上的专家认为量表所设置的项目用于测评科学与艺术整合的幼儿学习活动理念是合理的，说明本量表所设置的项目在评价内容上是有效的。

2. 科学与艺术整合的幼儿学习活动方案设计评价量表

（1）科学与艺术整合的幼儿学习活动方案设计评价量表的项目分析

课题组将科学与艺术整合的幼儿学习活动方案设计评价量表施测数据所得

的每个项目的平均分数从高到低排列，取前 27％ 和后 27％ 的分数的被试作为高分组和低分组，对两组被试得分进行度量样本 t 检验。检验结果表明，各项目 p 值均达到显著水平，小于 0.05，说明科学与艺术整合的幼儿学习活动方案设计评价量表中所有的项目能够鉴别不同课程方案在科学与艺术整合的幼儿学习活动方案设计水平上的优劣，具有鉴别力。

(2)科学与艺术整合的幼儿学习活动方案设计评价量表的信度检验

分析结果显示，该量表二级指标"目标制定、内容组织、过程实施、成效检验"4 项内容的 α 系数分别为 0.399、0.547、0.457、0.787，见表 4-13。由于二级指标的项目数较少，α 系数不够理想，但是总量表的 α 系数达到 0.892，说明量表内部一致信度较高。

表 4-13　科学与艺术整合的幼儿学习活动方案设计评价量表信度检验（$N=226$）

二级指标	项数	内在一致性 α 系数
目标制定	3	0.399
内容组织	2	0.547
过程实施	4	0.457
成效检验	3	0.787
总量表	12	0.892

(3)科学与艺术整合的幼儿学习活动方案设计评价量表的效度检验

由于数据量不够大，此次量表效度检验以专家对量表的合理性的评定数据结果作为内容效度指标，说明科学与艺术整合的幼儿学习活动方案设计评价量表在评价内容上是有效的。根据前文表 4-2 的数据显示，在量表的 4 项二级指标上，100％ 的专家认为量表整体具有合理性，其中 97.35％～98.67％ 的专家认为"合理"或"完全合理"。高达 95％ 以上的专家认为量表所设置的项目用于测评科学与艺术整合的幼儿学习活动方案设计是合理的，说明本量表所设置的项目在评价内容上是有效的。

(二)科学与艺术整合的幼儿学习活动环境与材料评价量表的项目分析及信效度检验

在做量表信效度分析的施测时，课题组邀请 5 所幼儿园的实验班教师根据自身开展的活动，结合科学与艺术整合的幼儿学习活动的实施量表中的 20 个条目、环境与材料评价量表中的 16 个条目进行打分，共回收有效数据 69 份。课题组通过此数据对评价量表进行项目区分度分析和信效度检验。

1. 科学与艺术整合的幼儿学习活动环境与材料评价量表的项目分析

本研究主要运用临界比率值法来做项目分析，课题组分别用前后 27% 取值进行高低分组来验证区分度，作为个别指标筛选或修改的依据，以测验题目的可靠程度。检验结果表明，15 道题项均呈现出显著性（$p < 0.05$），这说明这些题目都有较好的区分度，不予删除分析项，全部保留。

2. 科学与艺术整合的幼儿学习活动环境与材料评价量表信度检验

数据显示，幼儿科艺整合学习活动环境与材料评价量表的 α 系数为 0.923，各指标 α 系数均较高，量表信度较好，见表 4-14。

表 4-14　科学与艺术整合的幼儿学习活动环境与材料评价量表信度检验（$N = 103$）

一级指标	项数	内在一致性 α 系数
环境创设	4	0.813
材料提供	5	0.795
幼儿与环境、材料相互作用	6	0.845
总量表	15	0.923

3. 科学与艺术整合的幼儿学习活动环境与材料评价量表效度检验

课题组针对科学与艺术整合的幼儿学习活动环境与材料评价量表整体进行内容效度检验，评价者由 12 名高校教师与 65 名幼儿园教师组成。由专家和教师评定量表是不是符合科艺整合理念的要求，以及能否测出教师在科艺整合理念下的环境与材料创设情况。结果表明，在量表的 3 项一级指标上，100% 的专家认为量表整体具有合理性；在量表的 7 项二级指标上，91.7% 的专家认为量表能够区分渗透科艺整合理念的幼儿园环境与材料的水平，说明本量表所设置的项目在评价内容上是有效的。

（三）科学与艺术整合的幼儿学习活动中师幼互动评价量表项目合理性及信效度检验

在进行信度评价前，课题组对评价者，也就是课题组 12 名课题实验班教师进行培训，以保证数据客观和科学。培训内容主要包含两部分：首先，借助 STEAM 教育理念下主题活动中的案例解读评价指标，目的是帮助评价者理解量表的内容和评价要求。其次，利用科艺整合教育理念下主题活动中实施录像考察评价者与量表制定者的评价结果一致性水平。最后，评价者对不同年龄班共 12 个（大中小班各 4 个）STEAM 系列主题课程全程实录进行观察评价，收集到数据 130 份。课题组通过此数据对评价量表进行项目区分度分析及信效度检验。

1. 科学与艺术整合的幼儿学习活动中师幼互动评价量表的项目分析

课题组对科学与艺术整合的幼儿学习活动中师幼互动评价量表施测数据所得的每个项目的评价分数从高到低排列，取前 27% 和后 27% 的分数的被试作为高分组和低分组，对两组被试得分进行独立样本 t 检验。检验结果表明，高分组和低分组在所有测试题上存在显著差异，因此可以认为本量表所有测试题均具有良好的区分度。

2. 科学与艺术整合的幼儿学习活动中师幼互动评价量表信度检验

数据显示，总量表的 α 系数为 0.967，各指标的 α 系数较高，说明科学与艺术整合的幼儿学习活动中师幼互动评价量表信度很好，本量表可靠，见表 4-15。

表 4-15　科学与艺术整合的幼儿学习活动中师幼互动评价量表信度检验结果（$N=74$）

一级指标	项数	内在一致性 α 系数
情感氛围营造	6	0.899
活动组织安排	4	0.896
提供学习支持	7	0.944
总量表	17	0.967

3. 科学与艺术整合的幼儿学习活动中师幼互动评价量表效度检验

根据前文表 4-5 的数据显示，该评价量表的 3 项一级指标上，94.28%～96.18% 的专家对量表项目设置选择"合理"和"完全合理"；在前文表 4-6 列出的 6 项二级指标上，93.25%～97.3% 的专家对量表项目设置选择"合理"和"完全合理"，说明本量表具有较好的内容效度。

(四)科学与艺术整合的幼儿学习过程评价量表的项目分析及信效度检验

1. 科学与艺术整合的幼儿学习过程评价量表的项目分析

课题组将科学与艺术整合的幼儿学习过程评价量表施测数据所得的每个项目的评价分数从高到低排列，取前 27% 和后 27% 的分数的被试作为高分组和低分组，对两组被试得分进行独立样本 t 检验，对该量表各个项目的区分度进行检验。检验结果显示，所有 19 道题项均呈现出显著性（$p < 0.05$），这说明这些题目都有较好的区分度。

2. 科学与艺术整合的幼儿学习过程评价量表信度检验

数据显示，科学与艺术整合的幼儿学习过程评价量表的 α 系数为 0.842，除了一级指标"渗透审美想象的行动验证"外，各指标 α 系数均较高，见表 4-16。

表 4-16　科学与艺术整合的幼儿学习过程评价量表信度检验（$N = 77$）

一级指标	项数	内在一致性 α 系数
融入审美感觉的问题提出	4	0.827
贯通审美知觉的推测猜想	4	0.790
渗透审美想象的行动验证	6	0.564
汇集审美创造的方案达成及评议	5	0.697
总量表	19	0.842

3. 科学与艺术整合的幼儿学习过程评价量表效度检验

首先，课题组针对科学与艺术整合的幼儿学习过程评价量表整体进行内容效度检验。同样，评价者由 12 名高校教师与 65 名幼儿园教师组成，由专家和教师评定量表是不是能测出幼儿在科艺整合学习活动中的过程质量情况。

其次，课题组针对科学与艺术整合的幼儿学习过程评价量表的一级指标进行内容效度检验。根据前文表 4-7 的数据显示，专家对量表一级指标项目设置"合理"和"完全合理"所占的百分比，能够达到 91.7% 以上。在前文表 4-8 列出的 8 项二级指标上，83.3%～100% 的专家对量表项目设置选择"合理"和"完全合理"。可见，量表内容效度较高，适合幼儿园的教育实践。

（五）科学与艺术整合的幼儿学习关键经验评价量表的项目分析及信效度检验

课题组将已经编制好的量表运用于科学与艺术整合的幼儿学习关键经验水平的评定，邀请了 6 名教师利用科学与艺术整合的幼儿学习关键经验评价量表针对 6 个班共 120 名幼儿的 STEAM 学习关键经验水平进行评价，得出每名幼儿的分数。6 名教师分别来自大、中、小班，每名教师固定对本班幼儿进行评定，共计产生 120 条数据。课题组通过此数据对评价量表进行项目区分度分析和信效度检验。

1. 科学与艺术整合的幼儿学习关键经验评价量表的项目分析

课题组对科学与艺术整合的幼儿学习关键经验评价量表施测数据所得的每个项目的评价分数从高到低排列，取前 27% 和后 27% 的分数的被试作为高分组和低分组，对两组被试得分进行独立样本 t 检验，对该量表各个项目的区分度进行检验。检验结果发现，幼儿科学领域、艺术领域、科艺整合跨领域学习关键经验的所有 85 项指标均呈现显著差异（$p < 0.05$），说明这些题目都有较好的区分度。

2. 科学与艺术整合的幼儿学习关键经验评价量表信度检验

本研究对幼儿科学、艺术领域学习关键经验评价量表所测数据使用 α 系数进行内部一致性检验。幼儿科学、艺术领域学习关键经验评价量表中各一级指标的 α 系数为 0.734~0.955，即各一级指标的 α 系数均在 0.70 以上；幼儿科艺整合跨领域学习关键经验评价量表中各一级指标的 α 系数为 0.899~0.952，即各一级指标的 α 系数均在 0.80 以上；表明幼儿科学、艺术领域学习关键经验和幼儿科艺整合跨领域学习关键经验评价量表的各题项之间同质性较好，具有良好的信度，见表 4-17。

表 4-17　幼儿科学、艺术、科艺整合跨领域学习关键经验
评价量表信度检验（$N = 101$）

一级指标	项数	内在一致性 α 系数
科学领域学习关键经验量表 各一级指标 α 系数	7	0.894
	11	0.951
	5	0.824
科学领域学习关键经验总量表 α 系数	23	0.955
技术领域学习关键经验量表 各一级指标 α 系数	4	0.874
	4	0.734
技术领域学习关键经验总量表 α 系数	8	0.894
工程领域学习关键经验量表 各一级指标 α 系数	7	0.953
	4	0.974
工程领域学习关键经验总量表 α 系数	11	0.982
数学领域学习关键经验量表 各一级指标 α 系数	7	0.951
	5	0.903

续表

一级指标	项数	内在一致性 α 系数
数学领域学习关键经验总量表 α 系数	12	0.953
艺术领域学习关键经验量表 各一级指标 α 系数	5	0.887
	3	0.934
艺术领域学习关键经验总量表 α 系数	8	0.951
科艺跨领域学习关键经验量表 各一级指标 α 系数	4	0.952
	6	0.947
	8	0.933
	5	0.899
科艺跨领域学习关键经验总量表 α 系数	23	0.982

3. 科学与艺术整合的幼儿学习关键经验评价量表效度检验

本研究构建的幼儿科学、艺术、科艺整合跨领域学习关键经验评价量表以内容效度作为效度指标，得到了经过专家和教师的修正。根据前文表 4-9（A）、表 4-9（B）、表 4-10（A）、表 4-10（B）的数据显示，专家对量表的一级指标和二级指标设置选择"合理"和"完全合理"所占比例在 85% 以上，均具有较高的内容效度。

（六）科学与艺术整合的幼儿综合素养评价量表的项目分析及信效度检验

课题组邀请了 10 名教师利用科学与艺术整合的幼儿综合素养评价量表针对同一个科艺整合课程下的幼儿进行评价，得出每名幼儿的分数，共计产生 92 条数据。课题组通过此数据对评价量表进行项目区分度分析及信效度检验。

1. 科学与艺术整合的幼儿综合素养评价量表的项目分析

课题组将科学与艺术整合的幼儿综合素养评价量表施测数据所得的每个项目的评价分数从高到低排列，取前 27% 和后 27% 的分数的被试作为高分组和低分组，对两组被试得分进行独立样本 t 检验，对该量表各个项目的区分度进行检验。检验结果发现，所有项目在低分组和高分组受试者的得分结果上都具有显著差异（$p < 0.05$），说明量表的所有项目都具备鉴别不同被试的反应程度，不需要进行调整或修改。

2. 科学与艺术整合的幼儿综合素养评价量表信度检验

数据显示，总量表 α 系数为 0.986，二级指标"好奇心、想象力、执行力、学习力、社会能力、创造性思维、品德与个性"的 α 系数如下，说明科学与艺术整合的幼儿综合素养评价量表信度很好，本量表可靠，见表 4-18。

表 4-18 科学与艺术整合的幼儿综合素养评价量表信度检验($N=100$)

二级指标	项数	内在一致性 α 系数
好奇心	4	0.942
想象力	2	0.859
执行力	6	0.952
学习力	2	0.923
社会能力	4	0.926
创造性思维	4	0.948
品德与个性	2	0.859
总量表	24	0.986

3. 科学与艺术整合的幼儿综合素养评价量表效度检验

从前文表 4-11 中二级指标"好奇心、想象力、执行力、学习力、社会能力、创造性思维、品德与个性"的内容效度来看，教师对量表项目设置选择"合理"和"完全合理"所占比例达 85%～90%，说明本量表各二级指标内容效度好。

五、运用科学与艺术整合的幼儿学习活动评价量表体系进行研究干预效果检验

(一)科学与艺术整合的幼儿学习活动理念与方案设计评价量表的干预效果检验

本研究选取实验班 3 份科学与艺术整合的幼儿学习活动方案与非实验班 3 份非科学与艺术整合的幼儿学习活动方案。每份活动方案由 20 名教师进行评价，实验班的 3 份学习活动方案获得 59 份有效评价数据，非实验班的 3 份学习活动方案获得 60 份有效评价数据。课题组运用独立样本 t 检验对这些数据进行分析，探寻二者是否存在显著差异。

1. 科学与艺术整合的幼儿学习活动理念评价量表

(1)实验班与非实验班科学与艺术整合的幼儿学习活动理念总体评价分数差异

在科学与艺术整合的幼儿学习活动理念上，实验班的幼儿学习活动方案的

评价得分显著高于非实验班的幼儿学习活动方案，见表4-19。

表4-19　实验班与非实验班科学与艺术整合的幼儿学习活动理念总体评价分数比较

组别	N	M	SD	t	p
实验班	59	3.63	0.330	15.306	0.000
非实验班	60	2.60	0.423		

（2）实验班与非实验班科学与艺术整合的幼儿学习活动理念评价量表各二级指标评价分数差异

实验班在科学与艺术整合的幼儿学习活动理念各二级指标上的评价得分显著高于非实验班(all ts＞6.291，all ps＝0.000)，其中在"知识整合"上，两种类型的活动方案差距明显更大(t＝10.723，p＝0.000)，说明科学与艺术整合的幼儿活动方案在理念上更加重视不同领域知识的整合运用，这也与科学与艺术整合的幼儿学习活动理念十分相符，见表4-20。

表4-20　实验班与非实验班科学与艺术整合的幼儿学习活动理念评价量表各二级指标评价分数比较

二级指标	组别	N	M	SD	t	p
幼儿为本	实验班	59	3.65	0.715	6.291	0.000
	非实验班	60	2.91	0.590		
情境学习	实验班	59	3.68	0.758	7.281	0.000
	非实验班	60	2.74	0.677		
知识整合	实验班	59	3.81	0.656	10.723	0.000
	非实验班	60	2.40	0.803		
创新创造	实验班	59	3.37	0.546	9.419	0.000
	非实验班	60	2.34	0.682		

2. 科学与艺术整合的幼儿学习活动方案设计评价量表

（1）实验班与非实验班科学与艺术整合的幼儿学习活动方案设计总体评价分数差异

在科学与艺术整合的幼儿学习活动方案设计上，实验班的幼儿学习活动方案的评价得分显著高于非实验班的幼儿学习活动方案的评价得分，见表4-21。

表 4-21　实验班与非实验班科学与艺术整合的幼儿学习活动方案设计总体评价成绩比较

组别	N	M	SD	t	p
实验班	59	3.97	0.307	21.107	0.000
非实验班	60	2.25	0.574		

(2)实验班与非实验班科学与艺术整合的幼儿学习活动方案设计评价量表各二级指标评价分数差异

实验班在科学与艺术整合的幼儿学习活动方案设计的"目标制定""内容组织""过程实施""成效检验"4 项二级指标上的评价得分显著高于非实验班的幼儿学习活动方案(all $ts>11.216$, all $ps=0.000$),其中在"成效检验"上,两种类型的活动方案差距明显更大($t=16.483$, $p=0.000$),说明科学与艺术整合的幼儿学习活动方案在设计上,与普通活动方案相比,其活动成效的检验特殊性非常强,其所强调的新颖性、实用性和规范性是普通活动方案所不具备的,见表 4-22。

表 4-22　实验班与非实验班科学与艺术整合的幼儿学习活动方案设计评价量表
各指标评价成绩比较

二级指标	组别	N	M	SD	t	p
目标制定	实验班	59	4.01	0.543	13.712	0.000
	非实验班	60	2.59	0.606		
内容组织	实验班	59	3.97	0.524	11.216	0.000
	非实验班	60	2.26	1.092		
过程实施	实验班	59	3.91	0.633	15.528	0.000
	非实验班	60	2.04	0.696		
成效检验	实验班	59	3.99	0.522	16.483	0.000
	非实验班	60	2.08	0.754		

(二)科学与艺术整合的幼儿学习活动环境与材料评价量表的干预效果检验

本研究各选取实验班(渗透科艺整合教育理念)与非实验班(不了解科艺整合理念)的 69 个学习活动样本。课题组对所开展过的活动运用量表评价环境与材料创设,运用独立样本 t 检验进行数据统计,探寻二者是否存在显著差异,从而反映量表的鉴别力。

1. 实验班与非实验班科学与艺术整合的幼儿学习活动环境与材料总体评价分数差异

课题组对实验班与非实验班的幼儿学习活动环境与材料总体评价分数进行独立样本 t 检验，结果发现，二者不存在显著差异，$t = 19.323$，$p = 0.260$，$p > 0.05$，见表 4-23。通过比较两组平均数，可以看出实验班所得分数高于非实验班。

表 4-23　实验班与非实验班科学与艺术整合的幼儿学习活动环境与材料总体评价成绩比较

组别	N	M	SD	t	p
实验班	69	72.39	6.998	19.323	0.260
非实验班	69	46.84	12.234		

2. 实验班与非实验班科学与艺术整合的幼儿学习活动环境与材料评价量表各一级指标得分差异

课题组对实验班与非实验的幼儿学习活动环境与材料各指标评价分数进行独立样本 t 检验，结果发现，各一级指标均存在显著差异，实验班所得分数高于非实验班，见表 4-24。

表 4-24　实验班与非实验班科学与艺术整合的幼儿学习活动环境与材料评价量表各指标评价成绩比较

一级指标	组别	N	M	SD	t	p
环境创设	实验班	69	17.93	2.124	30.222	0.004
	非实验班	69	15.9	3.264		
材料提供	实验班	69	27.33	2.548	11.935	0.000
	非实验班	69	24.25	4.577		
幼儿与环境、材料的相互作用	实验班	69	27.13	2.98	12.295	0.028
	非实验班	69	23.9	4.926		

综合以上，实验班各指标分数与非实验班差异显著，总体来看，量表鉴别力较好。

(三)科学与艺术整合的幼儿学习活动中师幼互动评价量表的干预效果检验

本研究选取实验班与非实验班的各 12 个活动样本，录制成教学视频，邀请课题组成员(园长、各类骨干教师、研究生教师组成员)运用量表对 24 个学习活动样本进行观摩和测评,数据统计运用配对样本 t 检验,探寻二者是否存在显著差异。

1. 实验班与非实验班科学与艺术整合的幼儿学习活动中师幼互动总体评价分数差异

课题组运用配对样本 t 检验进行分析后,结果显示实验班和非实验班的幼儿学习活动中师幼互动总体评价分数存在显著差异($p=0.000$),实验班的得分显著高于非实验班的得分,见表 4-25。

表 4-25　实验班与非实验班科学与艺术整合的幼儿学习活动中师幼互动质量
总体评价分数比较

组别	N	M	SD	t	p
实验班	12	81.10	16.81	19.93	0.000
非实验班	12	40.69	16.31		

2. 实验班与非实验班科学与艺术整合的幼儿学习活动中师幼互动评价量表各一级指标得分差异

课题组运用配对样本 t 检验进行分析后,结果显示实验班和非实验班的幼儿学习活动中师幼互动评价在 3 项一级指标(情感氛围营造、活动组织安排、提供学习支持)上的平均分存在显著差异($p=0.000$),实验班在 3 项一级指标上的得分均高于非实验班,见表 4-26。这说明科学与艺术整合的幼儿学习活动中师幼互动评价量表具有一定的鉴别力,可以使评价的结果反作用于课程实施过程,促进主题活动的进一步调整和改善,有效提升师幼互动的质量。

表 4-26　实验班与非实验班科学与艺术整合的幼儿学习活动中师幼互动评价量表
各一级指标评价分数比较

一级指标	组别	N	M	SD	t	p
情感氛围营造	实验班	12	20.12	4.535	16.716	0.000
	非实验班	12	10.75	4.619		
活动组织安排	实验班	12	20.67	4.256	18.462	0.000
	非实验班	12	11.27	4.418		
提供学习支持	实验班	12	36.73	8.328	17.660	0.000
	非实验班	12	18.68	8.142		

(四)科学与艺术整合的幼儿学习过程评价量表的干预效果检验

本研究各选取实验班(了解科艺整合理念)与非实验班(不了解科艺整合理念)的 69 个学习活动样本。课题组对所开展过的活动运用量表评价幼儿的学习过程,运用独立样本 t 检验进行数据统计,探寻二者是否存在显著差异,从而反映量表的鉴别力。

1. 实验班与非实验班科学与艺术整合的幼儿学习过程评价总体分数差异

课题组对实验班与非实验班的幼儿学习过程实施总体评价分数进行独立样本 t 检验,结果发现,二者存在显著差异, $t=5.874$, $p<0.05$,见表 4-27。通过比较两组平均数,可以看出实验班幼儿所得分数高于非实验班。

表 4-27　实验班与非实验班科学与艺术整合的幼儿学习过程评价总体分数比较

组别	N	M	SD	t	p
实验班	69	91.99	5.650	5.874	0.007
非实验班	69	81.07	14.361		

2. 实验班与非实验班科学与艺术整合的幼儿学习过程评价量表各一级指标得分差异

课题组对实验班与非实验班活动实施各指标评价分数进行独立样本 t 检验,结果发现,在"融入审美感觉的问题提出、贯通审美知觉的推测猜想、渗透审美想象的行动验证、汇集审美创造的方案达成及评议"4 项指标上,两个班幼儿均存在显著差异,见表 4-28。可见,该量表具有一定的鉴别力。

表 4-28　实验班与非实验班科学与艺术整合的幼儿学习过程评价量表各一级指标得分比较

一级指标	组别	N	M	SD	t	p
融入审美感觉的问题提出	实验班	69	26.61	2.876	3.375	0.037
	非实验班	69	24.42	4.555		
贯通审美知觉的推测猜想	实验班	69	46.91	3.057	7.048	0.030
	非实验班	69	40.42	7.016		
渗透审美想象的行动验证	实验班	69	46.91	3.057	7.048	0.030
	非实验班	69	40.42	7.016		
汇集审美创造的方案达成及评议	实验班	69	18.46	1.389	5.252	0.008
	非实验班	69	16.23	3.246		

(五)科学与艺术整合的幼儿学习关键经验评价量表的干预效果检验

课题组在大中小班分别选择了一个实验班一个非实验班，在实验班实施幼儿科艺整合学习活动的干预，在非实验班实施正常的学习活动，活动实施时长为一个学期。在干预活动之前，课题组进行了科学与艺术整合的幼儿跨领域学习关键经验的前测，干预活动结束之后，进行了后测，并采用威尔科克森符号秩检验（Wilcoxon Signed-Rank Test）查看实验班和非实验班的幼儿在前测与后测中幼儿科艺整合跨领域学习关键经验水平是否存在差异，见表4-29。

表 4-29　实验班和非实验班幼儿科艺整合跨领域学习关键经验水平前后测差异比较

一级指标	组别	N	M	SD	Z	p
信息处理	小班实验班	20	5.50	0.500	-1.000^b	0.317
	小班非实验班	20	5.50	0.500	-1.414^c	0.157
	中班实验班	20	14.45	1.396	-2.754^b	0.006
	中班非实验班	20	13.70	2.100	0.000^d	1.000
	大班实验班	20	16.30	4.124	-3.528^b	0.000
	大班非实验班	20	13.05	3.626	-3.017^b	0.003
沟通交流	小班实验班	20	8.10	1.375	-1.414^b	0.157
	小班非实验班	20	8.05	1.465	-1.000^c	0.317
	中班实验班	20	17.80	2.502	-2.565^b	0.010
	中班非实验班	20	16.05	1.910	0.000^d	1.000
	大班实验班	20	19.70	4.828	-3.238^b	0.001
	大班非实验班	20	15.45	4.873	-2.081^b	0.037
探究发现	小班实验班	20	8.50	1.204	-0.577^b	0.564
	小班非实验班	20	8.25	1.043	-1.000^c	0.317
	中班实验班	20	17.70	3.509	-2.871^b	0.004
	中班非实验班	20	15.60	2.973	-0.431^b	0.666
	大班实验班	20	19.55	5.210	-3.237^b	0.001
	大班非实验班	20	14.15	4.993	0.000^d	1.000

续表

一级指标	组别	N	M	SD	Z	p
想象与创造	小班实验班	20	5.65	0.792	−1.518[c]	0.129
	小班非实验班	20	5.60	0.663	−1.414[d]	0.157
	中班实验班	20	13.05	2.711	−3.427[b]	0.001
	中班非实验班	20	12.95	2.906	−2.154[c]	0.031
	大班实验班	20	13.95	2.224	−3.353[b]	0.001
	大班非实验班	20	9.95	4.006	−2.321[c]	0.020
总分	小班实验班	20	27.75	3.419	−0.447[d]	0.655
	小班非实验班	20	27.40	3.040	−1.414[b]	0.157
	中班实验班	20	63.00	8.608	−3.414[b]	0.001
	中班非实验班	20	58.30	7.205	−1.249[b]	0.124
	大班实验班	20	69.50	15.461	−3.846[b]	0.000
	大班非实验班	20	52.60	16.972	−1.069[b]	0.285

由表 4-29 可知，在总分上，小中大班非实验班的总分 p 值均大于 0.05，差异无统计学意义，说明非实验班幼儿的前后测在幼儿科艺整合跨领域学习关键经验水平上无显著差异。

在实验班，大班和中班的总分 p 值显著小于 0.05，后测总分显著高于前测总分，而小班并无显著差异。这说明经过 STEAM 课程的干预，大班和中班的幼儿在幼儿科艺整合跨领域学习关键经验水平上获得了显著提高。而小班幼儿可能由于年龄较小，关于科学、艺术以及外界事物的相关经验较少，对于课程内容的理解有限，干预课程并不见效，相关经验并未由于参与 STEAM 课程而获得提高。

(六)科学与艺术整合的幼儿综合素养评价量表的干预效果检验

本研究选取实验班（开展幼儿科艺整合学习活动）的 92 名幼儿与非实验班（未开展幼儿科艺整合学习活动）的 100 名幼儿作为此活动样本，运用独立样本 t 检验进行数据统计，探寻二者是否存在显著差异。

1. 实验班与非实验班的幼儿科艺综合素养评价量表总体评价分数差异

实验班和非实验班的幼儿科艺综合素养总体上存在显著差异（$p=0.000$），

且实验班均值大于非实验班均值，见表 4-30。由此可知，参与幼儿科艺整合学习活动的幼儿总体成绩高于未参与的幼儿，实验班幼儿明显比非实验班幼儿科艺综合素养发展得更好。

表 4-30 实验班与非实验的幼儿科艺综合素养总体评价分数比较

组别	N	M	SD	t	p
实验班	92	81.04	18.51	−14.63	0.000
非实验班	100	46.23	13.92		

2. 实验班与非实验班的幼儿科艺综合素养评价量表各二级指标得分差异

实验班和非实验班幼儿在"好奇心、想象力、执行力、学习力、社会能力、创造性思维、品德与个性"7 项指标上均存在显著差异（$p < 0.05$），且实验班均值均大于非实验班均值，见表 4-31。由此可知，实验班幼儿明显比非实验班幼儿的科艺综合素养发展得更好。参与幼儿科艺整合学习活动的幼儿在好奇心、想象力、执行力、学习力、社会能力、创造性思维、品德与个性方面，都获得了更长足的发展。

表 4-31 实验班与非实验班的幼儿科艺综合素养评价量表
各二级指标的评价分数比较（大班）

二级指标	组别	N	M	SD	t	P
好奇心	实验班	92	3.50	0.843	−12.844	0.000
	非实验班	100	2.08	0.674		
想象力	实验班	92	3.33	0.836	−11.458	0.000
	非实验班	100	2.02	0.741		
执行力	实验班	92	3.56	0.819	−14.434	0.000
	非实验班	100	2.01	0.648		
学习力	实验班	92	3.49	0.886	−12.706	0.000
	非实验班	100	2.00	0.725		
社会能力	实验班	92	3.71	0.864	−15.228	0.000
	非实验班	100	2.01	0.660		
创造性思维	实验班	92	3.39	0.802	−14.159	0.000
	非实验班	100	1.91	0.634		

续表

二级指标	组别	N	M	SD	t	P
品德与个性	实验班	92	3.19	0.792	−11.478	0.001
	非实验班	100	1.92	0.634		

第二节　科学与艺术整合的幼儿学习活动评价的方法

　　进行科学与艺术整合的幼儿学习活动的评价，首先，必须在评价开始前，对评价者进行严格培训，内容包括对重要核心概念和评价指标内容的理解，评价活动开展的条件，观察时长的规定，评价记录的方法，数据统计与分析等。其次，为了评价的准确性，可要求 3 名评价者同时对一个活动或某一名幼儿进行观察记录，取 3 人的平均数作为最终的评价得分。总之，须在严格其评价程序的基础上，采用测量法、观察法、表现性评价、档案袋法、检核表等多种评价方法。①

一、测量法

(一)测量法的内涵、特征

　　测量法是心理学、教育学的常用方法。教育中的测量与物理中的测量有着相同之处，那就是二者都有特定的量具，而且量具不可随意更改。例如，对长度的测量需要米尺，对儿童智力的测量需要相应的量表。但是教育中的测量与物理中的测量又有所不同，后者是直接测量(如直接测有多长)，而前者是间接测量，是通过外部行为表现评估内在心理过程。因此教育学和心理学中的测量法又称为量表法，或者是测验法，通常用来测量个体的心理特征，或者用来了解学生的成绩，判断学生学习的效果。

　　测验有标准测验和自编测验之分。标准测验是由专门人员制定的，测验的结果可以和一定的标准(常模)相对照，以判断被测者的程度。在标准测验中，对儿童发展的测验相对较多，较成熟，如韦克斯勒智力测试量表、瑞文推理测

---

① 王坚红：《学前教育评价》，137 页，北京，人民教育出版社，2010。

验等标准化的智力量表是心理学经常涉及的内容。学前教育领域，在幼儿园实施的自编测验是指学前管理者和教师等自己编制的测验题目，对评价对象进行测查。例如，一所幼儿园在新进教师时，通常会有这样的测验，既有笔试，也有面试。

(二)用测量法收集评价信息的实例

托兰斯创造性思维测验是一个在全世界广泛应用的测查个体创造力水平的标准化测验。该测验由美国学者托兰斯编制，包含声音和词语创造性思维测验、言语创造性思维测验、图画创造性思维测验几个部分。为了缓解参加测试人员的紧张情绪，尤其对于幼儿来说，还要丰富其趣味性，托兰斯创造性思维的分测验都称为"活动"，其中言语创造性思维测验包括 7 项活动，图画创造性思维测验包括 3 项活动。言语创造性思维测验的 7 项活动，前 3 项是根据一张图画进行推演，分别是提问题、猜原因、猜后果，后 4 项是产品改造、非常用途测验、非常问题、假想。图画创造性思维测验的 3 项活动分别是图画构造、未完成图画和圆圈(或平行线)测验。

对于年龄较小的幼儿来说，他们的语言发展水平有限，所以更加适用于图画创造性思维测验。为了检测幼儿科艺整合学习活动干预对幼儿创造性思维发展的效果，课题组以美国"托兰斯图画创造性思维测验"为模板，根据我国学前儿童的特点修订了"托兰斯图画创造性思维测验"，检测了课程干预前后幼儿创造性思维的发展水平。该测验基于创造性思维是发散思维的理论假设，从"流畅性、变通性、独创性和精进性"四个维度考察被试发散思维的特点。该测验由 3 项以图画为基础的活动构成，下面我们将一一介绍这 3 项活动。

第一项活动是主试呈现一个椭圆形类似于蛋的图形，要求幼儿将该图形贴在一张空白的 A4 纸上，贴的位置由幼儿自己选择；然后要求幼儿以此为基础在纸上画出一段有趣的故事，给自己的图画命名，并把画的故事讲给主试听。

此项活动的计分规则是从"流畅性、变通性、独创性和精进性"四个维度分别计分。"流畅性"计分规则：计算幼儿在这一活动中所画的所有的项目数，每个项目计 1 分，例如，画了一个太阳、一只小鸡，就计 2 分。"变通性"计分规则：计算幼儿所画图画中各个项目所涉及的类别，每一个类别计 1 分，所涉及的类别在测验手册中有详细的规定，共计 68 类。"独创性"计分规则：从 0 分到

5 分各不相同，依据的是一份根据 400 名被试的反应次数计算出的分数标准，反应次数占 5％或 5％以上的计 0 分；占 4％到 4.99％的计 1 分；占 3％到 3.99％的计 2 分；占 2％到 2.99％的计 3 分；占 1％到 1.99％的计 4 分；占 1％以下的计 5 分，表上查不到的也计 5 分。"精进性"的评分规则：在原图上每增加一个有意义的细节计 1 分。在图画活动中，"精进性"含有两个假设：第一，刺激图形的最小和最原始的反应，是一个单独的有意义的反应；第二，对细节的想象和扩充是一种创造能力的功能，即为锦上添花的能力。因此，细化到幼儿画的图画本身，在椭圆形的图上每增加一个适切的细节都给 1 分，但该基本反应必须是有意义的，否则不能计分。以下情形在"精进性"上都可计 1 分：①所有反应中的每一个基本细节计 1 分，但同一细节只计 1 分；②颜色因在基本反应上增加了一个观念，也计 1 分；③阴影计 1 分；④装饰计 1 分，但需具有意义；⑤就整个反应而言，每一个有意义的设计的主要变化计 1 分；⑥在题目上，除了基本描述以外，每增加一个观念计 1 分。

第二项活动是主试提供 10 个由简单线条勾出的未完成的抽象图形，让幼儿完成这些图形并命名。未完成的抽象图形示例见图 4-1。

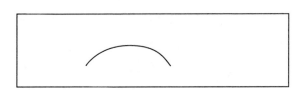

图 4-1　未完成的抽象图形示例

主试将这些图等比例放大至 A4 纸上，要求幼儿基于这些图形添加图画，将其形成一幅完整的图画，告诉主试自己画的是什么，并给画取一个名字。

此项活动也是从"流畅性、变通性、独创性和精进性"四个维度进行计分。"流畅性"计分规则：每完成一幅图计 1 分。"变通性"计分规则：按照测验评分手册事先规定好的类别进行计分，10 幅图共涉及多少个类别就计多少分。"独创性"计分规则：按照测验评分手册事先规定好的评分表格，在表中寻找幼儿画出的基本项目，是 0 分项目计 0 分，是 1 分项目计 1 分，在 0 分和 1 分项目列表中找不到的项目计 2 分。"精进性"计分规则：按照在活动一中相同的评分准则，计算幼儿在基本项目（儿童基于曲线画出的基本物体）本身、周围的每一个适切的细节给 1 分，要求该基本项目本身必须是有意义的，否则不能计分。

第三项活动是主试提供 30 个圆圈（或 30 条平行线），让幼儿以此为基础画出各不相同、富于想象的画并给其命名，要求每个圆圈或者每对平行线必须是幼儿画作中的一部分。

此项活动的计分规则如下。"流畅性"：计算幼儿在活动中绘制的项目数，每个项目计 1 分。如果幼儿画出完全重复的项目和项目名称，无论重复几次，只计 1 分；如果幼儿画出了重复的项目，但给出了不同的项目名称，则按照出现不同的项目名称的数量计分。"变通性"：按照测验评分手册规定好的类别计算幼儿图画所涉及的类别，涉及几个类别就计几分。"独创性"：按照测验评分手册上规定好的项目反应计分，不同类别下有 3 个分值，0 分、1 分、2 分；根据幼儿绘画中的形象找到不同类别下的不同物体，并按照对应的分值计分，其他查不到的计 3 分。

托兰斯创造性思维测验基于巨大的常模样本，给出了详细的操作步骤、指导语、评分细则。施测者依据测验规定进行施测和评分，一切都有标准可依。测验过程也是规范化的，是典型的标准化测试。在开展测试前，对施测者要进行"评分标准、程序和方法"的集中培训，要求严格按照规定的评分标准和方法程序进行。在施测过程中，如果是针对幼儿施测，施测者需根据现场情况和幼儿实际理解能力使用游戏化的指导语，使幼儿喜欢测试的过程。

托兰斯创造性思维测验应用的年龄段跨度很大，从幼儿园到高中皆可应用。该测验具有较高的信度和效度，其信度为 0.80～0.90，其复本及分半信度为 0.70～0.90。托兰斯所做的 12 年的追踪研究表明，在创造性思维测验中得分高的学生，12 年后其在工作中仍然表现出较高的创造力。

二、观察法

(一)观察法的内涵、特征

学前儿童由于受到年龄的限制，其理解能力和语言发展水平有限，许多能用于成人的评价方法，如问卷法、测评法等无法被顺利地用于幼儿。而观察法关注的是幼儿的实际行为，并不要求幼儿做出特定的反应，所以可避免在其他测试方式中有可能发生的如不理解指导语、做出程序性反应、猜测主试目的等问题，特别适合于对幼儿行为的研究。许多著名的教育家、心理学家都曾用观察法研究儿童。瑞士学者裴斯泰洛齐早在19世纪90年代就开始用观察法记录他3岁半儿子的发展情况；我国学前教育奠基人陈鹤琴先生于1925年出版的《儿童心理之研究》一书就是基于对自己儿子陈一鸣808天的观察所著；著名的瑞士心理学家皮亚杰就是通过对儿童行为的详细观察和记录，提出了发生认识论，深入揭示了儿童认知发展的规律。

观察法指研究者凭借自身的感觉器官和其他辅助工具，在自然条件下，对研究对象进行有目的、有计划的考察和研究的方法。广义的观察包括直接观察、间接观察，还包括收集资料的一些其他方法，如调查法、问卷法、谈话法等。间接观察是指研究者通过某些媒介或中介来观测对象。在婴幼儿阶段，家长和托儿所、幼儿园教师是接触幼儿时间最长、机会最多的人，所以许多研究要通过向家长或教师间接了解，来考察幼儿的情况。例如，"幼儿学习品质发展及表现调查"就是通过幼儿园教师的观察获得有关幼儿的情况。在本文中的观察法仅指直接观察，即研究者在自然条件下，直接通过感觉器官去感知和观察研究对象的方法。

这里说的"自然条件"是指对所观察的现象或行为不进行人为的控制，使它们以本来的面目客观地呈现出来。然而，观察法作为一种科学研究的方法，不可能毫无控制。如果完全不控制观察过程，通过观察法收集的数据就会存在大量的随机误差，甚至可能有系统性误差，那么这些数据也无法揭示儿童的心理发展规律和教育教学规律。因此，观察研究法应是一种有目的、有计划、有一定控制的研究方式。

在学前儿童教育研究领域，观察法的运用范围极广，几乎适用于各个方面的各种主题，如身体发育、动作、表情、口语表达、非语言行为、情绪反应、与成人或同伴的相互交往、独立性与自我服务能力、个性性格、认知发展、课堂行为管理教育效果评价、环境评价、教学方法的比较、对幼儿特殊需要的诊断等。观察法还可以为实验研究提出假设做事实和经验上的准备，为形成见解、建立理论，或进一步实验研究奠定必要的基础。从某种角度来说，实验就是在严格控制条件下进行观察。总之，科学研究始于观察，观察是研究的基础，在学前教育研究中，观察法是最基本、最常用的一种方法。

科学观察是指有明确目的，有计划安排，有一定控制，有严格记录的观察。

科学观察作为科学研究中的正式方法，具有以下特点。

1. 有特定的观察主题

观察要针对某一主题，或所要解决的问题，通过观察获取资料，因此科学观察是具有特定主题的。进行有主题、有目的的科学观察时，要先对所要观察的问题或变量做出明确的操作定义。科学研究总是以能够系统地说明一个或几个特定问题为出发点的，因此，明确观察主题，是在科学研究中运用观察法的基本要求。这不仅指明确观察内容，而且要求详细规定所要观察的具体行为。例如，要研究幼儿的友爱行为，可规定所要观察的具体友爱行为的类型和性质，注意记录这些活动的数量、频率、持续时间、幼儿参与人次、结果和影响等信息，有助于观察者集中注意力、系统地研究"该班幼儿友爱行为状况"这一主题。

2. 有计划地进行观察

对观察的时间、顺序、过程、对象、采用的仪器、记录方法与表格等都要事先进行计划、安排和准备，以提高观察的效率和质量，增强所获资料的准确性和可靠性。

3. 严格地记录观察数据

在观察时，应把对行为的客观描述和对这些行为的主观解释与评价严格地区分开来。在正式的观察研究中，一般要求预先制定好系统的记录表格和详细的行为分类规则符号系统，以便在观察时可以迅速、准确地记录所要研究的行为，并使多个观察者同时观察时，有统一的记录标准与方式。

此外，科学观察还具有客观性、可靠性、系统性的特点。观察过程与目的相符，能针对目的进行观察，故观察结果能够真正代表客观情境之中我们所要观察的主题。由于观察过程在一定控制和安排规定之下进行，各次观察或各个观察者之间的结果一致性较高，能克服日常观察的随意性与不稳定性，获得比较可靠的信息。在科学观察中，可以对特定的行为情境进行反复观察研究，有助于集中注意力，系统地解决问题。

观察法分为非结构式的观察和结构式的观察。非结构式的观察是在没有预先规定范围和计分标准的情况下进行观察，观察结果通常体现为一般性的描述和记录，尤其是出现与研究目的相关的某些事件时，需要予以描述性的记录。非结构式的观察一般用于研究的早期阶段，由于研究相关事件的出现有随机性和突发性，建议教师在口袋里常备小巧的笔记本和笔，可以随时进行记录。而结构式的观察则具有确切的计分标准，在一定时间内，按照计划对预定的观察项目进行观察。在自然情境下，依据观察的目标行为的操作性定义，在标准的观察表相应的栏目上进行记录。

(二)用观察法收集评价信息的实例

学习方式是幼儿在学习过程中的某些学习行为或认识倾向，是惯常表现出来的特有的学习动机和学习策略。幼儿园主要有三种不同的教育情境，自由活动、区域活动和集体活动，幼儿在不同的教育情境中会有不同的学习方式偏好。某研究关注幼儿在完成科学学习任务时，不同的教育情境是否会对幼儿的学习方式的运用产生影响。以幼儿科学学习活动的现场观察以及微格分析的方法对240名4～6岁幼儿在自由活动、区域活动和集体活动三种不同的教育情境下完成科学学习任务时所使用的学习方式进行观察。

首先，课题组通过三角互证法确定了22种幼儿常用的学习方式，并拟定了这22种学习方式的操作性定义，见表4-32。

表4-32　幼儿学习方式操作性定义

序号	学习方式	操作性定义
1	观察	幼儿用视觉感官有目的、较持久地观看了解事物或现象。
2	倾听	幼儿较专注地聆听教师或同伴的表述。
3	视听结合	幼儿通过边听边看的方式接收信息。
4	讨论	幼儿就某一个共同感兴趣的话题与同伴或者成人用语言交流想法、交换意见或进行辩论。
5	提问	在一定的情境下，幼儿抛出问题并希望同伴或教师积极地回应。
6	回应性回答	针对封闭式问题，幼儿直接可以给出答案，如"好""喜欢""高兴""是""否"等。
7	理解性回答	幼儿对教师或同伴的问题进行自主思考后给予答复、反馈、回应。
8	探究性操作	幼儿通过观察、阅读或倾听、发现问题、提出问题、收集材料、形成解释，获得答案的活动行为过程。
9	实验	幼儿有计划、有目的地与材料互动，尽可能地排除外界的影响，为突出主要因素，而人为地变革、控制或模拟研究对象，使某一些事物(或过程)发生或再现，从而去尝试探索某种现象或问题的答案。
10	比较	幼儿对比两种或几种同类事物的异同、高下。

序号	学习方式	操作性定义
11	选择	幼儿从两个或多个事物中进行挑选，选取。
12	判断	幼儿通过已有经验或观察思考，对思维对象是否存在、是否具有某种属性以及事物之间是否具有某种联系的肯定或否定。
13	推理和预测	推理是幼儿从一个或几个已有的经验或已知的判断中推断新的结论（或新的判断）。预测是幼儿在掌握现有信息的基础上，依照一定的方法和规律对未来的事情进行测算，以预先了解事情发展的过程与结果。
14	记录	幼儿将自己看到的事实或操作的过程及想法，用文字、图画、符号、照片、录像、录音等方式记录下来。
15	模仿	幼儿通过观察重复或效仿教师或同伴的语言或行为。
16	联觉学习	一种通道的刺激不但能引起该通道的感觉，还能引起另一种通道的感觉，这种现象叫联觉。例如，看到红色会觉得温暖，看到蓝色会觉得清凉，听到节奏鲜明的音乐会觉得灯光也和音乐节奏一样在闪动。
17	争论与辩论	两名或多名幼儿无法达成一个共同的结论，而互相表达自己观点的过程。
18	体验	幼儿体验和考察，亲身感受活动的过程。
19	扮演或表演	幼儿装扮成某一角色，直接或者借助技术设备以声音、表情、动作公开再现作品以供他人模仿或学习。
20	分工与合作	在同一件事和背景下，两名幼儿或多名幼儿分别进行各种不同而又相互补充的工作，互相配合做某事或共同完成某项任务。
21	寻找资源	幼儿根据活动需要搜索、收集、归纳、整合各种材料、信息(包括图书、资料、视频、音频等)的过程；或遇到困难时，能积极寻求外部资源的支持(人、物)。
22	联想与想象	幼儿由于某人或某种事物而想起其他相关的人或事物，或凭借已有经验进行加工，从而产生新形象的过程。

其次，课题组对观察者进行观察程序和记录方法的培训，要求观察者根据目前幼儿在幼儿园科学学习的实际状况，分别对幼儿在自由活动、区域活动和集体活动中完成科学任务的过程进行跟踪录像 180 分钟，自由、区域、集体三种活动情境分别录像 60 分钟；然后回放录像，由 3 名教师对同一段活动录像中幼儿所使用的学习方式进行观察，以时间取样法作为观察记录行为频次的方法，

每间隔一分钟将此时此刻幼儿学习中正在使用的学习方式进行记录（每隔一分钟，秒针运行到 12 时记录），在相应的学习方式后画"√"；再用 Excel 累计出每名幼儿在不同活动情境中的学习方式在 60 分钟内出现的总频次（3 名观察者对同一名幼儿的同一录像频次分别独立观察后，记录的数据值间差异在 85％以内的数据有效，以 3 名观察者的平均频次数值作为统计数据）。之后，观察者采用 SPSS20.0 对观察所得数据进行分析处理，考察三种活动情境下，幼儿在学习方式使用上的差异；并结合对幼儿科学学习活动的笔录和视频录像（包括活动的时间、地点、环境、活动情境、幼儿的动作、行为、语言、表情），以及事后对幼儿的访谈，对幼儿学习方式进行进一步的分析探讨，用以诊断幼儿的学习问题并指导教师的教学（指导行为）改进。研究结果如下。

第一，与自由活动和集体活动相比，幼儿在区域活动中更多地使用了观察、判断的学习方式。

第二，与自由活动相比，幼儿在集体活动中更多地采用倾听、讨论、探究性操作、选择、比较、推理与预测的学习方式，而幼儿在区域活动中又更多地运用这七种学习方式。

第三，与自由活动相比，幼儿区域活动中更多地使用提问、实验、寻找资源、联想和想象的学习方式。

总的来说，幼儿在区域活动中，多选择观察、讨论、提问、探究性操作、寻找资源、比较、选择、判断、推理和预测、联想与想象的学习方式；在集体活动中，多选择倾听、视听结合、回应性回答、记录、实验等学习方式。[1]

三、表现性评价

（一）表现性评价的内涵

传统的标准化评价方法不太适用于年龄较小的幼儿，于是人们提出了一种与之互补的评价方法——非正式评价。表现性评价作为非正式评价的新型范式，又称真实性评价，是 20 世纪 90 年代兴起的一种评价方式，最初只是一个与传

---

① 陈晓芳：《学前儿童科学学习过程及其影响因素研究》，载《教育探索》，2019(2)。

统标准化测验相对立的术语，发展至今已成为一种独立的教育评价方式。①

表现性评价注重用质性的方法来描述发生在特定情境中的行为，而不仅是量化评定该行为本身，是一种质性和量化相结合的评价方式。② 表现性评价是指以幼儿在真实的或者有意义的活动场景或任务中的表现来评价幼儿实际的知识获得，对事物和关系的理解以及认知水平的发展。③ 表现性评价是建立在建构主义学习理论基础上对幼儿的学习和成长进行评价的新理念，而非简单的一种评价方法。④ 表现性评价，顾名思义，考察的是幼儿的表现，它的评价环境要求尽量真实而有意义。在这种情境下，幼儿能调动原有的生活经验，并基于这些已有经验学习和理解新知识，运用这些知识解决真实问题。在幼儿完成学习任务的过程中，评价者通过对幼儿表现的分析，评价幼儿内在认知结构的变化和发展。因此，在对幼儿进行表现性评价时，其评价手段和评价信息来源表现出多元化的特点，幼儿完成的学习任务也要求尽量真实而有意义，表现出多元化的特点。⑤ 幼儿由于受其身心发展水平的局限，抽象逻辑思维能力和语言符号系统都没有发展起来，适合在模拟的生活情境或真实情境下开展游戏式的活动，而表现性评价正是基于真实任务和现实情境，以幼儿完成任务的实际表现来评价幼儿。这使得表现性评价更适用于对幼儿开展评价，关注幼儿在生活中、在活动中更真实、更原生态的发展。

幼儿科艺整合学习活动具有游戏性和仿真性的特点，通常会设置一个活动主题，并模拟真实的活动环境，给予幼儿一定的活动任务，针对幼儿完成活动任务的情况，对幼儿的审美能力和相关科学概念及思维发展进行评价。因此，对幼儿科艺整合学习活动的评价方式以表现性评价为主。在幼儿科艺整合学习活动中开展表现性评价，教师要围绕某一活动的主题，设计恰当的表现性任务，

① 赵德成、夏靖：《表现性评价在美国教师资格认定实践中的应用及其启示》，载《外国教育研究》，2008，35(2)。

② B. Spode，O. Saracho(Eds.)，*Issues in early childhood educational assessment and evaluation*，New York，Teachers College Press，1996，pp. 108-128.

③ Wortham，S. ，*Assessment in early childhood education*，New Jersey，Merrill Prentice Hall，2001，pp. 13-213.

④ 张继玺：《真实性评价：理论与实践》，载《教育发展研究》，2007(1B)。

⑤ ［美］鲍勃·伦兹(Bob Lenz)等：《变革学校：项目式学习、表现性评价和共同核心标准》，24 页，周文叶、盛慧晓译，长沙，湖南教育出版社，2020。

并在与幼儿互动的过程中，逐步引导幼儿了解完成活动任务的执行标准和所完成产品的评价标准。幼儿在不断地他评和自评的过程中会根据上述标准对自己完成任务的过程进行评价，所评价的内容既包括幼儿在活动过程中表现出来的智力因素，如思维技能的发展，科学概念的精确化；也包括非智力因素，如坚持性和专注度，冒险性和创新性，以及审美体验和审美能力的发展。

1. 表现性任务

表现性任务（performance tasks）是开展表现性评价的重要载体，要对幼儿进行表现性评价就要设置幼儿需要完成的表现性任务。表现性任务的设置要考虑幼儿的现有能力水平，任务能反映现实生活中的实际问题，具有一定的挑战性，并给予幼儿表现的空间，以幼儿在完成任务中的实际表现来评价幼儿的发展。表现性任务有的很简单，只要很短的时间就能完成。例如，"说一说自己最喜爱的户外游戏活动""表演一个你最喜欢的绘本故事"，幼儿在完成这样的任务的时候，教师可以通过幼儿在任务中的表现，考察幼儿的口语表达能力、语言交流和语言理解的能力，以及社会性发展水平，这就是表现性的任务。有的则可能很复杂，需要一系列的认知操作才能完成，如"用大型积木、瓦楞纸或者乐高搭建天坛"。表现性任务的任务情境要求尽量接近真实，任务内容能激起幼儿在真实情境中与教育目标相关的行为反应，引发幼儿发现问题、思考问题和解决问题的一系列认知操作。这种以对幼儿真实行为表现来推测内在心理过程的方法十分适合考察幼儿的身心变化。

表现性任务的选择要与教育目标紧密结合，不同的知识类型，适合不同的表现性任务，例如，语言活动的表现性任务可能是口头陈述、表演、情境模拟等；科学活动的表现性任务可能是作图、制作模型、操作某个设备或科学仪器等。选择表现性任务的主要标准就是尽量与教育目标一致，让幼儿有机会表现出教育目标想要考察的发展关键点。

制定幼儿科艺整合学习活动的表现性任务需遵循以下步骤。

第一，教师要明确活动任务的目的。设置表现性任务时，教师要明确，该表现性任务要评价幼儿的哪些能力、技能或认知行为。例如，要想评价幼儿的口语表达能力，教师可以设置一个讲故事的表现性任务来考察这一能力。

第二，教师要确定活动的主题。设置表现性任务要依据幼儿在任务中的表现对幼儿的内在心理过程进行评价，而这样的任务并非无源之水，它需要有一个载体，就是活动的主题。不同的活动主题，能体现出不同领域、不同的知识点，幼儿在这一主题下的表现，才能展现出与该领域、该知识点相关的经验和能力的增长。也就是说，任务应该是与幼儿的学习相关的任务，这就是设置活动主题的关键。

第三，教师要明确评价的标准。教师在组织幼儿科艺整合学习活动时，要明确幼儿可以利用的材料和外部支持，并且向幼儿阐述清楚教师希望他们做到什么、了解什么。幼儿了解到教师对自己的要求，就会明白该做些什么以及怎样去做。

2. 表现标准

表现标准是对幼儿完成表现性任务的行为进行评价，这一标准能明确幼儿的什么行为能反映什么水平内在的认知特点。幼儿科艺整合学习活动的表现标准一般在制定表现性任务的时候就要确定下来，如什么是知识、能力和技能没有获得发展的行为，什么是知识、能力和技能获得一定发展或者发展非常出色的行为。教师可以在与幼儿的互动以及对幼儿行为的持续观察中，获得对表现标准的进一步细化。

制定幼儿科艺整合学习活动的表现标准需遵循以下步骤。

第一，教师要确定在幼儿科艺整合学习活动的表现性任务中，最需要幼儿表现出来的知识、能力以及认知特点有哪些。这些内容就是表现性任务中的评价项目。

第二，在确定了评价项目之后，教师需要将这些评价项目的发展水平分等级，并确定能反映不同等级的评价项目的外在行为表现，或者作品表现进行明确的规定，详细说明每个等级的要求。这样幼儿在完成评价任务的时候，教师就知道幼儿所做的哪些是好的，好在哪里，能获得怎样的结果，还能做些什么才能达到目标，有助于幼儿不断地建构新知，增长能力。

第三，教师要确定评价项目的主次顺序。在幼儿科艺整合学习活动的表现性任务中，不同的评价项目，其重要性并不相同，需要赋予不同的权重。例如，在动手操作探究的活动中，发现问题、解决问题的内在思维思考过程的重要性重于审美体验的表达；而在装饰作品的活动中，幼儿艺术的表达美化重于科学概念的形成。

3. 评价幼儿完成表现性任务的过程和成果

在幼儿科艺整合学习活动中，教师根据表现性任务的评价项目和评价标准对幼儿完成任务的过程和结果进行评价。评价的目的是促进活动开展和幼儿的持续发展，因此幼儿科艺整合学习活动中的评价其实是一个循环往复的过程。评价结果为教师的活动提供了反馈，教师在这些反馈信息的基础上进一步开展因材施教、长善救失的活动。另外，幼儿也可以根据对自己表现的评价了解自己的学习状况，在不断地自评和反馈过程中，发展自我意识、主动性和自主性。

幼儿科艺整合学习活动中的表现性评价是在现实和接近真实的情境中，基于幼儿的实际表现评价幼儿的能力和认知的发展。这种方式十分符合幼儿的学习和发展特点。3～6岁的幼儿受限于语言发展水平，对语言的理解和表达水平较低。虽然他们对周围世界以及事物之间的关系有一定的了解，但很多时候并不知道如何表达出自己的理解，而操作活动则可以通过操作过程和操作结果表现出幼儿对世界的理解。幼儿的这种特点也决定了对他们开展教育的主要形式，应当以游戏和活动为主。幼儿在活动中既能表现自己的发展水平，也更容易建构新知识，获得知识和能力的发展。因此，对幼儿进行评价不能简单地通过测验和语言问答来进行，而以其行为表现作为评价方式更加符合幼儿的特点。表现性评价作为一种特别的评价方式，应当基于日常的教育活动情境，关注幼儿在学习过程中的表现，评估幼儿的学习活动结果，体现出幼儿发展的过程性、持续性和完整性，并给教育活动的开展提供及时有用的信息。[1] 根据这些信息，幼儿教师能持续获得幼儿目前的发展状况，从每名幼儿的实际表现中推测出幼儿的发展轮廓，更好地呈现出幼儿的学习过程。在幼儿科艺整合学习活动中开展表现性评价，还能体现出幼儿的原有经验，以及新经验与原有经验的联系和建构过程。与正式评价相比，表现性评价虽然不是很有目的性、计划性和系统性，但却是真实和贴近幼儿生活的，与幼儿的情感发展、认知发展和自我概念发展的状态息息相关。[2] 此外，表现性评价还可以为教师提供一种更自然、直接和完整的

---

[1]　Gullo. D.，*Understanding assessment and evaluation in early childhood education*，New York，Teachers College Press，1994，pp. 31-86.

[2]　叶平枝、容喜、温嘉贤：《幼儿教师日常教学非言语评价行为的现状与问题》，载《广州大学学报(社会科学版)》，2011，10(3)。

评测方式，并提高幼儿的积极性，鼓励幼儿将习得的能力应用到实际生活中。不过，表现性评价也有其局限，需要花费大量的时间和精力，判断和评分过程比较主观、费事，通常以个人而非群体为单位来进行表现性评测。[①]

(二)用表现性评价收集评价信息的实例

在幼儿的社会性发展中，同伴关系是幼儿社会性发展的重要方面，同伴作为幼儿社会生活的重要参与者，随着幼儿年龄的增长，其影响日益重要，有着其父母等成人无法取代的重要价值。

同伴交往向来都是幼儿社会性发展研究的重要领域，幼儿与同伴之间的良好互动能够促进幼儿的个性发展，并加快幼儿的社会化进程。因此，如何评价幼儿与同伴的交往水平，是研究幼儿同伴交往的一个重要课题。受限于幼儿的身心发展特点，传统的标准化测试容易脱离真实具体的交往情境，难以收集到有效数据，而表现性评价则以其真实性和过程性的特点，可以记录幼儿真实的同伴交往表现，弥补传统评价方式的不足。本次表现性评价着重从行为调整、交流分享两个方面评价中班幼儿的同伴交往能力。研究表明，幼儿的交往能力会随着年龄的增长而不断提高，不同年龄的幼儿在同伴交往行为上体现出不同的特点，其中小班到中班是加速发展时期，但小班幼儿还处在独自游戏和平行游戏阶段，同伴交往较少，而大班幼儿的同伴交往发展则相对放缓，所以中班期间的同伴交往发展是一个关键时期。这个年龄段的幼儿是如何调整自己的同伴交往行为的呢？如何进行同伴交流分享的呢？研究者以"行为调整"和"交流分享"行为作为切入点，对中班幼儿的同伴交往行为的发展水平进行了表现性评价。评价分为3个部分，先设计表现性任务，再制定表现性的评价标准，然后按照制定的表现性评价标准进行有目的的观察，最后获得评价结果。

1. 表现性任务

选取中班幼儿12名，男女各6人。要求幼儿自由选择同伴，分为3组进行搭建游戏，因此每组幼儿只能有4名。在游戏室中央铺设3块地毯，每块地毯上各摆放一种建构类积木：雪花片、木质积木和大型乐高。教师要求幼儿自由

---

① ［美］格伦隆德、［美］沃：《学业成就评测(第9版)》，杨涛、边玉芳译，145页，北京，教育科学出版社，2011。

分成 3 组，幼儿分组后，要与同伴讨论玩什么积木，用积木完成一件什么作品。选择和讨论过程中，教师不做干预。活动结束后，教师组织同一组幼儿对建构作品进行师评、自评和他评。活动时长为 20～30 分钟。

2. 评价标准

研究者将幼儿行为表现进一步细化和概括，制定了评价标准，以利于教师根据现场幼儿的表现实施评价，见表 4-33。

表 4-33　中班幼儿"同伴交往之行为调整与交流分享"评价标准

指标	水平 1	水平 2	水平 3
幼儿在形成组别、选择游戏材料等情况、环境变化时，能否调整自身行为。	当环境情况发生变化时，幼儿完全不能调整自己的行为。	幼儿在教师或同伴的引导示意下，虽不情愿，但能遵照设定的规则部分调整自己的行为。	幼儿能根据情况、时间或常规的变化，灵活地或主动地调整自己的行为。
幼儿在游戏期间的交流分享。	幼儿不与身边的同伴主动进行交流分享，也不回应同伴的交流分享。	幼儿不主动发起交流，但能对同伴的交流和分享予以回应。	幼儿既能主动发起与他人的分享、交流，也能积极回应同伴发起的交流，形成良好的互动关系。

3. 观察要点

观察表作为评价的辅助工具，在同伴交往活动中实施和投放，见表 4-34。观察表是教师依据表现性任务的评价内容而设计的，便于教师准确地进行现场任务并收集数据，进行后期的数据分析。考虑到幼儿的"调整行为"和"交流分享"在活动中是贯穿始终的，在进行观察记录时，不但要按照活动开展的先后顺序进行记录，还需要重点注意幼儿在产生冲突的环节中所表现出来的言语行为，进行详细观察和记录。观察表除了在对应行为的空格处设计了记录栏（若幼儿有相应行为，教师要在该处打钩），还增加了备注栏，方便教师记录未曾考虑到的现场状况以及其他教师觉得需要记录的情况。

表 4-34　中班幼儿"同伴交往之行为调整与交流分享"观察表

被观察幼儿姓名：		观察时间：		观察者：	
内容		要点		记录	备注
1. 幼儿根据情况、变化调整自身的行为。 2. 幼儿间的交流分享。	幼儿选择游戏伙伴时的表现。	小组人员满了时，主动退出。		（　　）	
		小组人员满了时，硬要挤入游戏，不肯退出。		（　　）	
		小组人员满了时，积极邀请小朋友参与。		（　　）	
		小组人员满了时，指定参与对象。		（　　）	
		对小组人员情况不关注。		（　　）	
		选择好朋友组合。		（　　）	
	幼儿在选择操作材料时的表现。	对于喜欢的材料，哪怕组员已满，也不退出。		（　　）	
		出现争抢吵闹，不妥协。		（　　）	
		发现组员已满，就算是自己喜欢的，也退出该组。		（　　）	
		没有自己的想法，同意别人的意见。		（　　）	
		发表自己意见的同时，还能考虑别人的意见。		（　　）	
		争吵中，不能形成统一意见。		（　　）	
	幼儿在搭建过程中的表现。	自顾自搭建，不参与合作。		（　　）	
		有协商，有合作，分工明确，有序。		（　　）	
		搭建中出现分歧，要求他人服从自己。		（　　）	
		能照顾到未参与活动的幼儿。		（　　）	
	幼儿在教师要求停止活动后的表现。	能按要求等待点评。		（　　）	
		仍然继续搭建，对其他人不予理睬。		（　　）	
	幼儿在点评环节中的表现。	只表扬自己。		（　　）	
		表扬自己的好朋友。		（　　）	
		实事求是地表扬活动中的表现突出者。		（　　）	

注：幼儿在面对冲突情境时，观察要点中所列行为出现时在括号中打"√"，否则打"×"；"√"、"×"代表观察的行为存在与否，而非判定好坏，"备注"中可记录要点中未遇到的行为或状况，或教师认为需要重点记录的内容。

4. 实施结果

在活动现场，三组参加游戏的幼儿中，总有一到两组幼儿进行合作建构，能根据任务的规则调整自身行为，并有较多的交流与分享行为；也有个别组中的幼儿在建构活动中旁观，或是自顾自地搭建。这说明，幼儿的同伴交往能力在中班出现了较大的分化。同伴交往能力发展较好的幼儿，能够与其他幼儿合作分享，共同开展活动，并能够根据条件、环境的变化，灵活地调整自己的行为，并照顾到活动中某些被冷落的同伴；而同伴交往能力发展较慢的幼儿，则交流和互动的频率偏少，较多的是旁观和独自活动。在分享和交流这两类行为上，绝大多数中班幼儿仍停留在对自己搭建作品的叙述上。①

四、档案袋法

（一）档案袋法的内涵

档案袋一词的英文是 portfolio，有"代表作选辑"的意思。档案袋又被译为卷宗夹、成长记录袋、学习档案。最初使用这种形式的是一些画家、摄影家，他们把自己有代表性的作品放在档案袋里，以便于向他人展示、证明自己。后来人们将这种方法用于教育评价，特别是学生发展评价，以表明学生的学习发展与进步。用档案袋法收集到的信息，通常能较为生动、真实地展现实际的过程，但也比较花时间，也有可能达不到预期的效果。例如，收集幼儿作品，建立对幼儿艺术发展水平的评价档案，如果只是无差别地收集幼儿日常的美术或手工作品放进档案袋里，没有注意幼儿随着年龄增长对美感理解的增强、运用色彩线条表现美的能力增强去选择作品，那么成人便无法通过这个档案袋中的作品来评价该幼儿的艺术发展水平，这个档案袋就容易沦为幼儿日常作品的垃圾桶、回收站。因此，教师在选择幼儿的作品时，要进行仔细地分析和判断，选择能够体现幼儿发展水平和状态的作品。

（二）用档案袋法收集评价信息的实例

在教育领域，档案袋评价像艺术家们所做的那样，将某个学生的相关作品收集起来，放在档案袋中，只是这种作品的收集有其教育和评价的目的，即所收集的作品可以评价学生某些特质的发展，反映学生学习的提升，因此被称为成长记录袋。我国学者给了成长记录袋一个本土化的定义："根据教育目标，有意识地将学生的相关作品及其他有关证据收集起来，通过合理的分析与解释，反映学生在学习与发展过程中的优势与不足，反映学生在达到目标过程中付出

---

① 江欣怿：《幼儿同伴交往表现性评价任务设计初探》，载《上海教育科研》，2016（6）。

的努力与进步①。"

在学前阶段，档案袋法用于评测幼儿的发展，被称为"幼儿成长记录袋"，是一种典型的质性评价方法。幼儿成长记录袋的基本内容是幼儿的原始作品，这是评价幼儿发展的重要信息来源。在建立幼儿成长记录袋时，主要收集的作品是幼儿在各类活动过程中生成的作品，如幼儿的绘画及手工作品、活动照片、表演视频、自编的儿歌、故事等。

在进行幼儿作品收集时，不是所有的作品都要装进去，而是要依据成长记录的目的分类收集，见表 4-35。

表 4-35　成长记录的目的与相应收集的内容②

成长记录的目的	收集的内容
展示幼儿的最优成果。	幼儿自己认为最满意、最喜欢的作品。
描述幼儿某一时期内学习与发展的过程（主要用于与幼儿自己的过去比较）。	依照时间顺序反映过程性的作品（照片、录音、录像等），如第一次讲故事的表现、现在的表现；学期初、学期中、学期末的绘画作品。
评估幼儿学习与发展的水平（主要用于评价标准或与其他幼儿比较）。	教师（或幼儿）认为能反映幼儿个人特点的典型作品（与以上收集的作品内容可以有交叉）。

幼儿成长记录袋里包含的材料可以既包括需要做出评定的材料，如描述幼儿成长过程或发展水平的一些材料，这些材料需要进行单独的评定；也包括不需要做出评定的材料，如仅用于展示的幼儿作品，就不需要进行专门的评定。

在对幼儿成长记录袋中的材料进行评定的过程中，评定主体既可以是教师，也可以是幼儿。

通过档案袋评价法，幼儿可以参与到自己对自己的评价过程中来。幼儿成长记录袋不是为了收集作品，而是为幼儿发展评价提供原始真实的信息。因此，让幼儿参与到对自己的评价中来，可以使得幼儿成长记录袋中的材料的筛选更

---

① 教育部基础教育司、教育部师范教育司组织编写：《新课程与学生评价改革》，39页，北京，高等教育出版社，2004。

② 虞永平、张辉娟、钱雨等：《幼儿园课程评价》，146页，南京，江苏凤凰教育出版社，2009。

加符合幼儿本身的特点。例如，让幼儿自己选择认为最好的作品放入幼儿成长记录袋，并请幼儿说出理由，教师进行记录。幼儿说出的理由就是幼儿对作品的自我评价，教师可以将幼儿的自我评价记录与该作品一起放进幼儿成长记录袋中，这些信息本身就能反映幼儿的发展过程。

教师对幼儿成长记录袋中幼儿作品的评价关注幼儿的发展过程和发展结果。教师要根据幼儿成长记录袋中真实而详细的资料来多角度判断幼儿的发展，既可以将幼儿与自身比较，进行纵向评价；也可以将幼儿与预定目标和同伴相比较，进行横向评价。

下面以一名中班幼儿美术能力发展水平的档案袋评价为例进行说明，见表4-36。

表 4-36　对一名中班幼儿美术能力发展水平的评价

姓名：天池　　　　　　年龄：4 岁半

美术能力评价项目		幼儿与标准				幼儿与同伴			幼儿与自己	
		1	2	3	4	1	2	3	进步明显	异于期望
兴趣	主动性			√				√		
	情绪			√				√		
独立大胆地表达								√		
努力程度		√					√			√
创造	形式			√				√		
	内容			√				√		
	工具运用	√					√			
美术形式要素的运用	造型			√				√	√	
	构图			√				√	√	
	着色			√				√	√	
情感的表达								√		
运用工具的技巧					√			√	√	

注：该表中，与幼儿比较的分别为预定评价标准、同班幼儿、幼儿自己。"幼儿与标准"一栏中，1、2、3、4 是与评价标准相对应的。在"幼儿与同伴"一栏中，1 表示比本班中等幼儿差；2 表示中等，3 表示比本班中等幼儿好。在"幼儿与自己"一栏中，"进步明显"是指该幼儿有明显进步，"异于期望"是指该幼儿没有达到他自己应有的发展水平。评价时在与幼儿表现相符合的栏目上画"√"。

根据《幼儿园教育指导纲要(试行)》中"承认和关注幼儿的个体差异，避免用划一的标准评价不同的幼儿，在幼儿面前慎用横向的比较"的要求，我们主张幼儿教师多运用以幼儿自己为比较标准的评价，以便于帮助幼儿发现自己的进步，规划以后的发展。

对上述表格中的内容进行综合评价，评价内容如下。

与本班幼儿相比，天池这学期在美术创作上的发展表现较为突出，在图画的造型、构图、着色和运用工具的技巧方面有明显进步。他习惯用左手画画，创作迅速且不易受他人影响，作品具有独特性。他的作品中经常使用多种线条、图形，能表现出物体的显著特征，已经有了基准线的概念，画面饱满，构图均衡，所用色彩鲜明、丰富，搭配协调，生动而富有韵律。他对手工活动也有较为浓厚的兴趣，但手工制作比较慢，作品显得不够细致，且喜欢依赖他人。在遇到困难时，他容易放弃或请其他人帮助完成，希望他以后遇到困难时能更好地坚持。

从上述评价表格和评价语言我们可以看到，幼儿成长记录袋既可以用于进行形成性评价，也可以用于进行终结性评价。幼儿园和教师要将创建和使用幼儿成长记录袋与幼儿日常活动和教育教学有机结合起来，有效使用幼儿成长记录袋进行幼儿评价，同时减轻教师负担。

五、检核表

(一)检核表的内涵

检核表是教育评价中的一种收集资料的方法。检核表是依据儿童发展心理学、教育目标等编制的儿童表现目标，教师可以通过观察和判断儿童是否达到检核表上的相应项目，来判断儿童的学习与发展情况。相对而言，由于检核表只是判断儿童是否达到、是否有相应的行为，简便易行，有很强的可操作性，所以很多幼儿园的家园联系手册都用到了检核表。

检核表设计了儿童发展的各个方面，通常可能会比较全面，对教师有提醒作用。尤其是当前幼儿园课程强调整合、生成，目标导向性和活动的计划性有所减弱，就更需要对儿童的全面发展状况有所了解，以便于随后的课程调整，检核表就能够起到类似的作用。

然而，检核表容易导致教师在"表"上相应栏目处随意勾画，而不是真正基于观察的判断。检核表面对的一个矛盾是，如果指标不全面，起不到检核的作用；如果太全面，指标又太多，不利于教师的操作。因此检核表最好是能够与其他的方式结合使用、以便于充分发挥检核表的作用。

（二）用检核表收集评价信息的实例

学前儿童观察评价系统（"Preschool Child Observation Record"，又译为学前儿童观察记录系统）是高瞻课程的儿童发展评价量表，该系统是以观察为基础的评价工具，具有发展合理性和高信度、高效度的特点，也便于使用。它是针对学前儿童的评价工具，包括9个领域的内容：学习品质，社会性和情感发展，身体发展和健康，语言、读写和交流，数学，创造性艺术，科学和技术，社会学习，英语学习（针对母语为非英语的儿童）。每个领域均包含早期学习的关键概念，总共34个条目和2个附加条目。在一段时间内，观察者（教师、照顾者、家庭成员或研究者）基于客观观察做逸事记录，在水平0（最低）到水平7（最高）这8个水平上计分。

学前儿童观察评价系统提出了8个连续发展的水平，所以学前儿童可以在合理的水平上计分，年龄更大以后可能在较高的水平上计分。[1] 根据年龄和发展水平，系统会建立一个起始点，这个点可以上下浮动。为了帮助观察者可靠而妥当地使用本系统计分，这个测量工具对每个领域、每个评价条目、每个发展水平都有简短的说明。此外，在每个水平得分上，均有两则逸事记录的范例，用以对儿童的行为进行解释。学前儿童观察评价系统为所有8个得分水平均提供了定义和例子。这减少了计分的混乱，并且最大限度地增强了评分信度。

学前儿童观察评价系统学习品质领域中关于学前儿童的"主动性和计划性"的行为检核表见表4-37。

---

[1]　美国高瞻教育研究基金会：《学前儿童观察评价系统》，20页，霍力岩等译，北京，教育科学出版社，2018。

表 4-37　主动性和计划性①

从出生伊始，幼儿就会主动地选择感兴趣并对自身有意义的事，展示他们对学习的渴望。作为主动的学习者，他们做决定和计划的意识性与目的性在逐渐增强。他们的计划性也随着年龄增长变得更复杂，有时候要花费几天才能完成。
水平 0　幼儿转向或远离某个物体或人。
解释　幼儿转动头或整个身体，朝向自己感兴趣的东西(如某个人、物体、声音)，或者远离、回避一些东西(如大风、强光)。
例子 1：在进餐时间，乌苏拉(照顾者)给了米可一瓶水。米可喝了一半，然后把头扭得离瓶子远远的。 例子 2：艾丽萨在地板上躺着，当玛瑞安(照顾者)说话时，她把头转向了玛瑞安。
水平 1　幼儿持续移动，直到够到渴望的物体或人。
解释　幼儿尽其所能地靠近自己感兴趣的人或物体。(注：记录这一水平的标准是，幼儿必须坚持够到她们想要的物体或人为止)
例子 1：罗伯特迅速跑到凯特(照顾者)身边，抓住她的裤腿，微笑着看着她。 例子 2：安娜爬到桌子底下把球捡起来，又爬了出来。
水平 2　幼儿能用一两个词表达自己的意图。
解释　幼儿能用一两个词表达自己的意图，如命名一个物体(球)，表达一种渴望(爬上去)。幼儿可以表达自己的意图，或者在两者中选一个，如是搭积木还是玩玩具。(注：这可以发生在一天内的任何时间，不仅仅局限于计划时间)
例子 1：在户外，兰顿兴奋地大喊一声"跑"，然后跑上一个小山丘。 例子 2：在集体活动时间，米莉萨问萨拉想唱什么歌。萨拉回答"倒下"，表示她想唱《围着罗西转圈圈》。
水平 3　幼儿能用一个简单的句子描述自己的计划并完成计划。
解释　幼儿可以用一句话描述自己的计划，如想去哪儿，想要做什么，想要和谁一起玩，然后开始实施。(注：这可以发生在一天内的任何时间，不仅仅局限于计划时间)
例子 1：在计划时间，雅各布说："我想做一个生日蛋糕。"他做到了。 例子 2：在户外，卡若说："我想荡秋千。"她做到了。
水平 4　幼儿能制订并完成两个或多个互不相关的计划。
解释　幼儿能描述两个或多个独立的、互不相关的计划(如果完成的是一个计划，内含 3 个步骤或更多步骤，将幼儿划分到水平 3)，随后按照他的意图实施计划。
例子 1：在计划时间里，安娜说："我想先在计算机上玩一下游戏，然后完成大巴士拼图，最后为我叔叔画一幅画。"随后，她做完了这三件事。 例子 2：来园时，盖布瑞说："我想用磁力片建一个太空飞船，还要和迪伦建一个城堡。"随后盖布瑞完成了这两个计划。

---

① 美国高瞻教育研究基金会：《学前儿童观察评价系统》，20-21 页，霍力岩等译，北京：教育科学出版社，2018。

续表

水平5　幼儿花费工作时间(选择时间,自由活动时间)的大部分时间(至少20分钟)来实施计划。
解释　幼儿至少花费20分钟来实施和完善他最初的计划。幼儿可以把材料从一个地方放到另一个地方,或转换活动地点,以更好地实现自己的想法。由于同伴的加入,计划可能会发生变化或有所发展。(注:要阐明幼儿在这个活动上花费的大概时间)
例子1:在工作开始一段时间后,奥利维亚说:"我现在想要搭一辆小汽车。"然后她去积木区开始建构。随着其他幼儿的加入,本来计划搭的小汽车变成了公共汽车。她和同伴们玩起了假装开车去图书馆的游戏。这个游戏持续了30分钟。 例子2:在选择时间,布兰科先制订了用记号笔和纸为奶奶制作贺卡的计划,然后去了艺术区,将一张纸对折,用记号笔在上面画了彩虹,并在上面写上自己的名字。他沿着纸的四边打了一圈洞,最后把纸卷起来放到他的柜子里去了。这个过程大概持续了20分钟。
水平6　幼儿计划并完成一个至少要花费两天或更多时间才能完成的项目。
解释　幼儿制订了一个足够详尽并至少需要两天才能完成的计划,在接下来的几天里,不断进行或扩展之前的工作,直到达到最终的目标。这一水平不同于幼儿基于持续性兴趣制订的简单计划,如一个喜欢乐高的幼儿计划每天都玩乐高就不属于这一水平。
例子1:在自由活动时间,法瑞莎计划做一个鸟窝。第一天,她把很多木材粘在一起。第二天,她给木材涂上红色和蓝色。第三天,她用记号笔画上窗户,然后说:"现在完成了。我要把它送给爷爷。他有鸟食。" 例子2:在户外,艾米丽、塔和克里斯汀在沙里挖坑。她们发现她们灌的水是在沙坑里时,决定建一条"运河",从操场的拐角一直到教学楼。工作一周之后,她们用不同型号的管子代替铲子做不同大小的运河,并用罐状的容器做隧道,不停地工作。她们还给其他班级的小朋友写纸条,让她们在运河完工之前远离运河。当运河终于延伸到教学楼时,她们往运河里倒水,并邀请其他小朋友到运河玩。(注:关于艾米丽、塔和克里斯汀的逸事记录)
水平7　幼儿利用外部资源去收集完成计划所需的信息。
解释　幼儿利用手头的资源去实现自己的意图。这类资源可能包括适合幼儿年龄的参考书、杂志、网页,可能是和教师之外的成人交流,参观相关的名胜古迹等。
例子1:在活动时间,玛琳达计划研究企鹅。她走到计算机那里,在教师的帮助下找到了一个关于企鹅的网页。她打印了几页,想在画企鹅栖息地时参考。她还在旁边写上了帝企鹅爱吃的食物。 例子2:在图书时间,贾斯汀说他想要一本关于狗的书,因为他家里刚养了一只小狗,他想好好照顾它。他找了两本书打算借回家,然后在书里夹了纸条,标记他想和妈妈共同阅读的页码。

第五章　科学与戏剧整合的幼儿学习活动案例分析及评价

第一节　故事剧"小兔乖乖"故事文本解读及舞台设计的表现性评价

一、表现性任务

小兔乖乖①

一天，小班的幼儿在图书区阅读分享了一本故事书——《小兔乖乖》。幼儿兴奋地拿着故事书讨论起来，教师走近幼儿听到了他们的对话。袁泽说："小兔乖乖，咱们在小班的时候就表演过这个故事，你们记得吗，看！这就是那本书。有一天，兔妈妈要去地里拔萝卜……"袁泽讲完这个故事后，湛林提议说："我们再来演一次这个故事吧。"袁泽回答说："好啊，可是我们没有手偶玩具，没法演。""上次小九爸爸讲了皮影戏，我觉得咱们可以用皮影演！"璐熠在旁边赞同地说，"没错！我们班里也有手电筒，可以用那个演！"教师加入其中，与幼儿一起回顾了之前演皮影戏的经验："要有光源！""要有幕布！""要有皮影！"可是皮影不易制作，经过商讨，大家决定用影子戏的方式表演《小兔乖乖》这一故事剧。

"老师，我们需要手电筒和小兔，还有大灰狼来演剧。但是咱们班没有小兔和大灰狼啊？"教师听后又有意将问题抛回给幼儿："那怎么办呢？"幼儿争先恐后

---

① 陈晓芳等著：《科学与艺术整合的幼儿学习活动案例及评析》，57页，北京，北京师范大学出版社，2022。

地讨论起来，"我们自己做一个吧！""可以画一个！""对！画好后可以剪下来。"教师接着问："那你们想用什么剪出影子呢？"幼儿说："我们可以用黑色的纸剪！""没错，我看过的影子都是黑色的！"

幼儿兴奋地找来制作影子卡片的黑色纸。在制作前，有的幼儿说："我觉得小兔应该有个圆圆的脑袋，因为它很可爱。"旁边的西宝跟着说："那，大灰狼就应该做成尖尖的嘴巴，它太可怕了，专吃小动物！"在旁边一起制作的幼儿纷纷点头，表示赞同。在热烈的讨论中，幼儿很快剪出了剧中小兔和大灰狼的形象，为表演故事剧做准备，教师也为幼儿在班中搭建了光影小剧场，投放了光影舞台的幕布。《小兔乖乖》的故事表演就此拉开了序幕。

二、表现性的评价标准及观察要点

故事剧"小兔乖乖"故事文本解读及舞台设计的表现性，可通过科艺整合的表现性评价标准、幼儿科艺整合学习活动观察表、幼儿科艺整合学习活动观察评分汇总表进行观察和评价，见表5-1、表5-2、表5-3。

表5-1 "小兔乖乖"科艺整合的表现性评价标准

评价项目	水平1	水平2	水平3
主题性	幼儿从一个想法到另一想法的转换不清。	幼儿讲述的故事线索不清晰，只能讲述一小段（如几句连续的话）；幼儿简单地将彼此矛盾的线索拼凑在一起，成为一个零散的故事。	幼儿可以用一个故事线索将彼此无关的事件联系起来，构成一个完整的故事；讲述时很少偏离故事的发展主线。
信息交流	幼儿所讲述的故事角色之间没有或很少对话；即使角色之间有对话，其对话也模糊而简短。	幼儿讲述中，大量出现故事角色之间的对话，且这些对话包含思想、情感等信息，富于意义。	幼儿能较为顺利地加入他人的谈话，并将自身经验与他人的谈话内容相联系。
描述	幼儿难以用叙述的语气对故事的内容进行详细的解释。	幼儿偶尔能用叙述语气，对故事中所发生的事情进行详细的解释。	幼儿常常采用叙述语气，向听众详细解释故事中发生的事件，或者为故事内容加以说明，并增加丰富的细节。

续表

评价项目	水平1	水平2	水平3
探究	幼儿重复同样的行为，即便这种行为并不能推测出表演故事的方式。	幼儿尝试用多种办法探索可能的表演方式及材料准备，问题未解决便放弃了。	幼儿持续尝试用一种或多种办法探索可能的表演方式及需要准备的材料，直到成功为止。
辨别或分类	幼儿不能对故事细节加以评判、比较，只是简单地叙述故事本身。	幼儿能对故事内容进行简单的评判、比较，对故事的一些细节加以比较，但不够深入和全面。	幼儿能使用明喻或暗喻，或使用对比性的评论，或叙述性评论，对故事细节加以评判；或者两种情况兼而有之。
表现性	幼儿讲述故事时语调贫乏，几乎从头到尾都用单一的语调讲述，而没有根据角色不同和故事情节的不同而运用不同的语气或声音效果。	幼儿讲述故事时，偶尔会使用不同的语气、语调及声音效果表现不同角色或不同的故事情境。例如，表现角色语气，可以加强语气或唱歌，或者二者兼有。	幼儿讲述故事时能运用不同的声音效果及语气、语调来表现不同的故事角色和故事情节；讲述具有生动的角色语气和高度的表现力。

表5-2 "小兔乖乖"幼儿科艺整合学习活动观察表

姓名：_____　　　　　年龄：_____

观察时间：_____　　　观察者：_____

尽可能从如下方面进行评价：

对道具的想象，如幼儿热衷于设计道具，倾向于创设情境，而对讲故事不甚感兴趣。

对材料的计划和选择，如以什么为光源，以什么为材料制作故事角色形象，设计怎样的形象。

对来自不同领域的技能展示，如歌唱表演、舞蹈表演、以对话形式进行表演。

要尽可能详细地对以上几点以及其他观察信息做记录，以便评分者能从整体上把握幼儿讲故事时的身体动态。

科艺整合的表现性评价项目	评分	评注和观察
主题性	1　2　3	
信息交流	1　2　3	
描述	1　2　3	
探究	1　2　3	
辨别或分类	1　2　3	
表现性	1　2　3	

评分者：_____　　　日期：_____

表 5-3　"小兔乖乖"幼儿科艺整合学习活动观察评分汇总表

幼儿	年龄	主题性	信息交流	描述	探究	辨别或分类	表现性	总分	评注和观察

三、对幼儿完成表现性任务的分析

幼儿最容易受到故事的吸引，而故事人物又是幼儿最关注的部分，生动形象、个性鲜明的故事人物能大大激发幼儿参与表演的兴趣和意愿。因此在制作道具这一环节上，幼儿最先想到的就是制作人物形象的道具。在制作道具的过程中，幼儿会主动调用自己的生活经验，迅速产生艺术通感，进行艺术联想，赋予艺术情感。在制作故事人物的外部形象的过程中，幼儿理解故事人物，产生进一步的联想，投入自己对故事人物的情感，如幼儿会说："小兔很可爱，大灰狼很可怕。"伴随着这种情感，幼儿会产生更多的意义联想，从而产生对不同人物形象的不同层次的丰富情感。例如，幼儿会从大灰狼的外部形态联想到它的食性是"专吃小动物"，并产生恐怖或愤怒的情感体验。这些不同层次、不同种类的丰富情感体验，使幼儿在道具制作中进行了联想、体验和通感的心理活动，不断探索如何通过道具的外观设计表达出自己的情感，从而为故事剧表演增添突出的视觉效果。

第二节　故事剧"小兔在哪儿"背后的光影探究的表现性评价

一、表现性任务

小兔在哪儿①

光影舞台投放之后，小班幼儿对表演"小兔乖乖"影子戏的兴致更高了，其他幼儿也纷纷跑到舞台前等待着"小演员们"开始表演。幼儿将手电筒、影子卡片拿到舞台的后面，尝试着将影子呈现在舞台的幕布上。暖暖举着影子卡片和手电筒在幕布后晃来晃去，前面观看的小观众疑惑出声："怎么什么都看不到啊？"暖暖试了好一会儿也没找出办法："我的小兔跑到哪里去啦？"鑫鑫也疑惑极了："老师，我的小兔也没有呀，影子在哪儿呢？"看到大家都在尝试晃动手电筒和影子卡片，幕布上却迟迟不出现影子，教师提出来一个疑问："我们见过的光是什么样子的？"幼儿说："光像宝剑一样，是直直的。""光特别亮，照得特别刺眼，和太阳一样。"教师问："那要想让小兔卡片的影子出现在幕布上，应该用手电筒怎样照在小兔卡片上呢？"幼儿说："我知道啦！直着照射小兔卡片就可以了！""对！就像太阳照出来影子那样！"教师说："那请你们去试一试吧，然后来告诉我你们的发现。"幼儿到幕布前把手电筒的光照到小兔卡片上，影子一会儿出现在地上，一会儿出现在墙上，最后出现在幕布上。"看到啦！看到啦！""小观众们"一直盯着幕布，在上面找到了小兔的影子，纷纷急迫地问暖暖："你怎么做到的？""把小兔卡片举到幕布的位置，再用手电筒直着照它，影子就出现在幕布上啦！"暖暖说完，其他"小演员"也纷纷效仿，在幕布上照出了各自角色的影子……

---

① 陈晓芳等著：《科学与艺术整合的幼儿学习活动案例及评析》，58页，北京，北京师范大学出版社，2022。

二、表现性的评价标准及观察要点

故事剧"小兔在哪儿"背后的光影探究的表现性可根据科艺整合的表现性评价标准、幼儿科艺整合学习活动观察表、光影科学概念观察表进行观察和评价，见表 5-4、表 5-5、表 5-6。

表 5-4　"小兔在哪儿"科艺整合的表现性评价标准

评价项目	水平 1	水平 2	水平 3
密切观察	幼儿用眼睛简单地看了看，看得时间很短，不一会儿注意力就转移了。	幼儿仔细地看，并试图了解观察对象的各部分细节，观察时间长于 1 分钟，并能做简单记录。	幼儿仔细地看观察对象的各部分细节，尝试使用其他感觉器官参与观察，能进行拆分观察和整体观察，并能运用多种记录方法进行记录。
识别关系	幼儿能对不同的事物或事情进行简单比较，发现两者之间的大致差别，并能简单陈述或记录。	幼儿能按照不同的标准对事物或事件进行大致分类，有意识地按照类别对不同事物或事情进行比较，能做较完整的陈述或记录。	幼儿能按照不同的标准对事物或事件进行细致的分类，并有意识地按照类别对不同事物或事情进行精准的比较，能做完整详细的陈述或记录。
形成假设	幼儿在与环境互动、操作材料的过程中会逐步形成对操作结果的猜想，但猜想内容模糊，难以陈述清楚。	幼儿在与环境互动、操作材料的过程中逐步形成对操作结果的预测，能清楚陈述自己的预测，从自变量到因变量的逻辑链条清楚，但无法清楚解释自变量和因变量的关系。	幼儿在与环境互动、操作材料的过程中能形成对操作结果的预测，能以假设性的语言清楚陈述自己操作的内容与可能的结果之间的关系，形成清晰的实验假设，并能清楚地陈述自变量和因变量之间的关系，并做出解释。
实验	幼儿与实验材料的互动无计划、无目的；不能持续关注实验过程，易受外界干扰；不能在实验条件和实验结果之间建立逻辑关系；无法独自进行实验。	幼儿能有计划、有目的地与材料互动；能保持对实验过程的关注，基本不受外界干扰；能尝试从实验条件推测实验结果；不能独自操作实验，但能跟随教师完成实验，或在别人帮助下有计划地完成实验。	幼儿能有计划、有目的地与材料互动；对实验过程保持高度关注，完全不受外界干扰；能尝试从实验条件推测实验结果；并独立控制、变化实验条件，模拟研究对象，使某些事物(或过程)发生或再现，验证自己的猜想。

续表

评价项目	水平 1	水平 2	水平 3
表现力	幼儿无表现欲，能在教师引导下参加表演；不能运用道具和服装进行表演；表演时语言和动作较少，神情较平淡或较紧张，只是通过简单模仿来表演，对所扮演的角色没有细节把控（表情、神态等）。	幼儿有表现欲，愿意参加表演；能尝试运用道具和服装进行表演；能完整呈现所表演角色的语言和动作，神情自然，在表演中有对角色特点的初步思考，尝试通过表情、神态等细节的变化来刻画角色特点，但不够生动和准确。	幼儿有强烈的表现欲，积极主动地参加表演；能为表演选择合适的道具，搭配相应的服饰；能抓住角色的主要特点，自己设计符合角色特点的语言、动作和神态，并以角色身份和语气进行生动的有创意的表演。

表 5-5 "小兔在哪儿"幼儿科艺整合学习活动观察表

姓名：_____ 年龄：_____
观察时间：_____ 观察者：_____

观察项目	观察记录
密切观察 使用不同的感官； 注意物体在时间上的变化； 用各种方法记录观察结果； 其他。	
识别关系 比较不同的物品或事件； 根据各种标准对物品进行分类； 其他。	
形成假设 根据观察进行假设； 问"如果……会怎样"类型的问题； 尝试解释原因； 其他。	
实验 创设实验情境； 创新性地操纵物体； 其他。	
表现力 角色分配合理，表演自然得体，表情自然大方； 语言流畅，吐字清晰，准确把握台词的语气、语调，能够通过语言塑造形象； 情感投入，配合默契，表现力强。	

表 5-6　"小兔在哪儿"光影科学概念变化观察表

姓名：_____　　　　年龄：_____

观察时间：_____　　　　观察者：_____

观察项目	活动前	活动后	原因及其对规律的阐述
3～4 个影子的特点。			
影子和光线有关。			
影子是光线照射物体产生的。			
影子的形状和物体的形状有对应关系。			
光源方向不变，影子的位置不变。			
光源的方向会影响影子的方向，两者相反。			
光线穿过镂空处，不会产生影子。			
光源、物体、影子在一条直线上。			
光沿直线传播。			
影子是光线受到物体阻挡产生的。			
光线透过有颜色的物体，产生的影子也有相应的颜色。			
幼儿对预测理由及规律的阐述：			

注：幼儿有掌握该概念相应的行为表现时，在后面的格子中画"√"，并记录相应的行为。

三、对幼儿完成表现性任务的分析

戏剧教育活动形式能创设丰富生动的教育情境，让幼儿乐于投入其中，而皮影戏更是我国戏剧艺术中最为幼儿所喜爱的一种表演形式。皮影戏的重要特点是利用光影的原理进行戏剧表演，这种表演能直观地体现光影的变化关系。在教育活动中合理运用皮影戏，能够将光影的科学概念和戏剧活动的审美体验相互整合。

幼儿在日常生活中已经对光影有了一定的感性认识，"小兔乖乖"光影故事剧的形式深深地吸引了幼儿。带着对《小兔乖乖》强烈的表演欲望，幼儿开始了表演。起初，幼儿没有顺利地找到遮挡物与光源和幕布之间的关系，导致找不到小兔在哪儿。在幼儿出现疑惑时，教师适时介入，将"光是什么样子的"这一问题抛给幼儿，并引导幼儿自主思考，主动探索。幼儿在主动探索的过程中，调用了已有的关于光的样子和光的传播方式的生活经验，联系太阳光与手电筒光源之间的相同之处，将太阳光下成影的经验迁移到光影戏剧中影子的形成上，发现了光源和遮挡物与幕布之间的关系。在多次尝试之后，幼儿发现将手电筒、小兔卡片、幕布放在一条直线上，才能让小兔卡片的影子清晰地呈现在幕布上，从而对将光源、遮挡物和幕布三者放在一条直线上就会产生影子这一现象，产生了初步的感性认识。

第三节　故事剧"大灰狼躲在哪里"背后的光影探究的表现性评价

一、表现性任务

大灰狼躲在哪里①

影子的顺利出现，给了幼儿更多的支持与鼓励，让他们表演的热情越来越高。一天，幼儿又开始了新一轮的故事表演。

"兔妈妈拔萝卜回来了，大灰狼连忙跑到大树背后躲起来……"

这时，表演大灰狼的馒头将大灰狼卡片放到了大树卡片旁边，幕布上就出现了"大灰狼"和"大树"挨着的影子。教师看着幕布惊讶道："我看见'大灰狼'啦！它会被发现的！"听到教师这么说后，暖暖在旁边也拿着"大灰狼"在幕布上左左右右地尝试起来，说："馒头，放在这儿！这样就看不见'大灰狼'了！"暖暖把"大灰狼"跟"大树"重叠放到一起，说："嗯，对！这个树干这么粗，这样就看不见啦！老师，这回我就在幕布上，你也找不到我了吧？"

幼儿开始有了影子重叠的意识，可以通过影子的造型更好地表现"大灰狼"躲起来的情节。为了引发幼儿自主思考，教师又故作疑惑道："咦？那在幕布上一点儿都看不见'大灰狼'了，我怎么知道它是躲起来还是走了呢？"

"那我可以把'大灰狼'的尾巴露出来！""不行，不行！那就又被发现啦！"

"那就让'大灰狼'假扮成一棵树吧！""对！把手这样放，就跟树枝一样！"幼儿一边说着，一边把胳膊展开摆成分开的树杈形状，做出了一个大树的造型。

---

① 陈晓芳等著：《科学与艺术整合的幼儿学习活动案例及评析》，59页，北京，北京师范大学出版社，2022。

"可是这个'大灰狼'的手不会动啊，分不开！""我想起来了！皮影戏里的人物手脚都能动，用线把它们连上就行了。"

幼儿讨论得越来越激烈，并且又产生了新的难题：怎么让"大灰狼"的手动起来。教师说："你们想的办法都很好，但是做起来太麻烦了，有没有更好的办法？你们在户外摆影子的时候都是怎么做的？"

"可以拿道具！""对对对！让'大灰狼'拿木棍当树枝假扮就可以了！这样不用线也行！"灵感一现，幼儿突然想到可以将木棍与"大灰狼"粘到一起，再放到"大树"后面，将"大灰狼"假扮成一棵大树的样子，这样就让"大灰狼"躲了起来。"哈哈！太棒了！我们可以告诉大家我们是怎么做到的！"

于是，在表演时，幼儿自己就在剧本中兴奋地讲道："'大灰狼'连忙跑到'大树'背后躲起来，他用'树干'把身体挡住，手上拿着木棍，扮作树枝的样子，谁也没有发现他藏在那里。"

二、表现性的评价标准及观察要点

故事剧"大灰狼躲在哪里"背后的光影探究的表现性可根据光影科学概念变化观察表、科艺整合的表现性（幼儿艺术能力）评价标准、幼儿科艺整合学习活动观察表进行观察和评价，见表5-7、表5-8、表5-9。

表5-7　"大灰狼躲在哪里"光影科学概念变化观察表

姓名：＿＿＿＿＿＿＿＿　　　　　年龄：＿＿＿＿＿＿＿＿
观察时间：＿＿＿＿＿＿＿　　　　观察者：＿＿＿＿＿＿＿

观察项目	活动前	活动后	原因及其对规律的阐述
影子是光线照射物体产生的。			
影子的形状和物体的形状有对应关系。			
光源方向不变，影子的位置不变。			
光源的方向会影响影子的方向，两者相反。			
光源和物体之间出现了阻挡，原来的影子就不见了。			
光源、物体、影子在一条直线上。			
光沿直线传播。			
影子是光线受到物体阻挡产生的。			
幼儿对预测理由及规律的阐述：			

注：幼儿有掌握该概念相应的行为表现时，在后面的格子中画"√"，并记录相应的行为。

表 5-8 "大灰狼躲在哪里"科艺整合的表现性(幼儿艺术能力)评价标准

评价项目	水平 1	水平 2	水平 3
运用美术元素表达情感	幼儿创造有一些细节的简单表征(幼儿有计划地制作一个物体)。	幼儿注意到艺术特征(如色彩、线条、质地)是如何与人的感觉和想法联系的(幼儿表述艺术家是如何使用艺术元素表现情感和想法的,以此来表现他对视觉艺术的鉴赏能力)。	幼儿解释如何用某个艺术元素创造相应的艺术效果,表达自己的情感和想法(幼儿使用某个艺术元素,如色彩、线条、质地、比例或透视画法,并解释是如何达到特定的视觉效果,表达特定的想法或情感的)。
艺术形象表征	幼儿用一个物体代表另一个物体(在这一水平,幼儿对物体有足够的经验,他可以发现不相关的物体之间的相似性,如一块积木大致像一部手机)。	幼儿用语言和动作来扮演某个任务或角色(在戏剧游戏过程中,幼儿假扮某个角色或表演某个事物,例如,幼儿可以通过递给另一个人狗绳并要求把自己带出去遛弯来表演一只狗;也可以假装狗是真实存在的,并模仿狗的声音)。	幼儿参与重复的假装剧情(幼儿在戏剧游戏中感到很舒服,并一遍一遍地重复假装游戏的情节)。

表 5-9 "大灰狼躲在哪里"幼儿科艺整合学习活动观察表

姓名:_____ 年龄:_____

观察时间:_____ 观察者:_____

科艺整合的表现性(幼儿艺术能力)评价项目	评分	评注和观察
运用美术元素表达情感	1 2 3	
艺术形象表征	1 2 3	
评分者:_____	日期:_____	

三、对幼儿完成表现性任务的分析

在了解了光线成影的奥秘之后,教师引领幼儿继续探索影子重叠与影子造型的奥秘。《小兔乖乖》是幼儿耳熟能详的故事,许多幼儿对这个故事的情节非常熟悉,这使得他们能够将绘本中的故事情节主动搬到光影舞台上来展现。故事情节发展到"大灰狼"藏起来想伺机吃掉"小兔","大灰狼躲在哪里?"这个问题让幼儿有机会尝试探索影子重叠与影子造型之间的秘密。教师在幼儿表演的过程中，找准时机，发现、提问、引导。幼儿在不断重复表演这一故事情节的过程中慢慢体会到：当两个物体重叠在一起时，大的物体可以遮盖住小的物体的影子。因此，幼儿非常完美地表现了故事内容，让"大灰狼"藏在比它身体大得多的"大树"后面，用"大树"的身体完全遮盖住"大灰狼"的身体，以免"大灰狼"被发现。

随着剧情的深入发展，幼儿思考的光影问题也更加深入。"大灰狼"不仅要藏在"大树"后，还要藏得更加隐蔽，进行装扮隐藏。怎样让"大灰狼"装扮隐藏呢？幼儿想到让"大灰狼"装扮成一棵大树。那么怎么做出大树的造型呢？这又为幼儿的探究增加了挑战性。幼儿在思考让"大灰狼"用何种方式藏在幕布后时，联想到了大树的造型，并产生了灵感，用木棍等工具为"大灰狼"制作了新的艺术形象，从而完美地将"大灰狼"隐藏起来。"大灰狼"不是植物，而是动物，即使装扮成大树，四肢也应当可以活动，怎么办？幼儿迁移了皮影戏的经验，提出用线绳将关节连接到一起使四肢可以活动。这一方法的提出充分体现了幼儿对于已有经验的把握与深入思考的良好科学探究品质。幼儿运用前期表演的经验，将"大树"的影子投在幕布上，并且提着线绳让幕布上的影子活动起来。幼儿被这样的表演深深吸引了，并在表演创造过程中，逐步开始大胆创编剧本。

第四节　故事剧"大大的狼，小小的兔"背后的光影探究的表现性评价

一、表现性任务

大大的狼，小小的兔①

随着《小兔乖乖》故事表演热情的升高，幼儿开始不满足于光影小剧场的故事表演与探索，还产生了对光影游戏的探究兴趣。因此，教师在科学区投放了相关的材料让幼儿能继续探索光影的秘密。

———————

① 陈晓芳等著：《科学与艺术整合的幼儿学习活动案例及评析》，60页，北京，北京师范大学出版社，2022。

区域自主游戏时，幼儿拿起自己喜欢的影子卡片和手电筒玩起来，自由地摆弄着。达达照出一个小鸟的影子说："老师，你看！我的小鸟飞来啦！"小九在旁边也拿着小鸟的卡片，凑了过来："我的这个比你的大！我的是大鸟！"达达抢着说："你这只是小麻雀，太小了，看！我这只可是大老鹰！比你的大好多。"达达说着把手电筒靠近了卡片。小九不服气地说："我也行！你看！这回我的又比你的大了吧！哈哈！"看到幼儿的行为，教师想到可以借此帮助他们梳理影子如何变大变小的经验。于是教师又给幼儿出了一个难题："你们能比比看谁的能变得更小吗？"达达和小九拿着手电筒摆弄起来。小九说："老师，你看！把手电筒拿远一些，它就变小了。""这个手电筒贴着小鸟卡片的时候，影子特别大；离小鸟卡片越远，影子就越小。"达达边说边举着手电筒一会儿远一会儿近地比画着。

随着对光影现象掌握得逐步深入，幼儿又有了新的想法。一天，湛林拿着影子卡片过来对教师说："老师，我会把'小鸟'变大了。我也想试试看，把《小兔乖乖》里的小兔变大。"他的这个提议，正好将影子变大变小的科学经验迁移到剧目的表演中。因此，能不能让故事剧中的角色也有大小的变化，成了幼儿新的话题。

幼儿开始了激烈的讨论："我觉得'大灰狼'可以变大，因为它很凶恶，看着很可怕！等'大灰狼'出现的时候，我就把它的影子照得大大的！""我觉得'小兔'可以是小小的，因为小兔很可爱，所以要小小的。""我觉得'兔妈妈'也可以大一些，这样可以保护这些兔宝宝。""对，但要比'大灰狼'小，不然'大灰狼'就不那么可怕了。"……

幼儿在讨论中，将影子的大小变化融入对故事剧中角色的艺术表现中。在接下来的表演中，故事中"大灰狼"出现的时候，幼儿也做到了用手电筒贴近大灰狼卡片，将影子变大，同时加入了自己的声音，厚厚的噪音和庞大的大灰狼影子显得大灰狼更加可怕，使得演出效果更加突出。"小兔"出现的时候，幼儿则把影子变小，配合着"小兔"的噪音，感觉"小兔"更加小得不能被伤害了。就这样，随着幼儿对光影经验的增加，故事剧中的角色也被演绎得更加生动了。

二、表现性的评价标准及观察要点

故事剧"大大的狼，小小的兔"背后的光影探究的表现性可根据光影科学概念变化观察表、科艺整合的表现性(幼儿艺术能力)评价标准、幼儿科艺整合学习活动观察表进行观察和评价,见表 5-10 和前文表 5-8、表 5-9。

表 5-10　"大大的狼,小小的兔"光影科学概念变化观察表

姓名:＿＿＿＿＿＿＿＿＿　　　　　年龄:＿＿＿＿＿＿＿＿＿

观察时间:＿＿＿＿＿＿＿＿＿　　　观察者:＿＿＿＿＿＿＿＿＿

观察项目	活动前	活动后	原因及其对规律的阐述
影子是光线照射物体产生的。			
影子的形状和物体的形状有对应关系。			
光源方向不变,影子的位置不变。			
光源的方向会影响影子的方向,两者相反。			
光源、物体、影子在一条直线上。			
光沿直线传播。			
影子的大小与光源的远近有关。			
幼儿对预测理由及规律的阐述:			

注:幼儿有掌握该概念相应的行为表现时,在后面的格子中画"√",并记录相应的行为。

三、对幼儿完成表现性任务的分析

幼儿在戏剧创编的过程中,为了展现真实世界里大灰狼和小兔的形体大小差异,也为了追求舞台艺术效果,突出大灰狼来了时的恐怖气氛和小兔被大灰狼追捕时的害怕心情,想操纵影子的大小。怎样才能让影子变大或变小呢?在探索中,幼儿通过调节手电筒打出的光源和遮挡物之间的距离感受到了影子的大小变化。

这样的操作不但增长了幼儿的科学经验,也使得故事剧中的故事情节不断地丰富了起来。在影子变大变小的讨论中,幼儿加入了自己的艺术情感,准确地把握住了故事人物的特点,并加入了自己对故事人物的理解,如大大的狼,小小的兔,不能太小的兔妈妈。在故事人物顺利呈现之后,幼儿产生了艺术联想,从对人物大小的理解到想要加入不同的声音,使得有着多种感觉的故事人物变得更加鲜活和有趣了。

第五节　故事剧"萝卜变多了"背后的光影探究的表现性评价

一、表现性任务

萝卜变多了[①]

幼儿成功地塑造出了不同的角色形象，同时也大大提升了幼儿表演的兴趣。幼儿表演到"妈妈拔了一筐萝卜回来"时，一名手拿萝卜卡片的幼儿将萝卜的影子打在了幕布上。这时前面的观众有了疑惑："妈妈只拔了一个萝卜呀，怎么这么少？""对呀！家里有三只兔宝宝呢，妈妈的萝卜不够吃呀。""对！不够吃！"还有的幼儿补充道："对呀！吃不到萝卜的小兔，肚子会很饿的，多可怜啊！"

教师也对幼儿的提问表示赞同："一个萝卜确实有点儿少，有没有什么解决的方法？让萝卜能多一些？"西宝抢着说："可以多拿几个萝卜卡片，照出它们的影子。"教师说："这个主意很好，我们可以去试一试。"

在教师的鼓励下，幼儿开始寻找更多的萝卜卡片，有的选择自己制作，有的则直接找来了现成的萝卜卡片。三四个拿着萝卜卡片的幼儿来到了幕布前进行表演。演着，演着，龙龙突然说："兔妈妈没地方了，小兔都被挤到旁边去了。萝卜是多了，可是小兔都放不下了！"

问题的产生往往是引发幼儿进一步思考的契机，对此，教师又给出了新的引导："如果只拿一个萝卜卡片，能不能看到更多的萝卜影子呢？""我们可以试试多用几个手电筒。"湛林的回答仿佛打开了大家的思路。幼儿纷纷开始尝试。一名幼儿拿着萝卜卡片，其他幼儿拿着手电筒同时往萝卜卡片的方向照射。经过幼儿的左右移动，慢慢调节，终于在幕布上呈现出了多个萝卜的影子。"哦！萝卜终于够吃了！小兔们都能吃饱了！"幼儿高兴地鼓起掌来。

---

① 陈晓芳等著：《科学与艺术整合的幼儿学习活动案例及评析》，62页，北京，北京师范大学出版社，2022。

二、表现性的评价标准及观察要点

故事剧"萝卜变多了"背后的光影探究的表现性可根据科艺整合的表现性(幼儿艺术能力)评价标准和幼儿科艺整合学习活动观察表进行观察和评价,见表 5-11 和表 5-12。

表 5-11 "萝卜变多了"科艺整合的表现性(幼儿艺术能力)评价标准

评价项目	水平 1	水平 2	水平 3
运用美术元素表达情感	幼儿创造有一些细节的简单表征(幼儿有计划地制作一个物体)。	幼儿解释如何用某个艺术元素创造相应的艺术效果,表达自己的情感和想法(幼儿使用某个艺术元素,如色彩、线条、质地、比例或透视画法,并解释是如何达到特定的视觉效果,表达特定的想法或情感的)。	幼儿创造包含 3 个或更多细节的道具或服装来支持剧情发展(幼儿通过创造一个包含至少 3 个特征的道具或服装来支持剧情发展。制作道具可能比剧情本身更重要)。
使用材料解决问题	幼儿用语言表述有关材料的问题(幼儿大声陈述问题,也可能会自己解决这些问题,或者通过语言回复成人的问题)。	幼儿不断尝试用一种或多种办法解决简单的材料相关问题,直至成功(对于在具体情境中的问题,把两个材料联系在一起,例如,幼儿用一种方法或尝试多种方法解决材料相关问题,直到找到有用的方法)。	幼儿协调多种资源(材料和人)解决复杂的材料相关问题(对于复杂的材料相关问题,幼儿能描述这些问题,并协调多种资源解决问题,资源包括人和其他支持性材料)。

表 5-12 "萝卜变多了"幼儿科艺整合学习活动观察表

姓名:_____ 年龄:_____
观察时间:_____ 观察者:_____

科艺整合的表现性(幼儿艺术能力)评价项目	评分	评注和观察
运用美术元素表达情感	1 2 3	
使用材料解决问题	1 2 3	
评分者:_____ 日期:_____		

三、对幼儿完成表现性任务的分析

在表演的过程中,幼儿产生了艺术情感。他们发现萝卜的个数不够这个问题时，害怕兔宝宝会饿肚子，产生了"同情"，并想要解决这一问题。问题的产生促进了幼儿的思考，幼儿想到了制作多个萝卜卡片的方法来解决，并推动了故事情节的发展。随着故事的深入发展，幼儿在之后的表演中，又产生了新的疑问："萝卜多了，地方也不够了，怎么办?"针对这个问题，教师通过及时追问和引导，激发幼儿进一步思考探究寻找解决问题的方法，如果一个萝卜卡片能变出许多个萝卜影子，就不需要做多个萝卜卡片了。幼儿循着这一解决问题的思路，大胆尝试，开始了进一步的科学实验。经过不懈努力和反复尝试，幼儿发现用多个手电筒照一张萝卜卡片，会产生多个萝卜的影子，不但解决了戏剧表演中产生的问题，获得了"多个光源照射一个物体能够呈现多个影子"的宝贵经验，也让幼儿的故事表演越发完整、生动。

第六节　故事剧"红红的眼睛"背后的光影探究的表现性评价

一、表现性任务

红红的眼睛①

影子戏《小兔乖乖》被幼儿演绎得活灵活现，但在表演中全程显现的都是黑色的影子。幼儿问："那红红的眼睛，我们也能演出来吗?"幼儿由此引发了新的思考，继续深入探究影子的颜色。

活动时，教师问幼儿："谁来说说，《小兔乖乖》里，三只小兔的名字是什么?"幼儿纷纷回答："长耳朵、短尾巴、红眼睛。"教师继续问："那在我们的影子戏里，我们可以怎么表现长耳朵的影子呢?"有幼儿回答："老师，我知道。我们可以重新做一对长长的耳朵给小兔粘上，这样它耳朵的影子也是长的了。"教师马上给予肯定，继续发问："那短尾巴，我们又怎么表现呢?"有的幼儿说："我们可以画一个毛茸茸的小短尾巴粘上去，也能看到短尾巴的影子。"暖暖着急地看着大家说："红眼睛怎么办? 怎么能让小兔红色的眼睛也出现在幕布上? 谁想到了?"这个问题似乎并没有难倒幼儿，他们各抒己见，有的说："我可以给它

_____

① 陈晓芳等著：《科学与艺术整合的幼儿学习活动案例及评析》，63页，北京，北京师范大学出版社，2022。

画上一个圆圆的红眼睛。"有的说："我可以用硬硬的红卡纸给它做眼睛。"还有的说："还可以用透明的红色的玻璃纸做！"……

教师鼓励幼儿按照自己的想法去寻找材料，大胆尝试。幼儿分别做出了红色卡纸小兔、红色玻璃纸小兔和用红笔画了眼睛的小兔，甚至还有的幼儿用红色布做了小兔。

幼儿兴奋地举着自己做好的小兔，到幕布前去验证自己的想法。很快，他们就有了新的发现。龙龙说："老师，我的红色卡纸做的小兔，照出来还是黑色的，怎么回事？""我的也是黑色的影子，太奇怪了！"达达举着红布做的小兔疑惑地看着教师。"快看！我的小兔眼睛是红色的！"听到湛林的回答，大家都凑过来专注地盯着这只小兔眼睛呈现出的影子，确实是红色的。教师问："那你用什么做的呢？"龙龙说："我用透明的玻璃纸做出了它的红眼睛。"教师继续追问："那为什么达达和龙龙的材料照出的影子颜色是黑色的呢？"龙龙皱着眉头说："可能是卡纸太厚了，所以光照不进来吧。""这块布也厚，就像被子一样，也把光挡住了。"达达也说了一个他猜测的答案。通过共同探讨，幼儿发现了大家选择的材料都是不透明的，因此光照射的时候透不过去，而玻璃纸是透明的，光就可以透过去照出颜色了。有了这样的认知，幼儿很快便用玻璃纸做成了"红眼睛"。就这样，三个兔宝宝非常清晰地出现在了幕布上——长耳朵、短尾巴、红眼睛。

二、表现性的评价标准及观察要点

故事剧"红红的眼睛"背后的光影探究的表现性可根据光影科学概念变化观察表、科艺整合的表现性（幼儿艺术能力）评价标准、幼儿科艺整合学习活动观察表进行观察和评价，见表5-13和前文表5-11、表5-12。

表5-13　"红红的眼睛"光影科学概念变化观察表

姓名：_____　　　年龄：_____

观察时间：_____　　观察者：_____

观察项目	活动前	活动后	原因及其对规律的阐述
影子是光线照射物体而产生的。			
影子的形状和物体的形状有对应关系。			
光源的方向会影响影子的方向，两者相反。			
光线穿过镂空处，不会产生影子。			

观察项目	活动前	活动后	原因及其对规律的阐述
光源、物体、影子在一条直线上。			
光沿直线传播。			
影子照在不同颜色的透明物体上，会留下不同颜色的影子。			
光线透过某种颜色的透明物体时，光线中的其他色光会被过滤掉。			
知道影子是由于光线照射物体而产生的。			
幼儿对预测理由及规律的阐述：			

注：幼儿有掌握该概念相应的行为表现时，在后面的格子中画"√"，并记录相应的行为。

三、对幼儿完成表现性任务的分析

在不断探索、不断实践、不断改进、不断创造的过程中，幼儿终于完成了整个绘本故事的戏剧架构、故事情景细节表现的工作，把整本绘本搬上了屏幕。但全部都是黑色的影子，缺少舞台的美感，与现实中看到的小兔形象也并不相符，尤其是小兔那可爱的红宝石一般的眼睛，在舞台上无法复现。幼儿基于自己在现实生活中的美感体验，基于对舞台美的追求，希望能在自己表演的戏剧中也看到小兔的红眼睛，因此产生了问题情境和活动目标。那么该如何在舞台上实现小兔的红眼睛呢？幼儿开始了思考和探索。

幼儿先从红色入手，开始了头脑风暴，想到了多个红色的、可以用于制作小兔红眼睛的材料。在教师的鼓励和引导下，每名幼儿根据自己的设想，开始了制作红眼睛小兔的探索，并通过实践操作来验证自己的假设。幼儿分别使用了红色卡纸、红布、红色画笔、红色透明玻璃纸来制作小兔的红眼睛，并将制作好的小兔的影子投射到屏幕上。幼儿通过比较发现，只有红色透明玻璃纸制作的红眼睛在投影时才能在屏幕上显现红色，其他红色材料制作的红眼睛在屏幕上全部显现黑色。幼儿的假设在动手操作和实践中获得了验证。

然而，幼儿的探索并不局限于此。接下来，幼儿还探讨了红色透明玻璃纸产生红红的兔眼睛的原因，因为红色玻璃纸是透明的，光线可以透过去，就照出了红色。幼儿因此也获得了这样的宝贵经验：光线照在不同颜色的透明物体上，会留下不同颜色的影子，并为获得另一个光影的科学经验——"光线透过某种颜色的透明物体时，光线中的其他色光会被过滤掉"做好了准备。

在"红红的眼睛"这一科学与艺术整合的表现性任务中，幼儿在追求舞台美感的过程中产生了科学问题，通过假设、实验、探索性操作、创造性思维进行问题解决，获得了光影的科学经验，同时在自己的戏剧表演中获得了自己满意的舞美效果。

第六章　科学与视觉艺术整合的幼儿学习活动案例分析及评价

第一节　美工活动"美丽的油水分离画"科学探究的表现性评价

一、表现性任务

美丽的油水分离画①

◆神奇的魔术表演

早饭后澎澎和他的好朋友凯凯来到了美工区。

澎澎说："今天咱俩给大家变一个神奇的魔术吧！""好啊！"凯凯附和道，"小朋友们一定想不到用一张白纸瞬间能变出一幅美丽的画！"

两人小声地讨论着今天要给小朋友们表演的事情，准备着魔术要用到的工具，脸上的表情既兴奋又紧张！

澎澎将准备好的白纸、蜡笔、颜料盒、桌垫全部摆在桌面上，看来是要准备魔术表演了。

全部准备就绪后，两名幼儿开始邀请其他幼儿来到美工区观看魔术表演。很多幼儿既兴奋又好奇地凑了过去，但他们只看到一张白纸，而且白纸上什么都没有。

"今天我们会用特别短的时间，在这张白纸上'变'出一幅美丽的图画。"两名

---

① 陈晓芳等著：《科学与艺术整合的幼儿学习活动案例及评析》，68页，北京，北京师范大学出版社，2022。

幼儿胸有成竹地说道。

"你们俩的画纸上什么也没有!"

"我才不信你们能变出一幅画。"

大家提出了疑惑,显然不相信白纸上会在短时间内出现美丽的图画。

大家既紧张又兴奋地围在美工区长长的豌豆桌前面,目不转睛地盯着那张白纸。

魔术表演开始了,两名幼儿拿着颜料刷"唰""唰"几下在画纸上涂上了调好的蓝色颜料。有的幼儿看到后觉得是在乱涂颜料,想阻止他们,可是澎澎大声说:"别着急嘛!"

不一会儿,涂上颜料的地方渐渐露出了白色的雪人和美丽的雪花,一幅美丽的冬日雪景图映入幼儿眼帘。瞬间,幼儿禁不住发出一阵阵感叹。

"哇,好漂亮啊!""太神奇啦!""你怎么画的,教教我吧!""我也想学,我也想学!"……

观看表演的幼儿兴奋得议论纷纷,一边高兴地拍着手,一边迫不及待想尝试作画。

◆ 蜡笔的秘密

"这儿有这么多画笔和颜料。你们自己先试试呗。"澎澎、凯凯调皮地一笑。

"那我也想画一个雪人,我拿水彩笔画吧。"说着,凯凯拿起了一根黑色的水彩笔,画了一个圆墩墩胖乎乎的雪人。文文说:"我周六跟妈妈去海洋馆了,看了好多大鱼,太漂亮了。我就画一个海底世界吧!"大家搬来小椅子,自己选了画笔,开始低头认真地画着。

"你们一会儿别忘记刷颜料啊。"澎澎提醒着。

大家纷纷在美工区尝试用不同的画笔绘画,然后迫不及待地在自己的作品上刷上了颜料。就在大家期待着看到自己的成果时,意想不到的事情发生了。

"你看我的雪人全是蓝色的了,所有的全是蓝色!"依依大喊。"这是怎么回事?"几名幼儿捏着作品的一角,刚刷上去的水粉颜料湿答答的,把整张纸都染成了一种颜色。另外一边,文文惊呼:"哇,好棒,快看! 快看我的海底世界! 我也会变这个魔术啦! 我要把海底世界带回家给爸爸妈妈欣赏。"

文文对自己的作品很满意,显然是创作成功了。依依的创作失败了,图案并没有显现出来。

依依问："为什么我的图案没显现出来，文文的就成功了？"

澎澎说："文文是用蜡笔画的画！"

"我知道文文是用蜡笔画的，可是有什么不一样的地方呢？"依依边说边忍不住伸出手指轻轻摸了摸蜡笔画的图案，两个手指还捏在一起捻了捻。"哦，我知道了，蜡笔有点儿滑，油油的，颜料粘不住。"依依高兴地将自己的发现告诉澎澎。

澎澎这时拍了拍手，揭开了谜底："你说对了，就是这样的。我在妈妈手机上看的，里面的老师说蜡笔是油油的，颜料是水水的，它们没法溶在一起！"

听到澎澎的说法，大家纷纷伸出手来摸摸自己的画。有的幼儿低下头来仔细地看着自己的作品，再看看那两幅成功的作品，恍然大悟似的点了点头。

二、表现性的评价标准及观察要点

美工活动"美丽的油水分离画"科学探究的表现性可根据科艺整合的表现性（幼儿艺术能力）评价标准、科艺整合的表现性（幼儿理性思维方式）评价标准、溶解相关科学概念变化观察表、幼儿科艺整合学习活动观察表、幼儿科艺整合学习活动观察评分汇总表进行观察和评价，见表6-1、表6-2、表6-3、表6-4和表6-5。

表6-1 "美丽的油水分离画"科艺整合的表现性（幼儿艺术能力）评价标准

评价项目	水平1	水平2	水平3
颜色	幼儿每一幅画的颜色变化很少，基本都是单色调。	幼儿即使画得很简单，也使用多种色彩作画。	幼儿不仅使用多种颜色作画，而且在画作中使用颜色表达情感，表现气氛，有明显的色彩对比和混合，画作多彩而有意味。
变化	在构思上，幼儿画作的变化很少，或根本没有变化，画中的设计组合非常有限。 在物体的具体形象上，表现形式很单一（如房子的样子总是那一种）。	幼儿作画时会使用多种形式的组合（点、线、椭圆、字母样的符号等）。 在物体的具体形象上有中等程度的变化（如图案、物体在形式或主题上会出现好几种变化）。	幼儿作画和设计时，会依据绘画的需要，以灵活多变的形式运用线条和形状，包括开放的、封闭的、爆发性的和控制性的。 物体、图案的具象性图画在形式上或主题上有明显的变化。

续表

评价项目	水平 1	水平 2	水平 3
动态	幼儿所作的画是静态和重复的，线条、形状和形式都非常僵硬，画作中过多地依赖基本几何图形表现事物，而很少使用斜线、虚线和飘逸的线条。	幼儿所作的画自由流畅奔放，所画的具体事物中，大量或游戏似的使用各种形式的线条、图形。	幼儿所作的画能运用色彩、线条和各种形式生动地表现画面节奏、平衡与和谐，显示出动态、灵活和充沛的情感。

表 6-2 "美丽的油水分离画"科艺整合的表现性(幼儿理性思维方式)评价标准

评价项目	从不	偶尔	有时	经常	总是
比较：对比两种或几种同类事物的异同、高下。	1	2	3	4	5
推理：从一个或几个已有的经验或已知的判断中推断新的结论(或新的判断)。	1	2	3	4	5
预测：幼儿在掌握现有信息的基础上，依照一定的方法和规律对未来的事情进行测算，以预先了解事情发展的过程与结果。	1	2	3	4	5
选择：挑选，选取。	1	2	3	4	5
判断：幼儿通过已有经验或观察思考，对思维对象是否存在、是否具有某种属性以及事物之间是否具有某种联系的肯定或否定。	1	2	3	4	5
探究性操作：幼儿通过观察、阅读或倾听、发现问题、提出问题、收集材料、形成解释，获得答案的活动行为过程。	1	2	3	4	5

表 6-3 "美丽的油水分离画"溶解相关科学概念变化观察表

姓名：_____　　　　　　年龄：_____

观察时间：_____　　　　　　观察者：_____

观察项目	活动前	活动后	原因及其对规律的阐述
一种物体放在水里会逐渐消失不见的现象叫溶解，如糖放在水里会消失不见。			
一种物体放在水里不会消失不见的现象叫不溶解，如石头放在水里不会消失不见。			
油和水是两种物质。			

续表

观察项目	活动前	活动后	原因及其对规律的阐述
油和水放在一起，油没有消失不见，所以油不溶于水。			
有些物质可以溶解在水里，如颜料可以和水均匀地混在一起，成为水彩画颜料。			
有些物质可以溶解在油里，如颜料可以和油均匀地混在一起，成为油画颜料。			
幼儿对预测理由及规律的阐述：			

注：幼儿有掌握该概念相应的行为表现时，在后面的格子中画"√"，并记录相应的行为。

表6-4 "美丽的油水分离画"幼儿科艺整合学习活动观察表

姓名：_____ 年龄：_____

观察时间：_____ 观察者：_____

科艺整合的表现性评价项目		评分	评注和观察
幼儿艺术能力	颜色	1 2 3	
	变化	1 2 3	
	动态	1 2 3	
幼儿理性思维方式	比较	1 2 3 4 5	
	推理	1 2 3 4 5	
	预测	1 2 3 4 5	
	选择	1 2 3 4 5	
	判断	1 2 3 4 5	
	探究性操作	1 2 3 4 5	

评分者：_____ 日期：_____

表6-5 "美丽的油水分离画"幼儿科艺整合学习活动观察评分汇总表

幼儿	年龄	颜色	变化	动态	比较	推理	预测	选择	判断	探究性操作	总分	评注和观察

三、对幼儿完成表现性任务的分析

美术活动是幼儿园活动的重要内容之一，幼儿在美术活动中能获得动手能力、审美能力的全面发展。本案例中的水油分离画也是美术活动之一，虽然所使用的材料是幼儿在美术活动中常见的水彩笔、油画棒之类的画笔，但幼儿却进行了创造性的运用，不但画出了色彩鲜艳的画作，还亲身感受到了油水的物质差异，以及油水不相溶的化学特点。

幼儿天真烂漫，喜欢鲜艳的事物，易受事物表面生动鲜艳的形象影响，对班级中的美工区特别感兴趣。在美术活动中，幼儿无意中发现了油画棒和水彩颜料不相溶的现象，并引发了自发的讨论和探索尝试。幼儿在创作画作的过程中，调用了自己的已有生活经验。例如，有的幼儿去过海洋馆，海底世界的美丽图景储存在他们的头脑中，在绘画的过程中，艺术记忆被唤醒，于是自动地把这些色彩鲜明的记忆调取出来，呈现在画作上，头脑中的形象变成一种艺术形象。这个过程培养了幼儿艺术表象、艺术记忆等艺术思维模式。

绘画过程中，幼儿看到了油画棒作画的秘密，一张什么都没有的白纸上，为什么会凭空出现雪人和雪花？为了解开这一谜团，幼儿进行了自发的探索。幼儿通过不经意的动作，"用手指轻轻摸了摸蜡笔画的图案，两个手指还捏在一起捻了捻"，感觉出蜡笔是油油、滑滑的。正是通过这样的触觉体验，幼儿在问题和答案之间建立起桥梁，最终发现了油水分离的现象。在这一过程中，教师作为隐性的支持者，通过提供自由的探索空间、充足的物质材料等支架，鼓励幼儿自主探索。幼儿绘画的过程就是不断探索的过程，一边绘画，一边进行推理、预测和判断等抽象思维活动，基于自己对于油和水的触觉体验，获得了不同物质有不同特点，油和水不能相互融合的感性经验，建立了溶解的前科学概念。在此过程中，科学探索和美术活动相互整合，幼儿在不经意间，在快乐的玩耍中提高了科学思维和审美感受。

第二节　美工活动"美丽的水影画"科学探究的表现性评价

一、表现性任务

美丽的水影画[①]

◆神奇大发现

几名幼儿在美工区随意地交谈着，其中一名幼儿说："我在家里看电视节目中的画家叔叔将很多美丽的颜料滴在水上。你们猜猜会怎么样。"有的幼儿摇摇头，有的幼儿觉得那些颜料一定是溶进了水里，大家睁大了眼睛等着他揭秘答案。

"特别神奇！颜料都浮在了水面上。画家叔叔用竹针一样的工具在水面上绘画，水上的颜料发生了很大的变化，特别漂亮。然后他拿了一张白纸轻轻铺在画好的图案上，再把白纸轻轻拿起来，白纸干了以后就出现了一张特别美丽的画。"这名幼儿越说越大的声音引来了很多的幼儿，他们聚精会神地听着这个有趣的过程，激动得跃跃欲试。

◆颜料快出来吧

好奇心使然，这几名幼儿回家后与家长查找资料，知道了这种有趣的绘画方式有一个好听的名字，叫水影画。第二天，他们迫不及待地将自己的发现分享给了其他幼儿。他们的发现使更多的幼儿产生了浓厚的兴趣，讨论着也想画一幅水影画。

说着，幼儿迫不及待地来到美工区寻找材料。幼儿将美工区的墨水颜料和一些滴管拿到了桌子上面。教师也将提前准备好的竹签放在了小盒子里面。幼儿兴奋地开始将墨水颜料滴在水里面，只见墨水颜料进到水里面以后慢慢地扩散，随后透明的水变成了浅红色。

幼儿纷纷疑惑："怎么会这样呢？"

看着他们一张张失望的小脸蛋，教师问道："你们想一想，什么颜料会漂浮在水面上呢？"一名幼儿惊喜地大声喊："油会浮在水面上！""我们的油水分离画

---

① 陈晓芳等著：《科学与艺术整合的幼儿学习活动案例及评析》，69 页，北京，北京师范大学出版社，2022。

是用蜡笔画的，蜡笔里面有油。""那我们用温水泡一泡蜡笔吧！泡出的颜色是不是可以用作水影画的颜料？"其中一名幼儿想到了之前的油水分离画。

幼儿激动地拿来几支蜡笔，放了温水盆中，但是蜡笔用温水泡完后还是和原来一样，没有变化。幼儿的设想失败了。

◆ **水影画开花啦**

就在幼儿一筹莫展的时候，教师提出了一个问题："小朋友们，你们知道还有哪些颜料可以画画吗？"问题的提出使幼儿陷入了思考，突然一名幼儿大喊："我爷爷经常用油画颜料画画。我见过他涮笔的时候，那些颜料会漂在水上面呢。"

"那我们快去找点儿油画颜料试试！"

幼儿激动地将油画颜料挤在了调色盘里面，这些漂亮的油画颜料一块块地轻轻漂在水面上。幼儿静静等了一会儿，发现油画颜料都没有和水溶在一起。

"这回成功啦！"

"我的水影画开花啦！"

"可是，这些颜料没有全部浮在水上呢？这是怎么一回事？"

教师向幼儿解释道："其实呀，有一个小秘密要告诉你们，我在底下的水中加了一种胶液调制粉，它们可以让水更加沉，好让油画颜料更加容易浮在上面。"

于是幼儿重新准备了起来！

楠楠说："我们让这些颜色碰在一起吧！"说着，他拿起一根竹签，轻轻地在油画颜料上一点儿一点儿地画着。"快看呀，我这个像一座五彩山！"

一旁的妮妮也不甘示弱，用竹签画出了花朵的轮廓，说："我的是一朵七色花！"

幼儿跃跃欲试，都画出了自己喜欢的图案，然后他们轻手轻脚地将白纸轻轻铺在画好的水影图案上，惊喜地等待着将白纸拿起来的那一刻！

"哇，好漂亮啊！"

只见在白纸上，出现了一座彩色的山、一条五彩小河、一朵漂亮的花、红色的灯光，还有许多漂亮的螺旋线变成的彩色螺旋画，简直美极了，他们欢呼起来！幼儿将一张张水影画放在了有阳光照射的桌子上面，静待花开。

二、表现性的评价标准及观察要点

美工活动"美丽的水影画"科学探究的表现性可根据科艺整合的表现性（幼儿

艺术能力)评价标准、科艺整合的表现性(幼儿学习方式)评价标准、溶解相关科学概念变化观察表、幼儿科艺整合学习活动观察表、幼儿科艺整合学习活动观察评分汇总表进行观察和评价,见表6-6、表6-7、表6-8、表6-9和前文表6-3。

表6-6 "美丽的水影画"科艺整合的表现性(幼儿艺术能力)评价标准

评价项目	水平1	水平2	水平3
表现力	幼儿所作的画很少或几乎没有情绪情感的表达,(如人物没有表情),无法引起情感共鸣。	幼儿会有意识地通过线条、颜色、形状等表达情绪情感,但还不明确。	幼儿能通过描绘实际的物体,或具体的形象表达情绪情感,如微笑的太阳,哭泣的脸庞;也尝试用抽象的手法来表达强烈的情绪色彩,如用黑色的色块或向下的线条来表现悲伤。整个画面能传递出情感色彩,如"悲伤""活泼"或者"有力量"。
饱满感	幼儿对线条的使用无法加强画面的效果。	幼儿能运用线条的变化来表现图案或画面中具体事物的一两个特定特征(如头发或眼睛)。	幼儿能运用深浅、长短不同的线条表现事物的结构以及事物之间的关系,产生图画效果(阴影、明暗等)。
美感	幼儿很少有意识地从审美角度修饰、描绘画作,即使使用颜色也并非出于审美需求,加强画面效果,而是画画本身的需要。	幼儿有意识地选择某些颜色来美化作品,虽然修饰和美化可能有些夸张,甚至卡通化(如把脸画得特别圆)。所描绘的具体事物表现出一定的美感和和谐感。	幼儿注意画作整体和部分的美化和装饰;图画,甚至模仿的作品都经过修饰,并表现出韵律;仔细和有意安排作品的表现形式;图画色彩丰富,充满韵律感和平衡感;能有意地参与和表现美。

表6-7 "美丽的水影画"科艺整合的表现性(幼儿学习方式)评价标准

评价项目	水平1	水平2	水平3
观察	幼儿简单地看了看观察对象,能够看出对象的大致特征,注意力持续时间不长。	幼儿仔细看观察对象,能够说出观察对象的部分细节。	幼儿仔细地看观察对象的各部分细节,并与其他相似事物进行对比;对于单一观察对象,不仅拆分观察,还能联合各部分,从整体角度进行观察。
倾听	幼儿能够安静听他人讲话,不插话。	幼儿耐心听完别人的话,才发表自己的意见,能记住别人说话的内容。	幼儿认真倾听,不受外在事物干扰,理解说话内容,当别人说的话有错时,能够发现问题。

续表

评价项目	水平 1	水平 2	水平 3
讨论	幼儿能够在讨论中发表自己的意见。	幼儿能够围绕话题内容，发表意见，对同伴的问题有回应。	幼儿能够积极地发表意见，对同伴讨论内容有不同意见时，能提出自己的想法并能够解释清楚。
探究性操作	幼儿能够根据任务进行操作活动，对操作有兴趣。	幼儿能够在操作中发现问题，通过观察和尝试获得答案。	在游戏中，幼儿发现问题，提出问题，并通过观察、资料收集、同伴讨论等方式，进行实践操作，思考和解决问题，获得答案。
实验	幼儿能够跟随教师或同伴进行实验，体验到实验的乐趣。	在实验中，幼儿发现事物的简单变化，有进一步探索的愿望。	幼儿能够有目的地进行实验，发现事物的变化后，主动寻求答案。
体验	幼儿愿意参与活动，有兴趣。	参与活动的过程中，幼儿积极参与，感受活动的乐趣，能够坚持活动。	幼儿能够感受活动过程的乐趣，行动积极，大胆表达，清楚地表达自己的感受。
收集资料	幼儿能够根据游戏需要，收集在身边可用的资源。	幼儿根据自己的游戏需要，有目的地收集可用资料，并能够尝试使用。	幼儿根据活动需要，能采取不同方式，收集多方面的资料，进行对比、筛选和使用。

表 6-8　"美丽的水影画"幼儿科艺整合学习活动观察表

姓名：＿＿＿＿＿＿＿＿＿＿　　　　年龄：＿＿＿＿＿＿＿＿＿＿

观察时间：＿＿＿＿＿＿＿＿　　　　观察者：＿＿＿＿＿＿＿＿＿

科艺整合的表现性评价项目		评分	评注和观察
幼儿艺术能力	表现力	1　2　3	
	饱满感	1　2　3	
	美感	1　2　3	
幼儿学习方式	观察	1　2　3	
	倾听	1　2　3	
	讨论	1　2　3	
	探究性操作	1　2　3	
	实验	1　2　3	
	体验	1　2　3	
	收集资料	1　2　3	
评分者：＿＿＿＿＿＿＿＿		日期：＿＿＿＿＿＿＿＿	

表 6-9 "美丽的水影画"幼儿科艺整合学习活动观察评分汇总表

幼儿	年龄	表现力	饱满感	美感	观察	倾听	讨论	探究性操作	实验	体验	收集资料	总分	评注和观察

三、对幼儿完成表现性任务的分析

幼儿在对油水分离画的创作有了一定经验后，调动这些经验，将油性颜料滴在水面上进行水影画的艺术创作。幼儿在创作过程中融入了艺术情感，运用了艺术意象，发挥了艺术想象。幼儿用竹签轻轻地利用水面上的油画颜料一点儿一点儿地绘画，再将白纸轻轻铺在画好的水影图案上，等待着将白纸拿起来时，是兴奋的和充满期待的。他们创作的图案都是生活中常见的简单美好的事物，这是幼儿在体验生活、艺术构思和艺术创作过程中产生的一种更复杂、更真挚、更富有感染力的情绪体验和表现，也是最真实的艺术情感。例如，有的幼儿用不同的七种颜色，滴画出彩虹的图案；有的幼儿将两三种颜色叠加后轻轻画出花朵图案；还有的幼儿用不同颜色滴出螺旋线变成彩色螺旋画。水影画色彩与形状的变化，带动幼儿展开无限想象。幼儿艺术创作构思的过程，就是围绕特定意向变换和组合表象的心理过程。正因为幼儿的这种想象力与创造力中蕴含着丰富的艺术情感，幼儿才能创作出不同图案的艺术作品。

水影画需要用特殊的材料。幼儿从墨水开始尝试，再到利用蜡笔进行探索，发现这两种颜料都不能实现水影画。针对所遇到的问题，幼儿结合已有经验猜想可能的情况、可能的结果，预判将要发生的事情。这对于幼儿主动学习和建构具有重要意义。在挑战与困难面前，幼儿没有放弃，继续探索，这也是艺术意志在科学探索中的有力体现。在教师的引导和鼓励下，幼儿联想到了油水分离的前期经验，最后决定用油画颜料来进行尝试，终于成功地创作了水影画。在这一过程中，幼儿加深了对油水互不相溶这一现象的理解。水影画的神奇激起了幼儿对探索与创作的愿望，支持了幼儿想象、主动、坚持探究等品质的发展。

第三节　美工活动"彩色鸡尾饮料"科学探究的表现性评价

一、表现性任务

彩色鸡尾饮料[①]

◆ 饮料调配师

鉴于幼儿有油水分离和水分层实验的前期经验，这天在美工区，教师看到有几名幼儿拿着自己收集的资料和图片迫切地想做一些神秘的事情，选择先在一旁静静地听。

"我想制作出好看的饮料请小朋友们品尝，但是需要很多颜色！"

"那我去准备颜料水。"

"我去准备玻璃杯和滴管。"

原来幼儿想成为一名饮料调配师，将水继续分出不同层次颜色的"饮料"请大家"品尝"！

◆ 我们的鸡尾饮料

幼儿将材料准备好后开始调制"鸡尾饮料"。这时，教师指了指黄色的液体问幼儿："小朋友们喜欢香香甜甜的饮料，咱们在做'鸡尾饮料'的颜料里面加点儿糖吧。"教师又指着紫色、黄色两种液体问幼儿："想一想它们倒在一起会调成一杯什么样的鸡尾饮料，要想调成图片上这样的鸡尾饮料要用到哪些颜色？"

"大概紫色加黄色变成黑色吧？"

"先用滴管滴进去紫色，再滴进去黄色。"

"不对！我觉得先滴进去黄色，再滴紫色。"

幼儿兴高采烈地分组，开始在美工区制作他们的"鸡尾饮料"。他们用玻璃杯装好透明的水。灿灿拿着滴管将紫色的颜料滴进了透明的水里。

"紫色跑到了下面！"

"快滴进去黄色看看吧！"

---

① 陈晓芳等著：《科学与艺术整合的幼儿学习活动案例及评析》，71页，北京，北京师范大学出版社，2022。

"快看，黄色跑到了紫色的下面!"

一旁的"记录员"将实验过程记录了下来。

环环先在水中滴进了黄色颜料，当黄色颜料跑到透明水的下面以后，他又将紫色颜料滴了进去，奇怪的事情发生了。

"我是先滴的紫色的，后滴的黄色的，我的黄色'饮料'在下面。"

"我是先滴的黄色的，后滴的紫色的，黄色的也在下面。"

"哈哈，咱们都是黄色的在下面，真有趣!"

看到这儿，其中一名幼儿提出疑惑："为什么紫色和黄色的先后倒入顺序不同，但结果都是黄色的液体在下面呢?"

其他幼儿听到后，再次激发了他们的好奇心。到底是什么原因呢? 幼儿开始了讨论。

果果发现黄色的颜料黏黏的、稠稠的。多多和虎虎听了便将黄色颜料放到鼻子下闻了闻，惊喜地说道："这种味道好像香甜的棒棒糖! 太好闻啦!"

"真好闻，肯定是糖!"

说完，其他几名幼儿迫不及待地用小手将杯子里面的气味向自己的鼻子那儿扇了又扇。

"就是糖! 我都闻见甜味儿啦!"

"既然都放了糖，那为什么黄色都在下面呢?"教师继续追问。

"是不是我们给黄色里加的糖比紫色里加的糖要多，所以黄色颜料就更稠了!"

"是的，你们也可以用手指尖分别蘸一些紫色和黄色的颜料，摸一摸两种液体有什么不同。"幼儿将小手伸进了杯子里面。

"黄色的颜料特别黏。紫色的颜料不是很黏。"

"你们刚才都猜对了，紫色和黄色的颜料里面都加了很多糖，而且黄色的颜料里面加的糖比紫色的要多，就变得更重了。"

"那我们还可以制作出更多颜色的鸡尾饮料!"幼儿兴奋地说道。

二、表现性的评价标准及观察要点

美工活动"彩色鸡尾饮料"科学探究的表现性可根据液体密度与浮沉关系活动过程观察表、液体密度与浮沉关系科学概念变化观察表、溶解相关科学概念变化观察表、科艺整合的表现性(幼儿学习方式)评价标准、幼儿科艺整合学习活动观察表、幼儿科艺整合学习活动观察评分汇总表进行观察和评价,见表 6-10、表 6-11、表 6-12、表 6-13、表 6-14 和前文表 6-3。

表 6-10　"彩色鸡尾饮料"液体密度与浮沉关系活动过程观察表

姓名: _____　　　　年龄: _____

观察时间: _____　　观察者: _____

第一部分:准备材料(预测和推理)	
预测	推理
给黄色液体加糖,液体会有什么变化? 黄色和紫色颜料混合,会有什么效果? 黄色和紫色颜料的混合顺序对结果会有影响吗?	为什么? 为什么? 为什么?
第二部分:制作鸡尾饮料(自由实验)	
验证:什么颜色沉在下面? 尽可能详细地记录幼儿的游戏行为、话语和问题,把那些被视为实验性的行为记录下来。	
第三部分:为什么黄色会沉在水底?(探究原因)	
尽可能详细地记录幼儿的游戏行为、话语和问题,把那些被视为实验性的行为记录下来。	

表 6-11　"彩色鸡尾饮料"液体密度与浮沉关系科学概念变化观察表

姓名: _____　　　　年龄: _____

观察时间: _____　　观察者: _____

观察项目	活动前	活动后	原因及其对规律的阐述
相同的液体加糖是否会导致液体产生变化。			
加糖是否会导致液体的重量产生变化。			
重的东西会下沉,轻的东西会上浮。			
加液体的顺序与物体的沉浮无关。			
幼儿对预测理由及规律的阐述:			

注:幼儿有掌握该概念相应的行为表现时,在后面的格子中画"√",并记录相应的行为。

表 6-12 "彩色鸡尾饮料"科艺整合的表现性(幼儿学习方式)评价标准

评价项目	水平 1	水平 2	水平 3
讨论	幼儿能够在讨论中发表自己的意见。	幼儿能够围绕话题内容发表意见,对同伴的问题有回应。	幼儿能够积极地发表意见,对同伴讨论内容有不同意见时,能提出自己的想法并能够解释清楚。
提问	幼儿愿意大胆地提出自己的疑问。	幼儿主动询问,能够清楚地表达自己的疑问。	幼儿提出问题后,对答案不满意时,能够变换语言再次询问。
回答	幼儿能够针对提问,进行应答和回应。	幼儿能够针对问题回答,不偏题。	幼儿积极思考问题后,主动回答,并能够进行简单的解释。
探究性操作	幼儿能够根据任务进行操作活动,对操作有兴趣。	幼儿能够在操作中发现问题,通过观察和尝试获得答案。	幼儿能在游戏中发现问题,提出问题,并通过观察、资料收集、同伴讨论等方式,进行实践操作,思考和解决问题,获得答案。
实验	幼儿能够跟随教师或同伴进行实验,体验到实验的有趣。	幼儿在实验中发现事物的简单变化,有进一步探索的愿望。	幼儿能够有目的地进行实验,发现事物的变化后,主动寻求答案。
记录	幼儿有记录的意识,能用自己喜欢的方式进行记录。	幼儿能选择自己喜欢的记录方式,较为清楚地记录下活动的内容。	幼儿能够根据自己参与的活动内容,利用合理的方式,将过程和结果较清楚地记下来。
联觉学习	在教师的语言引导下,幼儿能够想象并简单表达自己的想象内容。	幼儿通过认真倾听与观察,积极想象,并说出自己的感觉。	幼儿通过仔细观察和认真倾听,联系自己的生活经验,大胆地表达自己的感受。
体验	幼儿愿意参与活动,有兴趣。	参与活动的过程中,幼儿积极参与,感受活动的乐趣,能够坚持活动。	幼儿能够感受活动过程的乐趣,行动积极,大胆表达,清楚地表达自己的感受。
分工与合作	幼儿有分工做事的意识,知道自己要做的事情。	幼儿能够和教师、同伴一起分析事情的工作内容,挑选力所能及的任务并完成。	在完成一件事时,幼儿能够和同伴一起分析所要完成事情的内容,和同伴分开工作内容,知道自己负责的内容和任务,相互协商地完成活动。

评价项目	水平 1	水平 2	水平 3
寻求帮助	幼儿能够寻求身边亲近的人帮助解决问题。	遇到问题，幼儿能较为主动地把困难告诉身边的人，寻求帮助。	遇到困难自己无法解决时，幼儿能主动寻求外部资源的支持。
视听结合	幼儿能够认真倾听和观察，看懂和听明白。	幼儿边认真听边仔细看，记忆接收的信息。	幼儿用边听边看的方式接收信息，并能够从中筛选需要的内容。
争论与辩驳	遇到不同意见时，幼儿能够倾听发表者的意见。	和别人有不同意见时，幼儿能够倾听，并能够大胆地表达自己不同的想法。	和别人有不同意见时，幼儿能够认真倾听和分析，能够大胆地表达自己不同的想法，并阐述自己的理由。

表 6-13 "彩色鸡尾饮料"幼儿科艺整合学习活动观察表

姓名：_____ 年龄：_____

观察时间：_____ 观察者：_____

科艺整合的表现性(幼儿学习方式)评价项目	评分	评注和观察
讨论	1　2　3	
提问	1　2　3	
回答	1　2　3	
探究性操作	1　2　3	
实验	1　2　3	
记录	1　2　3	
联觉学习	1　2　3	
体验	1　2　3	
分工与合作	1　2　3	
寻求帮助	1　2　3	
视听结合	1　2　3	
争论与辩驳	1　2　3	

评分者：_____ 日期：_____

表6-14 "彩色鸡尾饮料"幼儿科艺整合学习活动观察评分汇总表

幼儿	年龄	讨论	提问	回答	探究性操作	实验	记录	联觉学习	体验	分工与合作	寻求帮助	视听结合	争论与辩驳	总分	评注和观察

三、对幼儿完成表现性任务的分析

鲜艳的色彩天然就能吸引幼儿的注意力，调动幼儿参与活动的兴趣。本次"彩色鸡尾饮料"创设了幼儿感兴趣的活动情境和角色游戏，让幼儿以饮料调配师的身份参与美术活动。幼儿在观察、讨论与操作的过程中发现液体分层这一有趣现象。幼儿充分利用自己的感官参与，包括视觉、嗅觉和触觉，通过艺术联想等艺术思维方式，探索了解液体分层的现象。例如，由两名幼儿"将颜料放到鼻子下闻了闻，闻出糖的味道"这样的动作来进行探究；运用艺术视觉分辨事物不同的颜色以及分层的现象。大班幼儿独特的敏锐性和精确的分辨能力，使得他们不但迅速观察到"鸡尾饮料"能分层，而且猜测出可能的原因，培养了科学探究的精神。

幼儿在不断地探索操作的过程中，发现了什么液体可以沉到水底，用什么方法能制作这样的液体；再结合之前在"美丽的油水分离画"活动中所了解到的不同物质不相溶的现象，以及生活中所看到的浮沉现象，猜测可能是上述原因造成了鸡尾饮料分层的现象。了解到这样的秘密之后，幼儿将科学经验和当前的活动联系到一起，发明制作了其他色彩鲜艳的分层鸡尾饮料，这体现了幼儿艺术联想的发展，更是一种科艺整合思维的体现。幼儿在观察、比较和动手操作的过程中，艺术品位获得了提高，科学经验获得了增长。最后的作品呈现、语言表述等多种形式也再次让幼儿在感受美、创造美中达成科学与艺术相融相合的教育目的。

第七章　科学与民间文化整合的幼儿 学习活动案例分析及评价

第一节　文化活动"制酸奶"科学探究的表现性评价

一、表现性任务

制酸奶①

1. 兴趣的起源

酸奶是一种营养价值极高的饮品，备受人们的青睐。在蒙古族，牧民自制酸奶是一个文化传统。幼儿喝水时，注意到了教师手中的一杯酸奶。幼儿好奇地问："老师，这个酸奶是什么味道的？酸奶也是牛奶吗？酸奶是怎么制作而成的？"教师说："你们别着急，我慢慢告诉你们。"

为了满足幼儿的好奇心，教师给幼儿每人一杯酸奶，让他们进行品尝。品尝完酸奶后，幼儿迫不及待地说："老师，你还没告诉我们酸奶是不是牛奶？它是怎么做的？"教师认真给他们讲解了制作酸奶的过程，并告诉他们牛奶为什么会变成酸奶。

教师讲解完后，幼儿觉得制作酸奶的过程好神奇，想自己动手试一试。为了培养幼儿积极探索的能力和意志，教师为幼儿准备了制作酸奶的材料，让幼儿进行大胆尝试。

2. 探索过程

（1）酸奶变甜

幼儿在品尝自己做的酸奶时发现，酸奶太酸，口感不太好。幼儿问教师：

---

① 陈晓芳等著：《科学与艺术整合的幼儿学习活动案例及评析》，185 页，北京，北京师范大学出版社，2022。

"老师，为什么我们做的酸奶这么酸？"教师说："我们的酸奶发酵时间太长了，所以酸奶会变得很酸。你们有办法把它变甜吗？"幼儿说："可以再加一点儿牛奶，可以加水，还可以加糖。"为了让幼儿证实自己的方法是否管用，第二天，教师给幼儿准备了水、糖、牛奶、酸奶、筷子、记录表和笔进行实验。

首先，教师让幼儿品尝了桌子上的三杯酸奶，都是味道比较酸的酸奶。其次，教师让幼儿分别在三杯酸奶中加入水、牛奶和糖，用筷子搅拌均匀。最后，教师让幼儿进行品尝，看看哪杯酸奶会变甜。幼儿在品尝后发现，加入糖的那杯酸奶，味道变甜了许多。幼儿都好奇地问这是为什么。教师告诉他们："糖放入酸奶中，经过搅拌，糖就溶解到酸奶中，最后酸奶就变甜了。"

(2)水中溶解

在头一天的探究中，幼儿发现将水加入酸奶中，水和酸奶不相溶，纷纷问教师为什么。教师告诉幼儿："酸奶是酪蛋白的沉淀物。它和糖不同，是不溶于水的。"幼儿对溶解很感兴趣，教师就继续问他们："你们还知道哪些东西不溶于水吗？"幼儿七嘴八舌地说着："石头、沙子、盐、醋、油等。"为了让幼儿更好地探究，教师准备了醋、盐、沙子、石头、油，和幼儿一起探究和实验。这些东西中到底哪些不溶于水呢？幼儿将这些材料分别投放在不同的水杯里，用筷子搅拌后仔细观察，发现石头、沙子和油是不溶于水的，醋和盐是可以在水里溶解的。

(3)装饰酸奶瓶

幼儿一致认为教师找的酸奶瓶特别大，很沉，不好拿，更不美观，所以他们想自己装饰一个酸奶瓶，然后在那个瓶子中制作酸奶。教师觉得幼儿的想法特别好，让他们把自己在家收集好的瓶子拿到幼儿园，利用美工区的材料进行装饰。有的幼儿选择用颜料装饰，有的幼儿选择用欧克泥装饰，还有的幼儿用毛线去装饰，装饰出的酸奶瓶特别好看。

二、表现性的评价标准及观察要点

文化活动"制酸奶"科学探究的表现性可根据牛奶发酵过程活动观察表、发酵相关科学概念变化观察表、溶解过程活动观察表、溶解相关科学概念变化观察表、科艺整合的表现性(幼儿艺术能力)评价标准、科艺整合的表现性(幼儿学习方式)评价标准、幼儿科艺整合学习活动观察表、幼儿科艺整合学习活动观察评分汇总表进行观察和评价，见表7-1、表7-2、表7-3、表7-4、表7-5、表7-6、

表 7-7、表 7-8、表 7-9 和表 7-10。

表 7-1　"制酸奶"牛奶发酵过程活动观察表

姓名：_____　　　　　年龄：_____

观察时间：_____　　　观察者：_____

第一部分：准备材料（预测和推理）	
预测	推理
不给牛奶添加任何东西，牛奶会有什么变化？ 静置牛奶多久后，牛奶会产生变化？ 给牛奶添加乳酸菌，牛奶会发生什么变化？	为什么？ 为什么？ 为什么？
第二部分：制作酸奶（自由实验）	
记录：酸奶的制作过程 尽可能详细地记录幼儿的游戏行为、话语和问题，把那些被视为实验性的行为记录下来。	
第三部分：为什么牛奶会变成酸奶？（探究原因）	
尽可能详细地记录幼儿的游戏行为、话语和问题，把那些被视为实验性的行为记录下来。	

表 7-2　"制酸奶"发酵相关科学概念变化观察表

姓名：_____　　　　　年龄：_____

观察时间：_____　　　观察者：_____

观察项目	活动前	活动后	原因及其对规律的阐述
细菌是一种小得看不见的微生物。			
牛奶变酸是细菌的作用。			
细菌也会吃东西，拉便便。			
细菌分为有益的细菌和有害的细菌。			
有益的细菌会帮助人类保持身体健康。			
有害的细菌会使人生病。			
酸奶发酵是牛奶中的有益细菌吃了牛奶中的营养成分并且把它们变成了更小的营养成分。			
更小的营养成分便于人类消化吸收。			
幼儿对预测理由及规律的阐述：			

注：幼儿有掌握该概念相应的行为表现时，在后面的格子中画"√"，并记录相应的行为。

表 7-3 "制酸奶"溶解过程活动观察表

姓名：_____   年龄：_____

观察时间：_____   观察者：_____

第一部分：准备材料(预测和推理)	
预测	推理
1. 在里面加水，酸奶会有什么变化？ 2. 在酸奶里面加奶，酸奶会有什么变化？ 3. 在酸奶里面加糖，酸奶会有什么变化？ 4. 在水里面加石头、沙子、盐、醋、油，水会有什么变化？	为什么？ 为什么？ 为什么？ 哪些材料会溶于水，哪些材料不会溶于水？为什么？
第二部分：溶解实验(自由实验)	
记录：溶解实验过程 尽可能详细地记录幼儿的游戏行为、话语和问题，把那些被视为实验性的行为记录下来。	
第三部分：为什么酸奶会变甜？(探究原因)	
尽可能详细地记录幼儿的游戏行为、话语和问题，把那些被视为实验性的行为记录下来。	

表 7-4 "制酸奶"溶解相关科学概念变化观察表

姓名：_____   年龄：_____

观察时间：_____   观察者：_____

观察项目	活动前	活动后	原因及其对规律的阐述
溶解是一种东西在水里逐渐消失的过程。			
不溶解是一种物体在水里保持原样的现象。			
溶解是指两种物质能互相混合。			
不溶解是指两种物质不能互相混合。			
物质是由分子组成的。			
溶解是两种以上物质混合时，分子均匀分布的过程。			
幼儿对预测理由及规律的阐述：			

注：幼儿有掌握该概念相应的行为表现时，在后面的格子中画"√"，并记录相应的行为。

表 7-5　"制酸奶"之"装饰酸奶瓶"科艺整合的表现性(幼儿艺术能力)评价标准

评价项目	水平 1	水平 2	水平 3
探索：探索材料	幼儿探索不同质感和色彩的材料(幼儿探索材料的材质和视觉特征，包括材料的色彩、形态以及光影，如幼儿用嘴或皮肤来感受材料的质感)。	幼儿探索美术材料的功用、性能(幼儿尝试探索能用美术材料做些什么，需要时涂抹颜料，弄皱彩纸，敲击石头，组装建构类材料，或用手搓、揉、挤压橡皮泥)。	幼儿使用美术材料装饰、标记物品，或者建构、制作模型，或者挤压捏塑成形(幼儿能够灵活地使用美术材料，如搭建一座小塔，用蜡笔涂色，压扁橡皮泥。是否做成什么，幼儿并不怎么感兴趣，比较注意自己探索的过程，不断练习掌控和使用材料的能力)。
创作：运用材料创作作品	幼儿偶然使用美术材料创作成形的作品，并且给作品命名(幼儿偶然做出某个物体，做出来之后发现该物体像某种自己熟悉的东西。例如，幼儿用橡皮泥搓了一个长条，然后觉得它像一条蛇，说："我做了一条蛇。")。	幼儿主动使用美术材料创作作品，并给作品命名(幼儿有计划地制作一个物体，如"我要包个饺子""我要做个汤圆"。在制作作品之前，幼儿已经为自己的作品命名了)。	幼儿为作品创造一些简单表征的细节(幼儿主动完成一个作品，并有一定的细节。例如，画火柴人，用一个圆圈表示头，用细线表示身体、胳膊和腿，用点和线表示眼睛和嘴)。
表达：为作品添加丰富的细节，表达想法，赋予情感，产生艺术效果。	幼儿创造很多细节的复杂表征(幼儿的表征包含很多细节。幼儿要画一个人，会画头部和身体，不仅包括胳膊、手、腿，还会有牙齿、头发、衣服，并且会画上发饰、衣服的装饰)。幼儿所画的人还可能会有高矮胖瘦的差异，衣服、发型都会出现差异。幼儿画的车子也可能会有丰富的细节，车轮、车窗、车牌、车标等。	幼儿注意到艺术特征(如色彩、线条和质地)是如何与人的感觉和想法相联系的(幼儿表述艺术家如何使用艺术元素来表现情感和想法，以此来表现他对视觉艺术的鉴赏能力。幼儿可能会说鲜艳的色彩表示强烈的情感，拥挤的画面看起来很忙碌，表面光滑的雕塑给人安全和温和的感觉)。	幼儿了解如何运用某个艺术元素创造相应的艺术效果，表达自己的情感和想法(幼儿使用某个艺术元素，如色彩、线条、质地、比例或透视画法，并解释是如何达到特定的视觉效果，表达特定的想法或情感的)。

表 7-6 "制酸奶"之"装饰酸奶瓶"幼儿科艺整合学习活动观察表

姓名：_____   年龄：_____

观察时间：_____   观察者：_____

科艺整合的表现性(幼儿艺术能力)评价项目	评分	评注和观察
探索	1　2　3	
创作	1　2　3	
表达	1　2　3	

评分者：_____   日期：_____

表 7-7 "制酸奶"之"装饰酸奶瓶"幼儿科艺整合学习活动观察评分汇总表

幼儿	年龄	探索	创作	表达	总分	评注和观察

表 7-8 "制酸奶"科艺整合的表现性(幼儿学习方式)评价标准

评价项目	水平 1	水平 2	水平 3
观察	幼儿简单地看了看观察对象，能够看出对象的大致特征，注意力持续时间不长。	幼儿仔细看观察对象，能够说出观察对象的部分细节。	幼儿仔细地看观察对象的各部分细节，并与其他相似事物进行对比；对于单一观察对象，不仅拆分观察，还能联合各部分，从整体角度进行观察。
倾听	幼儿能够安静听他人讲话，不插话。	幼儿能耐心听完别人的话，再发表自己的意见，能记住别人说话的内容。	幼儿能认真倾听，不受外在事物干扰，理解说话内容，当别人的说话有错时，能够发现问题。
讨论	幼儿能够在讨论中发表自己的意见。	幼儿能够围绕话题内容，发表意见，对同伴的问题有回应。	幼儿能够积极地发表意见，对同伴讨论内容有不同意见时，能提出自己的想法并能够解释清楚。

续表

评价项目	水平1	水平2	水平3
探究性操作	幼儿能够根据任务进行操作活动，对操作有兴趣。	幼儿能够在操作中发现问题，通过观察和尝试获得答案。	幼儿能够在游戏中发现问题，提出问题，并通过观察、资料收集、同伴讨论等方式，进行实践操作，思考和解决问题，获得答案。
实验	幼儿能够跟随教师或同伴进行实验，体验到实验的乐趣。	幼儿能够在实验中发现事物的简单变化，有进一步探索的愿望。	幼儿能够有目的地进行实验，发现事物的变化后，主动寻求答案。
体验	幼儿愿意参与活动，有兴趣。	参与活动的过程中，幼儿能够积极参与，感受活动的乐趣，能够坚持活动。	幼儿能够感受活动过程的乐趣，行动积极，大胆表达，清楚地表达自己感受。
收集资料	幼儿能够根据游戏需要，收集在身边可用的资源。	幼儿能够根据自己的游戏需要，有目的地收集可用资料，并能够尝试使用。	幼儿能够根据活动需要，采取不同方式，收集多方面的资料，进行对比、筛选和使用。

表7-9　"制酸奶"幼儿科艺整合学习活动观察表

姓名：_____　　　　年龄：_____

观察时间：_____　　观察者：_____

科艺整合的表现性评价项目		评分	评注和观察
幼儿艺术能力	探索	1　2　3	
	创作	1　2　3	
	表达	1　2　3	
幼儿学习方式	观察	1　2　3	
	倾听	1　2　3	
	讨论	1　2　3	
	探究性操作	1　2　3	
	实验	1　2　3	
	体验	1　2　3	
	收集资料	1　2　3	

评分者：_____　　日期：_____

注：幼儿艺术能力评价标准细则见表7-5，幼儿学习方式评价标准细则见表7-8。

表 7-10 "制酸奶"幼儿科艺整合学习活动观察评分汇总表

幼儿	年龄	探索	创作	表达	观察	倾听	讨论	探究性操作	实验体验	收集资料	总分	评注和观察

三、对幼儿完成表现性任务的分析

幼儿在实际活动中，在教师适时适当的指导下，能利用区域中丰富的材料参与游戏，并在游戏中表达自己的想法。对于活动区域中丰富的活动素材，幼儿通过探索、操作，亲身观察探究，在获得多个维度的知识和技能的同时，也体验到了游戏的乐趣。在幼儿民间游戏中进行科艺整合的学习，幼儿与教师共同参与活动，合作完成任务，幼儿从不喜欢玩游戏到在游戏中兴趣高涨，从被动转为主动，不仅丰富了幼儿的游戏形式、内容，而且也提高了幼儿游戏的质量，促进了幼儿在各方面的发展。

在科艺整合的文化活动中，幼儿通过探究发现酸奶不能溶于水，对水中哪些东西可溶解进行研究学习，激发了对科学探究的兴趣。在操作的过程中，幼儿自由探索，最后自己设计装饰酸奶瓶。这个完整的过程将科学和艺术完美地整合，是促进幼儿全面发展的教育。科学领域为艺术领域提供了丰富的感知经验和课程内容。艺术领域为科学领域提供了更多的展示机会和表现平台。幼儿在科学探究后的表达"随心所欲"，能跟随自己的好奇心，探索和表达自己对美的感受，同时语言、科学、艺术、健康等多个领域的能力互相渗透，共同发展。

在探索的过程中，幼儿认真专注，积极主动，不怕困难，敢于探究，勇于尝试，乐于想象和创造，通过认真思考、自由探索，发现问题和提出问题，并不断改进自己的操作，来解决问题。在这一过程中，幼儿形成了积极主动、认真专注、勇于尝试、坚持不懈的良好品质，发展了创造性思维。在活动中，幼儿有大量的机会与人合作，表达自己，倾听他人，这种与同伴之间的相互合作、共同商讨为今后的人际交往关系奠定了良好的基础。

第二节 文化活动"有趣的皮影"科学探究的表现性评价

一、表现性任务

有趣的皮影①

1. 兴趣的起源

在户外活动玩民间游戏时，幼儿对影子特别感兴趣，总会玩踩影子的游戏，于是教师抓住契机，组织了科学活动"有趣的影子"。在活动中，幼儿认识了影子。活动后，幼儿在班级区域里总会选择影子的游戏。

为了满足幼儿好奇心，教师组织了各种关于影子的游戏。阳光充足的户外，有灯光的地方，幼儿看自己身体的影子，做不同手势的影子，玩得不亦乐乎。在和影子互动后，真正地了解了影子的形成。可这还不足以满足幼儿的兴趣，为了满足幼儿的愿望，教师在楼道里创设了皮影区。

2. 探索过程

(1)发现影子

幼儿发现每个人和物体都有自己的影子，于是开始了踩影子的游戏。幼儿对影子这一现象的兴趣特别高，教师抓住幼儿的兴趣点，组织了一节关于影子的科学活动，让幼儿认识影子，了解影子的现象。

(2)探究影子

在户外活动中，幼儿发现天气晴朗的时候有影子，阴天没有影子，没有太阳照射的地方也没有影子。通过实践，幼儿知道了，影子是在有光照射的地方才会出现的。

随后，幼儿还玩了有趣的影子游戏，有手影游戏、画影子游戏……

(3)皮影戏

之后，幼儿进入皮影区，开始玩皮影游戏。在皮影游戏中，幼儿能熟练运用人物，模仿人物和动物的声音，表演有情节的皮影故事，让看表演的小观众们非常开心。时间久了，幼儿已经将皮影区里的人物、动物都尝试过了，对皮

---

① 陈晓芳等著：《科学与艺术整合的幼儿学习活动案例及评析》，189页，北京，北京师范大学出版社，2022。

影区也不像以前那么有兴趣了。一天，皓楠说："要是做个皮影，我自己上去表演就好了。"于是，教师开展了制作皮影的活动。

教师让幼儿试着学习画稿，这对幼儿来说没有什么难度。幼儿拿起笔便开始了创作。"我要给我的皮影人画一件漂亮的裙子。""你们女生就喜欢漂亮的裙子，我可不喜欢，我要给我的皮影人加一个帅气的领结，这样才帅。"虽然幼儿相互说着彼此的不好，但当作品画好时，幼儿还是鼓励着彼此。

之后，幼儿的操作盘里出现了一种新的材料——彩丝。教师还没讲述彩丝怎么使用前，大家就纷纷讨论着："这一定是固定皮影人用的吧。""对，我也觉得是。""这么多，我们用多少呢？""是呀，我们又固定在哪里呢？"带着这些疑惑，幼儿开始了活动。活动中，教师告诉幼儿吸管就是皮影人的操纵杆，可是至于要怎样来固定，固定多少。教师把这个问题抛给了幼儿，希望幼儿通过细心观察和实际操作找到答案。幼儿不断地观察着皮影人的图片以及皮影工艺品，很快就找到了固定的方法。虽然幼儿的方法和皮影工艺品固定的方法还有些不同，但他们并不气馁，一直在坚持不懈地探索着……

最后幼儿用打孔机把要固定的地方开了孔，之后用彩丝固定了起来。制作皮影是一段充满挑战与考验的旅程，这段旅程有惊喜，有欢乐，当然，也不免交织着困难。由于无法预测下一步将会发生什么，幼儿充满了期待……

做好皮影去表演是幼儿最期待的事。表演时，幼儿还记得教师一开始的叮嘱，皮影戏表演不光是皮影人的舞动，还需要配有一定的语言。幼儿开动小脑筋开始思考，一会儿要说什么好。幼儿带着开心和紧张，开始了表演。虽然表演不是那么完美，但幼儿都相互鼓励着，在尝试和探索中，携手去感受美，体验美，创造美。

二、表现性的评价标准及观察要点

文化活动"有趣的皮影"科学探究的表现性可根据光影探索过程活动观察表、光影科学概念变化观察表、科艺整合的表现性（幼儿艺术能力）评价标准、幼儿科艺整合学习活动观察表、幼儿科艺整合学习活动观察评分汇总表进行观察和评价，见表7-11、表7-12、表7-13、表7-14和表7-15。

表 7-11　"有趣的皮影"光影探索过程活动观察表

姓名：_____　　　　　　年龄：_____

观察时间：_____　　　　观察者：_____

第一部分：准备材料（预测和推理）	
预测	推理
1. 什么天气会有影子？ 2. 要改变影子的形状需要做什么？ 3. 影子的样子和物体的样子有关系吗？ 4. 影子的大小和位置会受到什么的影响？	为什么？ 为什么？ 为什么？ 为什么？
第二部分：影子游戏、制作皮影（自由实验）	
记录：产生影子的过程 尽可能详细地记录幼儿的游戏行为、话语和问题，把那些被视为实验性的行为记录下来。	
第三部分：为什么会有影子？（探究原因）	
尽可能详细地记录幼儿的游戏行为、话语和问题，把那些被视为实验性的行为记录下来。	

表 7-12　"有趣的皮影"光影科学概念变化观察表

姓名：_____　　　　　　年龄：_____

观察时间：_____　　　　观察者：_____

观察项目	活动前	活动后	原因及其对规律的阐述
影子是光线照射物体产生的。			
影子的形状和物体的形状有对应关系。			
光源方向不变，影子的位置不变。			
光源的方向会影响影子的方向，两者相反。			
光源和物体之间出现了阻挡，原来的影子就不见了。			
光源、物体、影子在一条直线上。			
光沿直线传播。			
影子是光线受到物体阻挡产生的。			
幼儿对预测理由及规律的阐述：			

注：幼儿有掌握该概念相应的行为表现时，在后面的格子中画"√"，并记录相应的行为。

表 7-13 "有趣的皮影"科艺整合的表现性(幼儿艺术能力)评价标准

评价项目	水平 1	水平 2	水平 3
运用美术元素表达情感	幼儿创造有一些细节的简单表征(幼儿有计划地制作一个物体)。	幼儿注意到艺术特征(如色彩、线条、质地)是如何与人的感觉和想法联系的(幼儿表述艺术家是如何使用艺术元素表现情感和想法的,以此来表现他对视觉艺术的鉴赏能力)。	幼儿解释如何用某个艺术元素创造相应的艺术效果,表达自己的情感和想法(幼儿使用某个艺术元素,如色彩、线条、质地、比例或透视画法,并解释是如何达到特定的视觉效果,表达特定的想法或情感的)。
艺术形象表征	幼儿用一个物体代表另一个物体(在这一水平,幼儿对物体有足够的经验,他可以发现不相关的物体之间的相似性,如一块积木大致像一部手机)。	幼儿用语言和动作来扮演某个人物或角色(在戏剧游戏过程中,幼儿假扮某个角色或表演某个事物。例如,幼儿可以通过递给另一个人物狗绳并要求把自己带出去遛弯来表演一只狗;也可以假装狗是真实存在的,并模仿狗的声音)。	幼儿参与重复的假装剧情(幼儿在戏剧游戏中感到很舒服,并一遍一遍地重复假装游戏的情节)。

表 7-14 "有趣的皮影"幼儿科艺整合学习活动观察表

姓名:_____   年龄:_____

观察时间:_____   观察者:_____

科艺整合的表现性评价项目		评分	评注和观察
幼儿艺术能力	运用美术元素表达情感	1 2 3	
	艺术形象表征	1 2 3	
幼儿学习方式	观察	1 2 3	
	倾听	1 2 3	
	讨论	1 2 3	
	探究性操作	1 2 3	
	实验	1 2 3	
	体验	1 2 3	
	收集资料	1 2 3	

评分者:_____   日期:_____

注:幼儿艺术能力评价标准细则见表 7-13,幼儿学习方式评价标准细则见表 7-8。

表 7-15　"有趣的皮影"幼儿科艺整合学习活动观察评分汇总表

幼儿	年龄	表达情感	形象表征	观察	倾听	讨论	探究性操作	实验	体验	收集资料	总分	评注和观察

三、对幼儿完成表现性任务的分析

皮影戏是我国出现最早的戏曲剧种之一。它的演出装备轻便，唱腔丰富优美，表演精彩动人，千百年来深受广大民众的喜爱，所以流传甚广。幼儿关于光影的概念在"有趣的影子"这一民间艺术游戏的开展中得到发展，幼儿对民间传统文化也有了进一步的了解。

大班幼儿的社会交往能力、活动的创造性、想象力丰富程度及身体的发展都有了很大的提高。教师创造性地运用了皮影这一中国传统民间游戏活动，为幼儿创设了生动有趣的真实情境，并为幼儿提供了多层次、多侧面的游戏材料，引导幼儿通过主动探究、动手操作对光影概念、光影关系进行了探索。本次活动中，幼儿在宽松自由的环境中通过大胆自主的游戏，从环境和材料中获得知识和经验。

在活动过程中，教师发现幼儿对影子的游戏活动比较感兴趣。幼儿出现困难或进行不下去时，教师适当地点拨和指导，并提供相关的游戏材料，幼儿便能积极思考，主动探究，并在艺术活动中体验到探究的快乐，获得真实的体验，发展现有的科学概念体系。《幼儿园工作规程》中明确提出幼儿园应"以游戏为基本活动……寓教育于生活、游戏之中"。在皮影的民间游戏中，幼儿的学习兴趣高，心情愉悦，专心致志地投入游戏，激发了好奇心，在游戏活动中主动调用生活经验，主动参与角色游戏，从中找到问题的答案。这一点，从幼儿学习方式的评价中可以看出来。幼儿运用"细心观察""仔细倾听""视听结合""研究性操作""体验"做出推理和判断，通过实践来激发兴趣。他们爱学、好问，有极强的求知欲望，多种学习方式的整合促进了幼儿创新能力的发展。本活动中，民间游戏中的艺术元素对幼儿科学概念的发展有着重要作用。

在这一活动中，幼儿在艺术领域方面也有了一定的发展。每名幼儿心里都有一颗美的种子。幼儿艺术领域的学习关键在于教师要充分创造条件和机会，在大自然和社会文化生活中萌发幼儿对美的感受和体验，丰富幼儿想象力和创造力，引导幼儿学会用心灵去感受美和发现美，用自己的方式去表现美和创造美。在学习和操作皮影演出的活动中，皮影给人一种高雅的感觉，所以，幼儿都很喜欢用皮影进行表演。他们很喜欢模仿皮影的一举一动，在焕然一新的幕布下进行了皮影的创编。教师通过科艺整合下的文化活动"有趣的皮影"，培养了幼儿的感受美、欣赏美、创造美的能力，同时也让幼儿领略了中国文化的博大精深。

第三节　文化活动"飘香四溢的茶"科学探究的表现性评价

一、表现性任务

飘香四溢的茶[①]

1. 兴趣的起源

喝茶是一种修身养性的习惯。幼儿喝水的时候，发现教师水杯里水的颜色和他们水杯里水的颜色是不一样的，就向教师提出了疑问，问道："老师，你喝的是什么水？怎么和我们的水颜色不一样呢？"教师告诉幼儿："你们喝的是白开水，老师今天喝的是茶水。你们想不想喝老师的水，尝一尝是什么味道的？"自从幼儿品尝完教师的茶水后，就对茶有了一系列的好奇，茶水为什么有颜色？为什么颜色不同？为什么有味道？为什么味道不同？

为了满足幼儿的好奇心，教师为幼儿提供了各种品茶的工具，还有一些不同的茶叶；和幼儿一起认识各种茶具，并且了解每一种茶具的作用；认识了茶道"六君子"；还让幼儿了解了不同的茶叶喝法也不同。

接下来，教师和幼儿一起品尝了用茶砖熬制的奶茶，还品尝了罗汉果茶、

---

① 陈晓芳等著：《科学与艺术整合的幼儿学习活动案例及评析》，194 页，北京，北京师范大学出版社，2022。

茉莉花茶、菊花茶、红茶等(整个活动过程中，教师注意茶叶用量和幼儿的茶水摄入量)。

幼儿的好奇心越来越浓，他们想知道更多关于茶艺的知识。为了满足幼儿的愿望，教师鼓励幼儿创设一个真正的茶艺区。

2. 探索过程

(1)热膨胀现象的验证

在这些环境的影响下，幼儿越来越喜欢品茶。所以，幼儿来茶艺区游戏的次数也在变多。在一次泡茶的过程中，因为没有热水，所以幼儿泡出来的茶水没有颜色。于是，幼儿就问教师："老师，今天，我们的茶为什么没有颜色呢?"当时教师没有告诉幼儿原因，而是对他们说："这是为什么呢? 今天回家想一想，我们明天一起来探讨这个问题。"第二天，教师准备了茶杯、茶叶、冷水、温水、热水、记录表，还有深绿色和浅绿色的彩笔，和幼儿一起探讨解决昨天提出来的问题。教师带领幼儿开始操作了。在操作前，教师先让幼儿用手去触摸了三杯水的温度。幼儿也感受到了水温的不同。然后，幼儿就将同样多的茶叶分别放到了三个不同水温的杯子里。过了一会儿，幼儿发现用热水泡的茶水颜色比较深，而用冷水泡的茶水颜色比较浅。不仅如此，部分幼儿还发现，用热水泡过的茶叶比放进去的时候大，而且，比用温水和冷水泡过的茶叶都大。冷水泡过的茶叶一开始没有变化，放置一段时间后也变大了。观察完之后，幼儿做了记录。教师告诉幼儿这种现象叫热膨胀。茶叶在不同温度的水中膨胀的速度不一样。水越热，茶叶膨胀的速度越快。

教师之后也为幼儿提供了不同的材料让幼儿进行实验，验证热膨胀现象。教师为幼儿提供了瘪了的乒乓球、温度计、热水、冷水等，让幼儿用这些东西进行实验。

(2)保温现象的探究

品尝的茶水多了，幼儿的舌尖也变得挑剔了。喝到比较凉的茶水时，他们会说："今天的茶水不像以前那样好喝了，没有热茶水那么香。"于是，教师给幼儿提出了一个问题，怎样才能让我们的茶水一直都保持原有的温度呢? 幼儿你看看我，我看看你，都摇了摇头。有一名幼儿说："给杯子也穿一件衣服不就好了吗?"之后，教师问幼儿："那我们该给水杯穿一件薄衣服，还是穿一件厚衣服呢?"教师拿来了纸、毛巾、棉花等，和幼儿一起进行了探讨和实验，到底是哪一件物品可以让杯子里的水温保持不变呢？幼儿分别用三件物品将三个杯子包了起来，将其放置在一边。过了一会儿，幼儿将包装拆掉，用手去触摸每一个杯子的温度，发现用棉花包住的杯子，温度是比较高的。

3. 延伸的项目

(1)茶叶的生产过程

在了解了一些现象之后，幼儿就问教师："老师，茶叶是怎样制作出来的呢？为什么在泡的时候它会散发出这么香的味道呢？"于是，教师和幼儿看了一些关于茶叶生产过程的视频。看完之后，幼儿好像明白了一些，叽叽喳喳地讨论着这些过程。之后，教师就想利用一个不长的楼道，为幼儿创设一个制茶环境。教师让幼儿先将自己看到的制茶过程说出来，再说明自己需要什么东西来制作茶叶。幼儿七嘴八舌地说要茶树、洗茶盆、晒茶盘、筛子，还有烤箱等。当教师为幼儿准备好这一切的时候，幼儿自己进行了摆放。制茶区游戏环境就创设好了。

(2)茶艺之道

所有的环境创设都已经完成，接下来就要让幼儿知道正确品茶的方式，不同的茶水，喝的方式也是不同的。内蒙古地区的人喝奶茶需要拿着碗大口大口地喝，福建、湖南等南方地区的人喝茶时会慢慢地小口品。于是，教师让幼儿体验不同的品茶方式，学习福建等地品茶时的文雅。从教师讲解到幼儿实际操作，不断地重复，幼儿对品茶的姿态、方式等都基本了解了并可以做得很好。

品茶是一种享受，幼儿在品茶时又有了新的想法，和教师说："我们能不能边喝茶边看表演呢？"对于幼儿的想法，教师总是以支持的态度对待，于是就在茶艺区旁边创设了一个小舞台。幼儿开始了采茶舞的创编与表演。

二、表现性的评价标准及观察要点

文化活动"飘香四溢的茶"科学探究的表现性可根据幼儿科艺整合学习活动过程观察表、科艺整合的表现性(幼儿艺术能力)评价标准、幼儿科艺整合学习活动观察表、幼儿科艺整合学习活动观察评分汇总表进行观察和评价，见表7-16、表7-17、表7-18和表7-19。

表 7-16　"飘香四溢的茶"幼儿科艺整合学习活动过程观察表

姓名：＿＿＿＿＿＿＿＿＿＿　　　　　年龄：＿＿＿＿＿＿＿＿＿＿

观察时间：＿＿＿＿＿＿＿＿＿＿　　　观察者：＿＿＿＿＿＿＿＿＿＿

第一部分：准备材料(预测和推理)	
预测	推理
1. 用冷水泡茶会发生什么？ 2. 用温水泡茶会发生什么？ 3. 用热水泡茶会发生什么？ 4. 用纸包在茶杯外面会发生什么？ 5. 用毛巾包在茶杯外面会发生什么？ 6. 用棉花包在茶杯外面会发生什么？	为什么？ 为什么？ 为什么？ 为什么？ 为什么？ 为什么？
第二部分：泡茶、保温实验(自由实验)	
记录：泡茶和保温实验过程 尽可能详细地记录幼儿的游戏行为、话语和问题，把那些被视为实验性的行为记录下来。	
第三部分：为什么不同温度的水泡出来的茶不一样？(探究原因) 为什么不同材质的保温效果不一样？(探究原因)	
尽可能详细地记录幼儿的游戏行为、话语和问题，把那些被视为实验性的行为记录下来。	

表 7-17　"飘香四溢的茶"科艺整合的表现性(幼儿艺术能力)评价标准

评价项目	水平 1	水平 2	水平 3
中华文化美感体验	幼儿能感受中华文化的美，能初步感受到中华文化之美与其他文化之美之间的差别。	幼儿能感受中华文化之美，并能识别中华传统文化之美中的某些要素。	幼儿能感受中华文化之美，并能依据中华文化中的某些美的要素进行简单的陈述。

表 7-18　"飘香四溢的茶"幼儿科艺整合学习活动观察表

姓名：＿＿＿＿＿＿＿＿＿＿　　　　　年龄：＿＿＿＿＿＿＿＿＿＿

观察时间：＿＿＿＿＿＿＿＿＿＿　　　观察者：＿＿＿＿＿＿＿＿＿＿

科艺整合的表现性评价项目		评分	评注和观察
幼儿艺术能力	中华文化美感体验	1　2　3	

续表

科艺整合的表现性评价项目		评分			评注和观察
幼儿学习方式	观察	1	2	3	
	倾听	1	2	3	
	讨论	1	2	3	
	探究性操作	1	2	3	
	实验	1	2	3	
	体验	1	2	3	
	收集资料	1	2	3	
评分者：＿＿＿＿＿＿＿＿			日期：＿＿＿＿＿＿＿＿		

注：幼儿艺术能力评价标准细则见表7-17，学习方式评价标准细则见表7-8。

表7-19 "飘香四溢的茶"幼儿科艺整合学习活动观察评分汇总表

幼儿	年龄	中华文化美感体验	观察	倾听	讨论	探究性操作	实验	体验	收集资料	总分	评注和观察

三、对幼儿完成表现性任务的分析

在文化活动"飘香四溢的茶"的开展中，幼儿对民间传统文化也有了进一步的了解。《"十四五"文化发展规划》和《中华优秀传统文化传承发展工程"十四五"重点项目规划》中指出了各个学校各学科课程要融入更多中华优秀传统文化，如在学校开设书法、绘画、传统工艺等课程，对于幼儿加强中华优秀传统文化教育提出了明确的要求。因此，在幼儿园的日常教育中，教师会在一日生活中渗透中华传统文化的教育，例如，在幼儿园的一日生活中对传统美德、传统节日、传统饮食习惯等，利用区域活动、集体活动、自由活动等形式进行相应的教学活动设计，在环境创设和材料提供上对幼儿进行传统文化的美感熏陶和生活渗透，加强幼儿对中华优秀传统文化的认识和了解，培养幼儿对中华优秀传统文化相关内容的兴趣，提升幼儿对中华优秀传统文化的美感体验。在"飘香四溢的茶"这一文化活动中，教师将中华优秀传统文化教育以游戏的形式开展活动，让幼儿了解学习中华优秀传统文化知识，同时为幼儿营造传统文化的环境，如茶艺区、小舞台等，为弘扬中华优秀传统文化创设良好的氛围。

在幼儿的实际游戏活动中，教师要渗透中华优秀传统文化教育，创造文化氛围，进行文化熏陶，使幼儿产生积极的情感体验，产生参与活动的积极性。教师在创建文化氛围的过程中，为幼儿提供丰富的材料、创设生动的环境，并且针对不同的幼儿给予不同的指导，鼓励幼儿参与各种游戏活动，引导幼儿在游戏活动中大胆地表达自己的想法。在这一游戏中，教师不仅让幼儿在以后的生活中更喜欢中国传统的文化艺术，而且让幼儿在科学领域有所收获。

1. 科学探究能力的提升

在这一活动中，幼儿进行了热膨胀现象的小实验和如何让茶水保温的小实验，这两个小实验展现了幼儿具有初步的探究能力。幼儿在活动的过程中能够通过观察、比较与分析，发现并描述出在不同的温度下，茶叶的大小不同；用棉花包住水杯的茶水比用纸包住水杯的茶水温度要高。幼儿在实验的过程中能用图画进行记录，在探究的过程中能够与他人合作与交流，同时也初步了解了知识源于生活。

2. 艺术欣赏与表现能力的升华

在这一活动中，幼儿在艺术领域方面也有了一定的发展。每名幼儿心里都有一颗美的种子。幼儿艺术领域学习的关键在于教师要充分创造条件和机会，在大自然和社会文化生活中萌发幼儿对美的感受和体验，丰富幼儿的想象力和创造力，引导幼儿学会用心灵去感受美和发现美，用自己的方式去表现美和创造美。根据《3—6 岁儿童学习与发展指南》的引导，教师给幼儿创设了一个良好的环境，让幼儿在其中自由发挥。在学习和观看茶艺展演的活动时，品茶者动作优美，幼儿都很喜欢看这个演出。因此，幼儿很喜欢模仿视频中的人们喝茶的动作。在焕然一新的幕布下，幼儿自己进行了舞蹈的创编。

通过"飘香四溢的茶"这个科艺整合下的文化活动，幼儿有了新的科学经验的增长，同时也领略了中国文化的博大精深。

第八章　科学与歌舞艺术整合的幼儿学习活动案例分析及评价

第一节　律动活动"会跳舞的糖纸娃娃" 科学探究的表现性评价

一、表现性任务

会跳舞的糖纸娃娃①

随着班级主题活动"神奇糖果屋"的开展，幼儿被各种形状各异、颜色鲜艳的糖纸所吸引，总是会拿起来摆弄，玩一玩、看一看。看似漂亮简单的糖纸，其中却蕴含着丰富的科学教育契机。因此，从幼儿兴趣出发的科学活动"会跳舞的糖纸娃娃"便应运而生了。活动开始，伴随着音乐"月亮，月亮出来了，小朋友们在睡觉，铃铃铃，我们起床了"，幼儿自由地进行着舞动表演，参与活动的兴趣瞬间被激发。

看着幼儿高昂的参与热情，教师引出了今天的活动主题："糖纸娃娃也想跳舞，怎么办？""我要和糖纸娃娃一起跳舞！""我来带着糖纸娃娃一起跳！"在音乐情境下，幼儿迫不及待地同糖纸娃娃一起跳舞。有的幼儿兴奋地举高双手让糖纸娃娃在头顶上舞动，有的幼儿选择蹲下身子让糖纸娃娃在地板上翩翩起舞，还有的幼儿高兴地和糖纸娃娃手拉手一起共舞。"那怎样可以不用小手，帮助糖纸娃娃跳舞呢？"随着教师抛出问题，幼儿带着疑问开始尝试各种各样的动作。

幼儿在尝试中发现，手一松开，糖纸娃娃就躺下了。这时，"老师，你看我

---

① 陈晓芳等著：《科学与艺术整合的幼儿学习活动案例及评析》，45页，北京，北京师范大学出版社，2022。

的娃娃。"凌夕兴奋地和大家分享她的发现，"我用了桌子上的吸管，擦了擦，糖纸娃娃就能站起来了。"这一意外的发现大大激发了幼儿持续探究的热情。凌夕与其他幼儿分享了自己的发现。教师带领幼儿一起将这个好方法变成了一段有节奏的儿歌："衣服上面擦一擦，裤子上面擦一擦，使劲擦，用力擦。"教师用生动形象的儿歌引导幼儿理解吸管与物体发生摩擦，可以使娃娃站起来的现象。

以此为契机，教师为每名幼儿提供了吸管。幼儿跟随音乐，手拿吸管在身上不停地摩擦。充满节奏性的儿歌、夸张的肢体动作激发着幼儿的探索热情，所有幼儿都沉浸其中。"哇，糖纸娃娃站起来了！"幼儿欢呼雀跃，"糖纸娃娃'粘'在了吸管上面，真奇妙！"

"我们一起和糖纸娃娃跳个舞吧。"幼儿选择刚才可以让糖纸娃娃站起来的吸管，用力摩擦，在圆舞曲音乐中和自己的糖纸娃娃一起舞动。

不同造型、不同线条的糖纸娃娃将幼儿带入了与糖纸娃娃共舞的情境中。有的幼儿单脚点地，旋转身体；有的幼儿一手叉腰，另一只小手左右摆动；还有的幼儿晃动着两只小手。幼儿尝试着各种各样的动作沉浸在和糖纸娃娃共舞的情境中。但是，有的幼儿发现："为什么我的糖纸娃娃一动就掉呢？"教师听到后又将这个问题抛给了幼儿，问道："有的小朋友的糖纸娃娃能跳好久，有的小朋友的糖纸娃娃不敢跳舞，因为轻轻晃动就会掉下来，这是为什么？"幼儿开始讨论起来："我的糖纸娃娃太大了。""不能太使劲跳。"听完幼儿的回答，教师提出："我们来比一比，谁的糖纸娃娃跳舞的时间长。"让幼儿自由思考并尝试。教师一说完，幼儿就开始争先恐后地摩擦吸管，让糖纸娃娃跳舞。最后，幼儿发现，原来糖纸娃娃的大小、摩擦力度的大小、摩擦时间的长短都会影响糖纸娃娃站起来的时长。

二、表现性的评价标准及观察要点

律动活动"会跳舞的糖纸娃娃"科学探究的表现性可根据幼儿科艺整合学习活动过程观察表、摩擦生电概念变化观察表、科艺整合的表现性（幼儿律动行为）评价标准、幼儿科艺整合学习活动观察表、幼儿科艺整合学习活动观察评分汇总表进行观察和评价，见表8-1、表8-2、表8-3、表8-4和表8-5。

表 8-1 "会跳舞的糖纸娃娃"幼儿科艺整合学习活动过程观察表

姓名：_____　　　　　年龄：_____

观察时间：_____　　　观察者：_____

第一部分：准备材料（预测和推理）	
预测	推理
1. 用糖纸摩擦衣服会发生什么？ 2. 用糖纸摩擦小手会发生什么？ 3. 用糖纸摩擦吸管会发生什么？	为什么？ 为什么？ 为什么？
第二部分：糖纸娃娃摩擦直立起舞实验（自由实验）	
记录：糖纸娃娃摩擦直立起舞的实验过程 尽可能详细地记录幼儿的游戏行为、话语和问题，把那些被视为实验性的行为记录下来。	
第三部分： 　为什么不同大小的糖纸娃娃摩擦后，直立起舞的时间长度不同？（探究原因） 　为什么同样的糖纸娃娃，摩擦时间长短不同，直立起舞的时间长度不同？（探究原因） 　为什么同样的糖纸娃娃，摩擦力度大小不同，直立起舞的时间长度不同？（探究原因）	
尽可能详细地记录幼儿的游戏行为、话语和问题，把那些被视为实验性的行为记录下来。	

表 8-2 "会跳舞的糖纸娃娃"摩擦生电概念变化观察表

姓名：_____　　　　　年龄：_____

观察时间：_____　　　观察者：_____

观察项目	活动前	活动后	行为观察记录
摩擦会使糖纸娃娃站起来。			
摩擦会使糖纸娃娃吸在吸管上。			
摩擦的时间长，糖纸娃娃吸住的时间也长。			
所有的物体都是由原子宝宝组成的。			
原子宝宝由原子核宝宝和电子宝宝组成。			
摩擦使电子宝宝跑出去或者跑进来，物体就带电了。			
带电的物体和不带电的物体放在一起，会使得多余的电子宝宝跑到电子宝宝不够的地方，两个物体就吸在一起了。			

注：幼儿有掌握该概念相应的行为表现时，在后面的格子中画"√"，并记录相应的行为。

表 8-3　"会跳舞的糖纸娃娃"科艺整合的表现性(幼儿律动行为)评价标准

评价项目	水平 1	水平 2	水平 3
律动感受	幼儿站立时会被动地转头、挥动手臂或踢腿(幼儿注意到环境中的音乐,并对其感兴趣)。	幼儿能随着音乐站立或跳动(幼儿能随着音乐跳动或摇摆,身体呈现出合乎律动节拍的感受性)。	幼儿积极地跟着音乐移动,可能会扭动身体,前后、上下摆动胳膊,踏步或踩脚(幼儿能从律动中感受到快乐,体验到美)。
律动理解	幼儿能说出一个动作的名字,并且做出来(简单的律动词汇包括齐步走、踢、跑、单脚跳等,幼儿可以先做动作再说名字,也可以边做动作边说名字)。	幼儿至少能保持 8 个节拍(幼儿能识别并跟着稳定节拍移动,这个稳定节拍可能来源于音乐,也可能是幼儿自己或他人发起的)。	幼儿能描述自己的动作是如何与音乐的某个特征相联系的(幼儿用动作表达他听到的乐曲的性质,幼儿可能会说,"我要慢慢跳,因为播放的音乐是缓慢的")。
律动创造	幼儿能学习某个简单的舞步并按照稳定的节拍表现出来(幼儿学会一个简单的舞蹈,如民族舞蹈,并保持稳定的节拍。根据舞蹈的不同,幼儿可以跳独舞、团体舞或双人舞)。	幼儿能改编某个已有的律动舞蹈的动作,并随着音乐表现出来(幼儿根据自己的理解,对简单乐曲的现有律动动作进行改编,可以部分改编,并在音乐中自然展现自己的改编动作)。	幼儿自编一段舞蹈或者一系列的律动(幼儿自编一系列动作,至少包括 4 个不同的动作,包括身体动作或变换位置,并按照顺序重复这一系列的动作)。

表 8-4　"会跳舞的糖纸娃娃"幼儿科艺整合学习活动观察表

姓名:＿＿＿＿＿＿＿＿＿＿　　　　年龄:＿＿＿＿＿＿＿＿＿＿

观察时间:＿＿＿＿＿＿＿＿＿　　　观察者:＿＿＿＿＿＿＿＿＿

科艺整合的表现性评价项目		评分	评注和观察
幼儿律动行为	律动感受	1　2　3	
	律动理解	1　2　3	
	律动创造	1　2　3	
幼儿学习方式	观察	1　2　3	
	倾听	1　2　3	
	讨论	1　2　3	
	探究性操作	1　2　3	
	实验	1　2　3	
	体验	1　2　3	
	收集资料	1　2　3	

评分者:＿＿＿＿＿＿＿＿＿　　　日期:＿＿＿＿＿＿＿＿＿

注:幼儿律动行为评价标准细则见表 8-3,幼儿学习行为评价标准细则见表 7-8。

表 8-5 "会跳舞的糖纸娃娃"幼儿科艺整合学习活动观察评分汇总表

幼儿	年龄	律动感受	律动理解	律动创造	观察	倾听	讨论	探究性操作	实验	体验	收集资料	总分	评注和观察

三、对幼儿完成表现性任务的分析

一次感知发现摩擦现象的科学活动在轻松愉快的艺术氛围中结束了，看似抽象的科学现象，在幼儿和糖纸娃娃共舞中被感知、体验、运用。艺术形式被运用其中，巧妙地支持了小班幼儿的科学探究。通过音乐语言，幼儿在游戏中发现了科学现象的奇妙，学到了科学知识，更加乐于参与游戏，大胆表现与创造。音乐下的舞动，满足了"童心"与"童趣"，符合幼儿爱动爱跳的特点，以及通过感知和依靠表象来认识事物的年龄特点，同时发展了幼儿的节奏感、表现力、想象力和创造力。摩擦起电是一个很有意思的现象，但是原理却很抽象，小班幼儿理解起来有些难。有了音乐的润色，整个活动更加连贯，更具有游戏性，更符合小班幼儿的学习特点。舞动的过程给予了幼儿自由的空间，不定格幼儿的思维，更不扼杀幼儿的想象，给他们异想天开的机会，满足了幼儿动作先于语言的年龄特点。活动中有节奏的儿歌，语句精练、结构简单、生动具体、说起来朗朗上口，儿歌与音乐富于韵律美感等特点都易为幼儿所接受和喜欢；夸张的肢体演示更是迅速抓住了幼儿的注意力，便于幼儿学习与模仿，二者的结合使幼儿更好地感受摩擦起电现象和摩擦时所需要的力度及时间。活动中，教师提供了丰富多样的材料，即不同大小、不同造型的糖纸娃娃，为幼儿获得丰富的科学经验提供了有力的支持，充分地突出了幼儿自主选择的权利，也让幼儿在过程中更巧妙地发现了科学，并且有了美的体验。操作中，教师没有过多的指导，而是用音乐的形式帮助幼儿明确游戏目的，使幼儿在愉快的音乐中进行操作游戏。游戏中音乐的教育影响往往不像语言说教那样直截了当，可以渗透到幼儿的心灵深处，起着熏陶、感染的作用，使幼儿听到音乐就可以想到自己的实验目的，起到潜移默化的教育作用。

科学思维常常被认为是抽象思维，严谨有逻辑性，而艺术思维则被认为是形象思维，灵活有想象力。科学与艺术之间有着不可分割的关系，他们相融互补。而本次科学与音乐的结合有效地引导幼儿全身心地参与活动，不断地激发想象，唤醒创造，打开了通向科学与艺术的大门。

第二节　律动活动"我是冰雪女王艾莎"科学探究的表现性评价

一、表现性任务

我是冰雪女王艾莎

在新年节目征集中，幼儿提议带着自制的冰花跳舞。于是伴随着电影《冰雪奇缘》的插曲，幼儿高兴地舞动起来。在排练中，幼儿发现由于冰花长时间拿在手里，手心的温度几乎将冰花融化了。看到这儿，幼儿难过地说："老师，我手太热了，把冰花融化了。"教师说："没关系，虽然冰受热就会融化，但是它并没有离开，而是化成水继续在你身边。"有幼儿附和道："对，下次我们用它再冻一次，它就回来了！"就这样，幼儿将美好期望寄托在下一次的活动中……

活动中，教师挑选了形象鲜明的音乐，赋予表演特殊的意义：最开始阳光明媚，节奏轻快的音乐代表着艾莎一家相亲相爱的生活；后来变成轻声的打击乐，这是水一点儿一点儿冻成冰的过程；紧接着沉重的管弦乐告诉我们此时的冰已冻得十分厚重、结实，就好像艾莎难过的心情一般；最后大家历尽千辛万苦和好如初，阳光再次普照大地，恢复了往日的活力与平静，以潺潺的流水声作为结束，也表示冰融化后变成水的过程。

（本案例由北京市第一幼儿园康茜提供）

二、表现性的评价标准及观察要点

律动活动"我是冰雪女王艾莎"科学探究的表现性可通过温度与水的三态变化关系观察表、科艺整合的表现性（幼儿音乐感受能力）评价标准、幼儿音乐感受能力观察评分表、幼儿科艺整合学习活动观察表、幼儿科艺整合学习活动观察评分汇总表进行观察和评价，见表8-6、表8-7、表8-8、表8-9和表8-10。

表8-6 "我是冰雪女王艾莎"温度与水的三态变化关系观察表

姓名：_____ 年龄：_____

观察时间：_____ 观察者：_____

观察项目	活动前	活动后	行为观察记录
温度降低，水会结冰。			
温度升高，冰会化成水。			
水结成冰的温度是零摄氏度。			
温度越高，冰变成水的速度越快。			
零摄氏度以下，温度越低，水结成冰的速度越快。			
零摄氏度到100摄氏度之间，外部温度的变化只会影响水温的高低，不会让水结冰。			
水温超过100摄氏度，水就会变成气体。			

注：幼儿有掌握该概念相应的行为表现时，在后面的格子中画"√"，并记录相应的行为。

表8-7 "我是冰雪女王艾莎"科艺整合的表现性（幼儿音乐感受能力）评价标准

一级评价项目	二级评价项目和标准		
节奏	对音符的区分：幼儿能区分长音和短音。	节拍：幼儿在歌曲中能通过身体表现出固定而连贯的拍子。	清晰度：幼儿对歌曲节奏能有准确的表现。
音高	旋律线：幼儿在乐曲的播放过程中，能表现出旋律上线的变动。	乐曲之间的差别：幼儿能辨别出乐曲与乐曲之间的差异，并通过身体表现出来。	符合音调：幼儿在跟唱的过程中能跟上旋律的变化。
整体音乐智能	综合感觉：幼儿在跟唱或者舞蹈的过程中，整首歌在旋律和节奏上都正确。	表现力：幼儿表现出了所唱和所跳的歌曲所要表现的情感和体验。	

表 8-8　"我是冰雪女王艾莎"幼儿音乐感受能力观察评分表

姓名：_____　　　年龄：_____

观察时间：_____　　　观察者：_____

"是"计2分，"否"计0分，不参加活动不计分				
评价项目	评分指标	是	否	计分
节奏	对音符的区分			
	节拍			
	清晰度			
			节奏子项总分_____	
音高	旋律线			
	乐曲之间的差别			
	符合音调			
			音高子项总分_____	
整体音乐智能	综合感觉			
	表现力			
			整体音乐智能子项总分_____	
评注：				

注：幼儿音乐感受能力评价标准细则见表8-7。

表 8-9　"我是冰雪女王艾莎"幼儿科艺整合学习活动观察表

姓名：_____　　　年龄：_____

观察时间：_____　　　观察者：_____

科艺整合的表现性评价项目		评分	评注和观察
幼儿音乐感受能力	节奏	0　2　4　6	
	音高	0　2　4　6	
	整体音乐智能	0　2　4	
幼儿学习方式	观察	1　2　3	
	倾听	1　2　3	
	讨论	1　2　3	
	探究性操作	1　2　3	
	实验	1　2　3	
	体验	1　2　3	
	收集资料	1　2　3	
评分者：_____		日期：_____	

注：幼儿音乐感受能力评价标准细则见表8-7，幼儿学习方式评价标准细则见表7-8。

表8-10 "我是冰雪女王艾莎"幼儿科艺整合学习活动观察评分汇总表

幼儿	年龄	节奏	音高	整体音乐智能	观察	倾听	讨论	探究性操作	实验	体验	收集资料	总分	评注和观察

三、对幼儿完成表现性任务的分析

幼儿根据设定的场景感受音乐、创编动作的同时，用肢体语言形象地表现了自然界"水变冰、冰变水"的科学现象。幼儿借助音乐表演将获取的"水冰变化"相关科学知识串联在一起，并通过艺术形式表现出来，令人印象深刻，难以忘怀。

在活动开始前，教师组织幼儿开展了认识冰、制作冰的活动，包括"做冰棍"和"制冰花"的活动。幼儿先通过自己周遭事物的变化初步认识了冰，随后借助科学小故事了解了冰，再发挥自己的想象动手制作了冰。幼儿在活动中充分发挥自主性，自主选择不同的材料，通过想象和创造，自主制作出了不同形状大小的冰棍、晶莹漂亮的冰花，感受了水变冰的过程。幼儿在欣赏同伴的作品中发现了"冰"本身的纯净美，同时感受到大自然赋予周遭事物独特的魅力。

在幼儿感了"水变冰"的过程之后，教师又组织幼儿感受了"冰变水"的过程。"我是冰雪女王艾莎"的游戏把音乐和科学有机结合起来，促进了幼儿的情感表达。幼儿在活动中倾听分辨音乐的变化，用动作去表现科学变化的过程，做到"听"与"做"结合，根据旋律和节奏的不同，来想象和呈现故事的发展。教师以音乐的形式引导幼儿进入游戏，在音乐游戏的情境下帮助幼儿更好地理解"水"和"冰"的关系。

多次活动将科学与艺术有效结合，使得其中的教育价值得以放大和升华，实现了单个领域所无法达到的教育效果。教师在日常活动中也需要有欣赏美的能力，以"美"为整合点，让幼儿在发现美、感受美、创造美的过程中掌握科学知识、积累科学经验、提升科学素养。

第三节　律动活动"呼啦圈的创意拼摆"科学探究的表现性评价

一、表现性任务

呼啦圈的创意拼摆

教师把呼啦圈拿到幼儿面前时，幼儿问道："老师，呼啦圈是我们在户外玩的，你怎么拿到教室里了？""今天我们要挑战呼啦圈的新玩法。我要看看咱们班小朋友谁能够挑战成功！"说着，教师将呼啦圈分发给每一名幼儿，并播放《法国号》的音乐，开始了游戏。教师问："小朋友们，呼啦圈，怎么玩？"铭铭说道："老师，呼啦圈这样玩。"，并将呼啦圈放在腰间进行转动。随后远远也说道："老师，呼啦圈这样玩。"他将呼啦圈放在地面上，做跳进跳出的动作。就这样，教师又提问了三名幼儿后，大部分幼儿都能够跟着音乐的节奏进行语言、动作的表达。

"下面老师要带领小朋友们学一个新玩法，请小朋友们先听清楚规则。地面上会摆一圈呼啦圈，小朋友们在呼啦圈的外围行走，怎么走呢？要跟随着我们之前欣赏的《溜冰圆舞曲》的节奏，按照3/4拍的节奏行走。听到第一个重音时，小朋友们要用自己喜欢的动作方式表达；音乐停止的时候，小朋友们要快速站到呼啦圈里，否则就会被淘汰。"教师边播放音乐边带领幼儿开始第一次的尝试，见图8-1。幼儿着急地向前走着，忽视了音乐的节奏和轻重音的表现。音乐一停，幼儿着急地跑着，没有找到呼啦圈的心远不开心地说："老师，他们都犯规了，音乐还没停，就着急走了！"初次尝试后，教师觉得有必要向幼儿再次说明规则，说："除了心远刚发现的问题之外，老师还发现小朋友们走的时候忽视了音乐的节奏和轻重音的表现。这次老师要邀请心远做监督员，看看小朋友们是怎么走的。现在请心远帮助我们撤掉一个呼啦圈，我们继续游戏。"教师再次播放音乐，带领幼儿继续走着。这次不一样了，教师看到琳琳、然然紧紧跟随着音乐的节奏前进，同时在轻重音的表现上也有身体的相应变化，而大部分的男孩子主要关注了节奏，忽视了轻重音的表现。音乐停了之后，教师重新播放音乐并对音乐进行分析后，又带领幼儿进行了一次活动，这次大部分幼儿都能根据节奏和轻重音进行相应的表现。

教师说："现在我们要进行呼啦圈的另一个玩法，我们还是利用《溜冰圆舞曲》。它一共有几段？"幼儿集体说道："三段！"教师继续说："好的。第一段音乐结束之后，一个小朋友将自己的呼啦圈放在地面上；第二段结束的时候，同一组的两个小朋友进行拼摆；第三段就是三个小朋友拼摆。那要是再播一遍的第一段音乐，是几个小朋友上去？"幼儿回答："四个小朋友！"教师说："对的，我们一共分成两组，看看你们能拼摆出什么造型。"音乐开始了，只见一组的前两名幼儿将呼啦圈挨着摆放，二组的两名幼儿将呼啦圈叠了一部分摆放。就这样到最后，一组摆放的是一个山的造型，二组摆放的是一个小动物的造型。一轮游戏下来，教师觉得有必要开阔幼儿的思维了。于是教师呈现了一张将呼啦圈立起来的图片启发幼儿。果然，第二轮音乐播放时，幼儿有将呼啦圈立起来的意识了。第一名幼儿发现自己立不起来，等播放第二段音乐时，二组的两名幼儿让呼啦圈相互依靠，促使其站起来，但是并没有成功，而一组却成功了。幼儿就这样创意拼摆着，只有一组的两个呼啦圈立起来了，见图8-2。教师带领幼儿又进行了讨论，于是在不播放音乐的情况下，小组集体尝试如何利用呼啦圈拼摆出立体造型。"老师你看！我们立起来了！""老师，我们也立起来了！"只见一组、二组的幼儿将他们的呼啦圈都立起来了，见图8-3和图8-4。

就这样，伴随着幼儿的开心和成就感，本次的活动结束了。

图8-1　听音乐在呼啦圈外围行走

图8-2　两个呼啦圈立起来了

图 8-3　小组合作把呼啦圈立起来拼摆　　　图 8-4　幼儿调整拼摆好的呼啦圈造型

（本案例由北京市昌平区机关幼儿园刘海潮提供）

二、表现性的评价标准及观察要点

　　律动活动"呼啦圈的创意拼摆"科学探究的表现性可通过科艺整合的表现性（幼儿数学能力）评价标准、幼儿数学能力观察评分表、幼儿艺术感受能力观察评分表、幼儿科艺整合学习活动观察表、幼儿科艺整合学习活动观察评分汇总表进行观察和评价，见表 8-11、表 8-12、表 8-13、表 8-14 和表 8-15。

表 8-11　"呼啦圈的创意拼摆"科艺整合的表现性（幼儿数学能力）评价标准

一级评分指标	二级评分指标
图形组合	幼儿在搭建过程中，只要出现一次组合呼啦圈的建构行为，就可以计 1 分。
量的感知	幼儿在建构活动中出现呼啦圈数量的倍数关系以及出现对称的空间结构，就可以计 1 分。
匹配	幼儿在呼啦圈的建构中出现一定的故事内容，并进行数量关系匹配，例如，做了两个房间，每个房间可以住 3 个小动物等。出现一个类似行为，就可以计 1 分。
复杂模式	幼儿在呼啦圈建构中出现复杂模式的建构行为，都可以计 1 分。复杂模式是指多维的模型，如既向长度延展又向高度延展的立体模型。
排序	幼儿在呼啦圈建构中能按照高度、宽度、长度、面积、体积的某种标准来排序。出现一个符合标准的行为，就可以计 1 分。
空间方位关系	这包括距离和方位两个方面。具体的行为包括：幼儿在呼啦圈建构活动中，往高处建构时，能按照垂直方向，向上方建构；建造倾斜面时，能呈现倾斜的基本形态；建造围栏建筑时，能把相应物体全部圈起来。上述行为，出现一种，就计 1 分。

一级评分指标	二级评分指标
数概念	幼儿在呼啦圈建构活动中，出现通过数数、计数的方式满足建构需要，取到足够数量的呼啦圈，就可以计1分。
测量	幼儿在呼啦圈建构活动中，对已建成的呼啦圈建筑的高度、宽度、长度、面积、体积会采用自然的或非标准的工具测量，如跨步测量等。出现一个类似行为，就可以计1分。

表 8-12　"呼啦圈的创意拼摆"幼儿数学能力观察评分表

姓名：_____　　　年龄：_____

观察时间：_____　　观察者：_____

评价项目		分数	具体行为和表现
图形组合			
量的感知	倍数关系		
	对称结构		
匹配			
复杂模式			
排序	长度		
	面积		
	体积		
空间方位关系	垂直		
	倾斜		
	围栏		
数概念			
测量			

注：幼儿出现一次掌握该概念相应的行为表现则计1分，并记录相应的行为。

表 8-13　"呼啦圈的创意拼摆"幼儿艺术感受能力观察评分表

姓名：_____　　　　　　年龄：_____

观察时间：_____　　　　观察者：_____

评价项目	评分指标	是	否	计分
音乐要素	听音辨曲：了解幼儿内在听觉能力（幼儿听出歌曲旋律、节奏之间的差异，辨别歌曲乐章段落，并能根据自己听到的内容做出不同的动作）。			
	旋律：了解幼儿辨别高低音的能力（幼儿能准确辨别出 3/4 拍的节奏，并踏准节拍迈出步伐；幼儿能听出乐曲中的轻重音并做出相应的表现动作）。			
	音乐要素子项总分_____			
舞蹈要素	空间：幼儿能手执呼啦圈配合音乐在教室的空间内自由地走动，尝试用身体姿势表现不同旋律。			
	关系：幼儿将呼啦圈当道具，用它舞动身体，而呼啦圈的功能可做不同的转换，如车子的方向盘、竹竿等。			
	舞蹈要素子项总分_____			
整体艺术能力	综合感觉：幼儿随着音乐绕行呼啦圈的律动感强，动作与整首歌的旋律和节奏的适恰度高。			
	表现力：幼儿在活动中跟随音乐所展现的动作能够表现乐曲的情感和体验。			
	整体艺术能力子项总分_____			

表头说明："是"计 2 分，"否"计 0 分，不参加活动不计分

评注：

表 8-14 "呼啦圈的创意拼摆"幼儿科艺整合学习活动观察表

姓名：_____ 年龄：_____

观察时间：_____ 观察者：_____

科艺整合的表现性评价项目		评分	评注和观察
幼儿艺术 感受能力	音乐要素	0　2　4	
	舞蹈要素	0　2　4	
	整体艺术能力	0　2　4	
幼儿学习 方式	观察	1　2　3	
	倾听	1　2　3	
	讨论	1　2　3	
	探索性操作	1　2　3	
	实验	1　2　3	
	体验	1　2　3	
	寻求帮助	1　2　3	

评分者：_____ 日期：_____

注：幼儿艺术感受能力评价标准细则见表 8-13，幼儿学习方式评价标准细则见表 6-7 和表 6-12。

表 8-15 "呼啦圈的创意拼摆"幼儿科艺整合学习活动观察评分汇总表

幼儿	年龄	音乐要素	舞蹈要素	整体艺术能力	观察	倾听	讨论	探索性操作	实验	体验	寻求帮助	总分	评注和观察

三、对幼儿完成表现性任务的分析

"呼啦圈的创意拼摆"这一活动创造性地运用了呼啦圈这一常见健身器材，综合训练了幼儿的音乐感知、舞蹈表现、空间运算和规划能力，包括运用肢体动作来感受音乐节奏、音乐节拍的听觉训练，空间方位的感觉训练，拼接搭建的造型创作等。

《3—6岁儿童学习与发展指南》中指出，幼儿科学学习的核心是激发探究兴趣，体验探究过程，发展初步的探究能力。[①] 而幼儿兴趣的激发，除了幼儿天生的好奇心和对未知世界的本能探索之外，积极的情绪体验也是激发幼儿兴趣的重要途径，而艺术，包括活泼的音乐和快乐的肢体舞蹈都能诱发幼儿的积极情绪，激发幼儿参与科学探索活动的兴趣。英国著名自然科学家和教育家托马斯·亨利·赫胥黎做"论科学和艺术与教育的关系"的演讲时，就提出了"科学教育与艺术教育整合"这一论题。[②] 艺术的融入能够激发幼儿迸发出创造力的火花，助力幼儿多元感受与表达，从而培养幼儿科学素养探究和学习品质的发展。而这样的科学活动也对幼儿园教育教学实践具有革新价值。

本次活动为呼啦圈的组合游戏，教师在教学中进行大胆尝试，创造了相应的艺术情境，激发幼儿的自主学习和合作学习，采用教师评价、幼儿自我评价、幼儿互相评价等多种评价手段，引导幼儿发现问题、解决问题，使幼儿在活动中体验成功，享受参与活动的乐趣。教师以幼儿的发展为本，结合大班幼儿的心理、生理特点以及他们的认知规律，利用呼啦圈开展幼儿科艺整合学习活动，激发幼儿的求知欲望。教师通过语言引导和场地器材的设置，营造轻松、活泼的教学环境与氛围，引导幼儿带着快乐的情绪，带着在艺术氛围里产生的美的体验，发挥想象力；运用小组合作、探究学习方法，进行搭建活动，使幼儿在积极的练习过程中训练空间想象和空间建构能力，进行抽象思考和思维能力的训练；并在活动中培养幼儿与他人合作的能力，在创新中体验学习的快乐。

---

① 李季湄、冯晓霞：《〈3～6岁儿童学习与发展指南〉解读》，109页，北京，人民教育出版社，2013。

② ［英］托·亨·赫胥黎：《科学与教育》，单中惠、平波译，110-127页，北京，人民教育出版社，1990。

参考文献

一、中文文献

[1][英]A. N. 怀特海. 过程与实在[M]. 周邦宪，译. 贵阳：贵州人民出版社，
 2006.

[2]柏毅，庞谦竺，信疏桐. STEM 教育评价的内容与策略[J]. 中国民族教育，
 2018(Z1)：22-25.

[3][美]鲍勃·伦兹(Bob Lenz)，等. 变革学校：项目式学习、表现性评价和共
 同核心标准[M]. 周文叶，盛慧晓，译. 长沙：湖南教育出版社，2020.

[4]北京市教育科学研究所，编. 陈鹤琴全集(第二卷)[M]. 南京：江苏教育出
 版社，1989.

[5][美]玻姆. 论创造力[M]. 洪定国，译. 上海：上海科学技术出版社，
 2001.

[6]陈晶莹. STEAM 教育评价量规的设计研究[D]. 杭州：杭州师范大学，
 2020.

[7]陈倩茹. 美国学前 STEM 课程的研究及启示——以内布拉斯加州为例[D].
 上海：华东师范大学，2019.

[8]陈舒，刘新阳. 美国校外 STEM 教育成效评价：视角、框架与指标[J]. 开
 放教育研究，2017，23(2)：102-110.

[9]陈晓芳. 儿童科学和艺术整合学习活动设计与指导[M]. 北京：北京师范大
 学出版社，2020.

[10]陈晓芳. 儿童艺术学习过程与教师指导策略研究[J]. 西北师大学报(社会
 科学版)，2019，56(2)：103-111.

[11]陈晓芳. 科艺整合学习活动的过程及其对儿童创造性思维的促进[J]. 学前

教育研究，2019(12)：30-40.

[12]陈晓芳. 学前儿童科学学习过程及其影响因素研究[J]. 教育探索，2019(2)：21-28.

[13]陈晓芳，等. 学前儿童 STEAM 学习活动案例及评析[M]. 北京：北京师范大学出版社，2022.

[14]陈晓芳，乔成治. 科学与艺术整合学习过程要素与儿童创造力的关系研究[J]. 教育研究与实验，2020(2)：90-96.

[15]陈晓芳，等，著. 科学与艺术整合的幼儿学习活动案例及评析[M]. 北京：北京师范大学出版社，2022.

[16]陈雅川，孙蔷蔷. 基于 CIPP 评价模型的学前教育指标体系研究[J]. 比较教育研究，2019(5)：98-105.

[17]戴自俺. 张雪门幼儿教育文集 上卷[M]. 北京：北京少年儿童出版社，1994.

[18][美]Ellen Osmundson，著，何珊云，王小平，译. 理解课堂中的形成性评价[J]. 全球教育展望，2012，41(4)：3-6，20.

[19]丁东红. 美国 NAEP1997 年艺术教育评估及音乐教育评估框架述评[J]. 中国音乐学，2000(2)：105-112.

[20]龚道玉，占小红. 国内外 STEM 教育的学习结果研究述评——基于热词的可视化分析[J]. 基础教育，2019，16(4)：32-44.

[21][新西兰]哈蒂(Hattie, J.). 可见的学习：最大程度地促进学习：教师版[M]. 金莺莲，洪超，裴新宁，译. 北京：教育科学出版社，2015.

[22]胡英慧. 学前儿童 STEAM 教育课程设计及案例研究[D]. 长春：东北师范大学，2018.

[23]华爱华. 运动性活动区和欣赏性活动区的特点及环境创设[J]. 幼儿教育，2012(34)：6-8.

[24]黄书生. 当代美国学前课程评价的发展及启示——以"学前课程评价研究"项目(PCER)为例[J]. 外国教育研究，2013，40(10)：77-86.

[25]黄爽，霍力岩. 美国《学前儿童观察记录系统》的内容、特点与启示[J]. 基础教育，2018，15(5)：80-89.

[26]黄爽，霍力岩. 美国《学前教育机构质量评价系统》的特点及其启示[J]. 外

国中小学教育，2018(3)：42-50.

[27]霍力岩．学前教育评价[M]．北京：北京师范大学出版社，2000.

[28]霍力岩，孙蔷蔷，胡恒波．中国学前教育指标体系的理论构想与适用性考察[J]．教育研究，2019(2)：50-61.

[29]贾汇亮．教育评价的价值取向演变及述评[J]．教育测量与评价(理论版)，2011(11)：4-7.

[30]江欣怿．幼儿同伴交往表现性评价任务设计初探[J]．上海教育科研，2016(6)：93，94-96.

[31]教育部基础教育司，教育部师范教育司，组织编写．新课程与学生评价改革[M]．北京：高等教育出版社，2004.

[32][美]克瑞克维斯基．多元智能理论与学前儿童能力评价[M]．李季湄，方钧君，译．北京：北京师范大学出版社，2015.

[33]李季湄，冯晓霞．《3～6岁儿童学习与发展指南》解读[M]．北京：人民教育出版社，2013.

[34]李克建，等．美国《幼儿学习环境评价量表(修订版)》之中国文化适宜性探索[J]．幼儿教育(教育科学)，2014(11)：3-8.

[35]李克建，等．中国托幼机构教育质量评价研究[M]．北京：北京师范大学出版社，2017.

[36]李莉，郑晓博．高瞻课程中的评价[J]．早期教育(教师版)，2010(Z1)：22-24.

[37]李召存．质量提升背景下学前教育质量评价研究的新进展——"学前教育质量评价理论与工具"学术论坛综述[J]．幼儿教育(教育科学)，2019(1、2)：92-94.

[38]刘昊．美国、澳大利亚学前教育质量监控系统比较及启示[J]．首都师范大学学报(社会科学版)，2013(6)：131-135.

[39]刘沙．基于STEAM教育理念下的合肥市幼儿园室内空间设计研究——以新明幼儿园为例[D]．合肥：合肥工业大学，2021.

[40]刘焱，潘月娟．《幼儿园教育环境质量评价量表》的特点、结构和信效度检验[J]．学前教育研究，2008(6)：60-64.

[41]龙玫，赵中建．美国国家竞争力：STEM教育的贡献[J]．现代大学教育，

2015(2)：41-49，112.

[42]美国高瞻教育研究基金会．学前儿童观察评价系统[M]．霍力岩，等，译．
北京：教育科学出版社，2018.

[43]美国科学教育标准制定委员会．新一代科学教育标准[M]．叶兆宁，杨元
魁，周建中，译．北京：中国科学技术出版社，2020.

[44]缪珺雯．STEAM活动对大班幼儿学习品质影响的研究[D]．上海：上海师
范大学，2020.

[45][美]诺尔曼·E.格朗伦德．学业成就测评(第7版)[M]．罗黎辉，孙亚
玲，译．南京：江苏教育出版社，2008.

[46]潘月娟．幼儿园教育质量评价基本问题探讨——基于新制度主义理论视域
[J]．教育研究，2018(1)：108-111.

[47]秦瑾若，傅钢善．STEM教育：基于真实问题情景的跨学科式教育[J]．中
国电化教育，2017(4)：67-74.

[48]覃千钟，张瑞．教学哲学视域下的课堂评价：内涵、形态及价值取向[J]．
现代中小学教育，2019，35(11)：30-34.

[49][美]琼斯，[美]尼莫．生成课程[M]．周欣，等，译．上海：华东师范大
学出版社，2004.

[50]丘静．英国学前教育课程评价及启示[J]．现代中小学教育，2016，32(10)：
114-117.

[51]史明洁．新加坡学前教育评审框架及启示[J]．幼儿教育(教育科学)，
2012(9)：47-49.

[52][美]斯蒂金斯(Stiggins，R.J.)．促进学习的学生参与式课堂评价：第四
版[M]．国家基础教育课程改革"促进教师发展与学生成长的评价研究"项
目组，译．北京：中国轻工业出版社，2005.

[53]宋博，周倩．教育评价价值取向的演进逻辑[N]．中国社会科学报，2022-
02-25(004).

[54]孙佳玥，原晋霞．美国学前课程评价历史发展与路径转变[J]．比较教育学
报，2020(2)：50-61.

[55]唐毅译．幼稚园课程研究[M]．北京：中华书局，1931.

[56]王桂娟．布鲁纳课程评价观及对学前教育评价启示的思考[J]．科教文汇

（下旬刊），2014（6）：97-98.

[57]王坚红.学前教育评价[M].北京：人民教育出版社，2010.

[58]王坚红，尹坚勤.国际视野下的学前教育机构评估标准[M].南京：南京师范大学出版社，2012.

[59]王珂.STEAM视野下培养大班儿童工程思维的行动研究[D].上海：上海师范大学，2021.

[60]王沐阳，文雪，杨盼.OECD早期教育与保育指标体系的发展及启示——基于《强势开端2017》的研究[J].哈尔滨学院学报，2020，41（3）：140-144.

[61]王晓芬.基于FIAS幼儿教师言语互动行为性别差异研究[J].内蒙古师范大学学报（教育科学版），2015，28（4）：38-42.

[62]魏光辉.浅谈幼儿园区域活动中材料的投放[J].科学咨询（教育科研），2010（14）：25.

[63]文明.学前教育质量评价理论与实践[M].成都：四川大学出版社，2018.

[64]吴忭，王戈，盛海曦.认知网络分析法：STEM教育中的学习评价新思路[J].远程教育杂志，2018（6）：3-10.

[65]徐韵，杜娇.从科艺综合活动到STEAM教育——对学校教育中艺术与科学融合的本质反思[J].现代教育技术，2017，27（11）：39-44.

[66]许良英，范岱年，编译.爱因斯坦文集　第一卷[M].北京：商务印书馆，1976.

[67]杨静，沈建洲.论幼儿园科学教育与艺术教育之融合[J].集美大学学报，2010，11（2）：81-85.

[68]杨锐.新西兰学前教育评估研究[D].重庆：西南大学，2014.

[69]叶平枝，容喜，温嘉贤.幼儿教师日常教学非言语评价行为的现状与问题[J].广州大学学报（社会科学版），2011，10（3）：49-53.

[70]于爱菊.幼儿科学教育的特殊性及方法[J].考试周刊，2011（92）：238-239.

[71]原晋霞.幼儿园集体教学活动研究——幼儿参与的视角[D].南京：南京师范大学，2008.

[72][澳]彼格斯（Biggs，J.B.），[澳]科利斯（Collis，K.F.）.学习质量评价：

SOLO 分类理论(可观察的学习成果结构)[M]. 高凌飙，张洪岩，主译.
北京：人民教育出版社，2010.

[73]曾宁，张宝辉，王群利. 近十年国内外 STEM 教育研究的对比分析——基
于内容分析法[J]. 现代远距离教育，2018(5)：27-38.

[74]张更立. 从"占有"到"生成"：儿童学习观的转换[J]. 华东师范大学学报
(教育科学版)，2016(2)：76-81，119.

[75]张继玺. 真实性评价：理论与实践[J]. 教育发展研究，2007(1B)：23-27.

[76]张泸. 张宗麟幼儿教育论集[M]. 长沙：湖南教育出版社，1985.

[77]张姝玥，顾高燕. 德国学前教育质量评价体系框架、特点及经验[J]. 比较
教育研究，2020(7)：106-112.

[78]张旭东. 美国 NAEP 艺术教育评价研究述评及启示[J]. 外国中小学教育，
2017(2)：28-36.

[79]张莹. 国内 STEAM 教育研究现状：基于 2000－2020 年 CSSCI 文献社会
网络图谱的分析[J]. 中小学电教，2021(11)：6-10.

[80]赵德成，夏靖. 表现性评价在美国教师资格认定实践中的应用及其启示[J].
外国教育研究，2008，35(2)：11-16.

[81]赵慧臣，陆晓婷. 开展 STEAM 教育，提高学生创新能力——访美国
STEAM 教育知名学者格雷特·亚克门教授[J]. 开放教育研究，2016，
22(5)：4-10.

[82]赵佳丽，杨晶，刘星妍. STEAM 教育对幼儿社会性发展的调查研究[J].
基础教育研究，2020(17)：86-88.

[83]邹成效，衡孝庆. 论融合性[J]. 学习与探索，2016(3)：27-31.

二、外文文献

[1] A. S. Epstein，B. Marshall，S. Gainsley. COR Advantage Scoring Guide
[M]. Ypsilanti, MI：HighScope Press，2014.

[2] Berger R.，Rugen L.，Woodfin L.. Leaders of Their Own Learning：
Transforming Schools through Student-engaged Assessment[M]. New
York：Jossey-Bass，2014.

[3] Bridget E. Hatfielda，Margaret R. Burchinal，Robert C. Pianta，et al..

Thresholds in the Association Between Quality of Teacher-child Interactions and Preschool Children's School Readiness Skills[J]. Early Childhood Research Quarterly, 2016, 36(6): 561-571.

[4]Bridget K Hamre, Robert C. Pianta, Andrew J. Mashburn, et al.. Building a Science of Classrooms: Application of the CLASS Framework in over 4000 U. S. Early Childhood and Elementary Classrooms[M]. Richmond, VA: University of Virginia, 2007.

[5]B. Spodek, O. Saracho (Eds.). Issues in early childhood educational assessment and evaluation[M]. New York: Teachers College Press, 1996.

[6]DeJarnette, N. K.. Implementing STEAM in the early childhood classroom[J]. European Journal of STEM Education, 2018, 3(3): 1-9.

[7]Epstein, A. S., Gainsley, S., Hohmann, M., et al.. Program Quality Assessment Form B-Agency Items for infant-toddler and preschool programs[M]. Ypsilanti, MI: HighScope Fress, 2013.

[8]Graham, M. A. The disciplinary borderlands of education: Art and STEAM education[J]. Journal for the Study of Education and Development, 2021, 44(4): 769-800.

[9]Gullo, D. Understanding assessment and evaluation in early childhood education [M]. New York: Teachers College Press, 1994.

[10]Hacioglu, Y., Suiçmez, E.. STEAM education in preschool education: We design our school for our visually impaired friend[J]. Science Activities: Projects and Curriculum Ideas in STEM Classrooms, 2022, 59(2): 55-67.

[11]Hamre, B. K., Pianta, R. C., Downer, J. T., et al.. Teaching Through Interactions: Testing a Developmental Framework of Teacher Effectiveness in over 4000 Classrooms[J]. Elementary School Journal, 2013, 113(4): 461-487.

[12]Hasti, H., Amo-Filva, D., Fonseca, D., et al.. Towards closing STEAM diversity gaps: A grey review of existing initiatives[J]. Applied Sciences, 2022, 12(24): 12666.

[13]J Myron Atkin, Janet E Coffey, et al.. Designing Everyday Assessment in the

［14］Jantakun，T.，Jantakun，K.，Jantakoon，T.．STEAM education using design thinking process through virtual communities of practice（STEAM-DT-VCoPs）［J］. Journal of Educational Issues，2021，7(1)：249-259.

［15］Karin Ishimine. Quality in early childhood education and care：a case study of disadvantage［J］．The Australian Educational Researcher，2011，38(3)：257-274.

［16］Kathryn Tout，Kimberly Roller，Margaret Soli，et al.．Compendium of Quality Rating Systems and Evaluations［M］. Washington，DC：Mathematica Policy Research and Child Trends，2010.

［17］Krishnamurthi，A.，Bevan，B.，Rinehart，J.，et al.．What afterschool STEM does best：How stakeholders describe youth learning outcomes［J］. Afterschool Matters，2013(18)：42-49.

［18］Laura McFarland，Rachel Saunders，Sydnye Allen. Reflective practice and self-evaluation in learning positive guidance：experiences of early childhood practicum students［J］. Early childhood education，2009，36(6)：505-511.

［19］Laura M. Sakai，Marcy Whitebook，Alison Wishard，et al.．Evaluating the Early Childhood environment Rating Scale（ECERS）：Assessing differences between the first and revised edition［J］. Early Childhood Research Quarterly，2003，18(4)：427-445.

［20］Margaret Burchinal，Carollee Howes，Robert Pianta，et al.．Predicting Child Outcomes at the End of Kindergarten from the Quality of Pre-Kindergarten Teacher-Child Interactions and Instruction［J］. Applied Developmental Science，2008，12(3)：140-153.

［21］Melodie A McCarthy. Fundamentals of early childhood education［M］. Cambridge，Mass：Winthrop Publishers，Inc. 1980.

［22］Morrison K.．Integrate science and arts process skills in the early childhood curriculum［J］. Dimensions of Early Childhood，2012(40)：31-39.

［23］O. Monkeviciene，B. Autukeviciene，Kaminskiene，L.，et al.．Impact of innovative STEAM education practices on teacher professional development and 3-6-year-old children's competence development[J]. Journal of Social Studies Education Research, 2020, 11(4): 1-27.

[24]Pakarinen, E., Lerkkanen, M., Poikkeus, A., et al.. A Validation of the Classroom Assessment Scoring System in Finnish Kindergartens[J]. Early Education and Development, 2010, 21(1): 95-124.

[25]Phillipsen, L. C., Burchinal, M. R., Howes, C., et al.. The prediction of process quality from structural features of child care[J]. Early Childhood Research Quarterly, 1997, 12(3): 281-303.

[26]Pianta, Robert C., La Paro, K., et al.. Classroom Assessment Scoring System ™: Manual K-3[M]. Baltimore: Brookes, 2007.

[27]Richard G. Lambert, Do-Hong Kim, Diane C. Burts. The measurement properties of the Teaching Strategies GOLD assessment system[J]. Early Childhood Research Quarterly, 2015(33): 49-63.

[28]Sally Moomaw. Teaching STEM in the Early Years: Activities for Integrating Science, Technology, Engineering, and Mathematics[M]. Saint Paul: Redleaf Press, 2013.

[29]Saxton E., Burns R., Holveck S., et al.. A Common Measurement System for K-12 STEM education: Adopting an educational evaluation methodology that elevates theoretical foundations and systems thinking[J]. Studies in Educational Evaluation, 2014(40): 18-35.

[30]Schon D A. The reflective practitioner: how professionals think inaction[M]. New York. Basic Books, 1983.

[31]Schweinhart L. J.. Observing Young Children in Action: The Key to Early Childhood Assessmen[J]. Young Children, 1993, 48(5): 29-33.

[32]Scott, W. R.. Institutions and Organizations (Second Edition)[M]. Thousand Oaks, CA: Sage Publications, 2001.

[33]Sue C. Wortham, Belinda J. Hardin. Assessment in early childhood education[M]. New York: Pearson, 2019.

[34]Tang, X., Pakarinen, E., Lerkkanen, M. K., et al.. Validating the early childhood classroom observation measure in first and third grade classrooms[J].

Scandinavian Journal of Educational Research，2017，61(3)：275-294.

［35］Timothy W. Curby and Catharine Chavez. Examining CLASS Dimensions as Predictors of Pre-k Children's Development of Language，Literacy，and Mathematics［J］. Research Article，2013，16(2)：1-17.

［36］Vandell，D. L.. Early child care：the known and the unknown［J］. Merrill-Palmer Quarterly，2004，50(3)：387-414.

［37］Veronica Odiri Amatari. The Instructional Process：A Review of Flanders' Interaction Analysis in a Classroom Setting［J］. International Journal of Secondary Education，2015，3(5)：43-49.

［38］Yvonne Anders，Hans-Günther Rossbach，Sabine Weinert，et al.. Home and preschool learning environments and their relations to the development of early numeracy skills［J］. Early Childhood Research Quarterly，2012，27(4)：231-244.